邪馬台国時代の関東

ヤマト・東海からの「東征」と「移住」はあったのか

香芝市二上山博物館友の会
ふたかみ史遊会 編

石野博信
深澤敦人　大村　直　西川修一
比田井克仁　赤塚次郎　森岡秀人

青垣出版

目次

カバーデザイン／根本　眞一（㈱クリエイティブ・コンセプト）
カバー写真　〈表〉厚木市御屋敷添遺跡出土土器（神奈川県教育委員会提供）
〈裏〉元島名将軍塚古墳出土土器（高崎市教育委員会提供）
見返し写真　新保田中村前遺跡　有角柄頭（群馬県教育委員会提供）
目次表紙写真　秋葉山第3号墳出土土器群（海老名市教育委員会提供）

ごあいさつ

香芝市長
吉田弘明

みなさん、こんにちは。紹介いただきました香芝市長の吉田でございます。うだるような暑さが続いておりますが、皆様いかがでございましょうか。十分水分をお取り頂きまして、お体の方、ご自愛いただきたいと思います。

さて、本日は邪馬台国シンポジウムの13回目ということで、「邪馬台国時代の関東と近畿」と題しましてこのシンポジウムを開催させていただきましたところ、たいへん遠くからもお越しいただきまして本当にありがとうございます。心から嬉しく思っております。さて、私も邪馬台国及びその時の女王卑弥呼とは一体誰なのだろう、また邪馬台国は一体どこにあったのだろうということを、こういうシンポジウムが開かれるたびに思うわけであります。日本人としてのミステリーでもありますし、いつかこのようなシンポジウムが開かれるたびに明らかになっていくのだろうと思うわけであります。このシンポジウムは、ふたかみ史遊会の皆さま方、そして二上山博物館におきまして開催しております。いろいろな発掘調査、新しい資料をもとに、邪馬台国が2世紀後半から3世紀後半に大和と各地域がどのように関係を持っていたのかというテーマをもとに、過去12回開催させて頂いたわけですが、全国的にみても、こういったシンポジウムを毎年開催しているのはおそらくここ香芝だけではないのかなと自負をしているわけでございます。毎年開催することによって色々な出版社からもお話を頂いたり、また色々な所で評価、認知をされてきているのも、皆さま方のお力添えのおかげであると感謝しているわけでございます。今回は特に邪馬台国時代の関東に焦点を当てて開かれるわけでございますが、その分野の研究者であります7名の方々にお話しを頂戴しながら、邪馬台国時代の関東と近畿に論点を絞って活発に討論を繰り広げられますようにお願いしております。

なお、二上山博物館は平成4年にオープンしたわけでございますが、昨年に、長年重責を担って頂きました石野館長がご退任されまして、新たに松田新館長が就任されております。また市の方の所管におきましても文化財係を博物館に移転させていただきまして、両輪で文化財保護の推進を行っていくという体制になりました。今後ともご協力を頂きますようお願い申し上げます。なお、香芝市におきましても、今年の博物館の事業は、小学校や中学校と連携しまして、学習授業にも取り組んでいく予定でございます。更には講演会やシンポジウム、展覧会、子供向けのワークショップなども積極的に取り組んでいきまして、さらに歴史文化の活動に力を入れていきたいと考えております。

最後になりますが、このシンポジウムの中でより理解を深め、活発な意見が交わされ、本日お越しの皆さま方のつながりがより深まればと思っております。本当によろしくお願い申し上げます。（拍手）

1　2・3世紀の毛野の集落と墳墓

深澤　敦仁

一　はじめに

群馬県教育委員会文化財保護課の深澤と申します。今回の発表では、「毛野」と呼ばれる地域のうち、「上毛野」と呼ばれている地域、ほぼ現在の群馬県地域を対象としてお話を進めていこうと考えております。

現在の群馬県地域は、関東地方の内陸に位置しておりまして、日本海沿岸や太平洋沿岸とは縁が遠いようにも感じられますが、視点を少し変えてみると、両沿岸部からもほぼ同距離に位置している位置ということになります（図1）。群馬県地域に広がる平野部は関東平野の最奥部にあたりますが、県土の約30パーセントを占めるのみで、その他は、山間・山麓部が占めるという地勢的特徴を有します。

二　土器の様相について

(1)概観

それでは、具体的に土器の様相から見た、遺跡の動態と言うことでお話しします。まず、土器編年表（図2）をご覧ください。この土器編年表は共伴関係等を重視して編年し、弥生後期後半段階、古墳前期古段階、中段階、新段階という段階設定をしています。さらに編年は集落出土土器に拠るもの（図2左）と、墳墓出土土器に拠るもの（図2右）と区分しています。さらに、この編年の中でエポックとなる出来事があります。それは、古墳前期古段階の中で起きた浅間山の大噴火でありまして、この噴火によって降下したテフラは「浅間C軽石」と呼ばれています。この「浅間C軽石」の降灰範囲は、ほぼ群馬県の平野部全体に及んでおります。なお、この降灰以前に築造されたことが判明している高塚は、群馬県地域では現在までに発見されてお

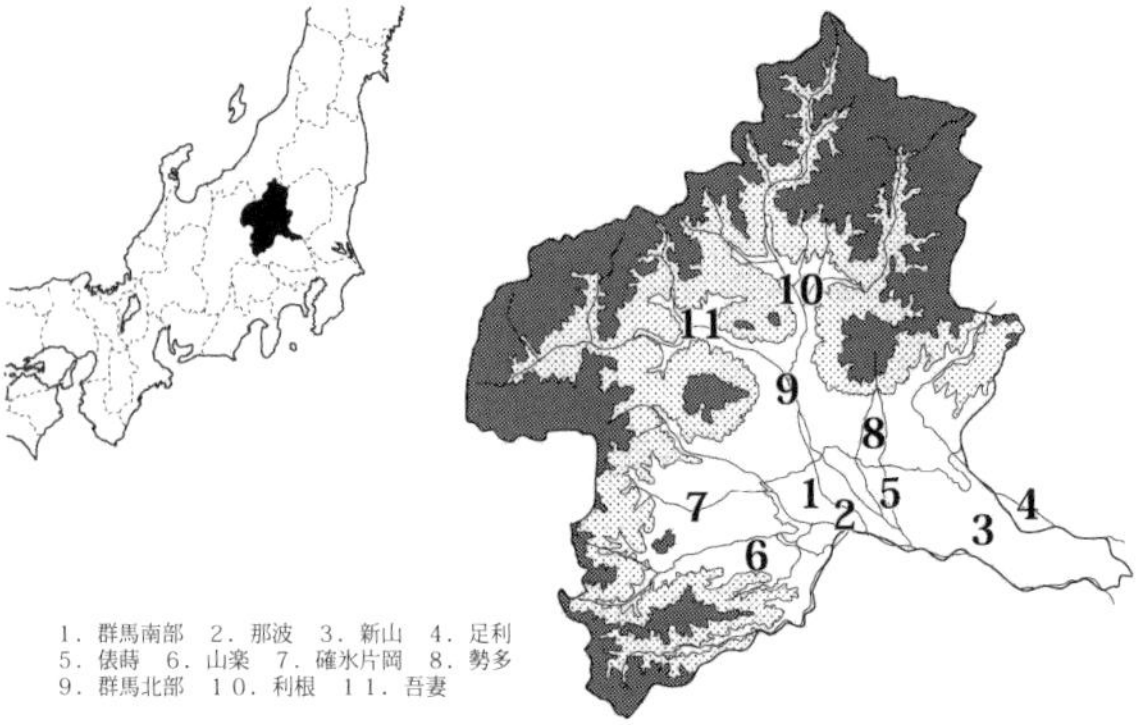

図1　小地域区分図　（深澤　2011一部改変）

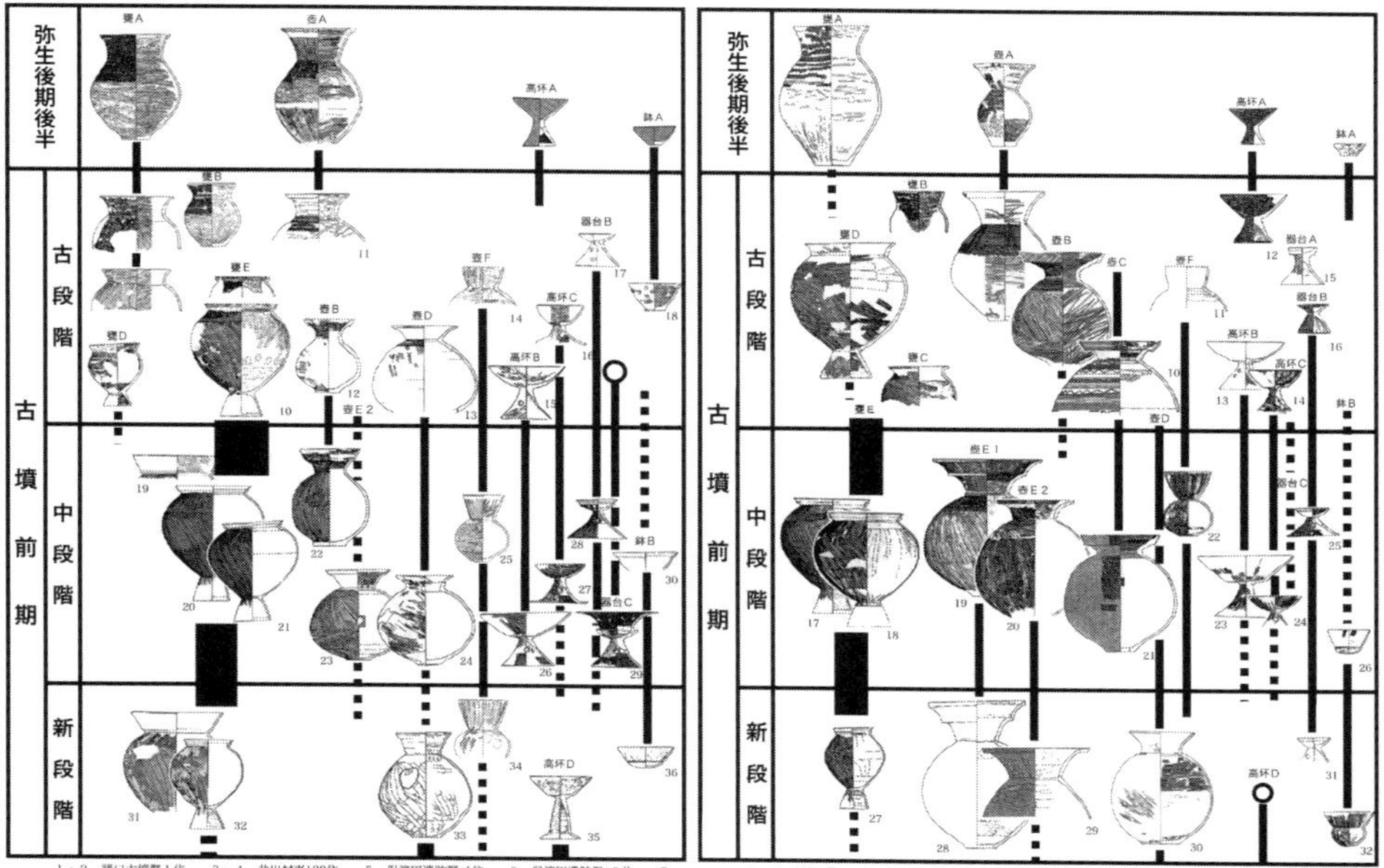

1・2　諸口古墳群1住　3・4　井出村東128住　5　保渡田遺跡群ｱ1住　6　保渡田遺跡群ｱ2住　7・11　保渡田荒神前H2住　8・10・12・13・18　新保141住　9　元総社西川12住　15・17　新保155住　16　保渡田遺跡群ｱ1住　19・25　下佐野Ⅰ7区45住　20・27・29　倉賀野万福寺7住　21・26・28　倉賀野万福寺4住　22　倉賀野万福寺14住　23　倉賀野万福寺8住　24　新保田中村前52土坑　30　下佐野Ⅰ7区30住　31　舟橋7区5B住　32・33・35・36　上滝1住　34　下佐野Ⅰ6区12土坑

1～4　新保9墓　5・6・8・14～16　上大類北宅地1墓　7・11　元島名将軍塚古墳溝4中層　9　引間周溝墓　10・12　貝沢柳町1墓　13　鈴ノ宮B4墓　17～19　元島名将軍塚古墳溝4上層　20　下佐野。C区5墓　21・25・26　倉賀野万福寺1墓　22・23　下佐野。A区4墓24　倉賀野万福寺12墓　27・32　下佐野。A区6墓　28　下郷SZ32　29・31　下佐野。A区2墓　30　下郷天神塚

各器種の分類
甕…樽式・樽式系甕(甕A)、吉ケ谷式系甕(甕B)、北陸北東部系甕(甕C)、単口縁台付甕(甕D)、S字甕(甕E)
壺…樽式・樽式系壺(壺A)、複合口縁広口壺(壺B)、パレススタイル壺(壺C)、単口縁口縁壺(壺D)伊勢型二重口縁壺(壺E1)、同亜系単口縁広口壺(壺E2)、ヒサゴ壺(壺F)
高坏…椀形高坏(高坏A)、東海系大型高坏(高坏B)、東海系小型高坏(高坏C)、畿内系屈折脚高坏(高坏D)
器台…北陸系小型器台(器台A)、東海系小型器台(器台B)、結合器台(器台C)
鉢…樽式・樽式系鉢(鉢A)、小型丸底鉢(鉢B)

図2　群馬南部編年　(若狭・深澤　2005)

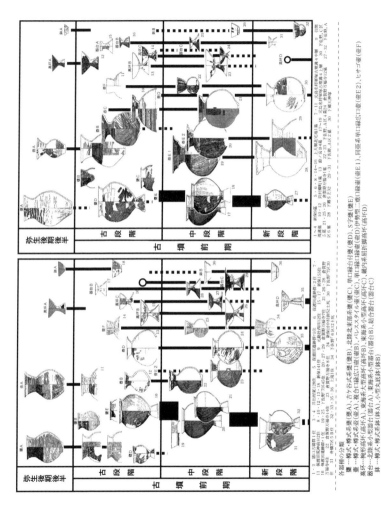

らず、最古段階と考えられている高塚でもこの降灰以降の築造であると、現状では考えています。

(2)弥生時代後期について

まず、弥生後期後半段階における概要的なお話をします。群馬県地域の弥生後期の土器様式は「樽式土器」が主体を占めていますが、その地域性を関東地方全体の俯瞰《ふかん》からうかがおうとする場合、設楽博己さんが作成された「関東の弥生後期の地域性」（図3）が大変参考になります。

この図に拠れば、樽式土器は櫛描文土器文化を擁する地域内に属しまして、中部高地系文化との親縁性が高い地域といえます。樽式土器というのは、壺、甕、鉢、台付鉢等を主要器種構成としており、かつ、同時期の外来要素を積極的に取り込まない、いわば〝閉鎖的〟な土器様式と考えられています。そして、山麓・山間部を志向する生業を好むライフスタイルを持った集団であるということが明らかになっております。

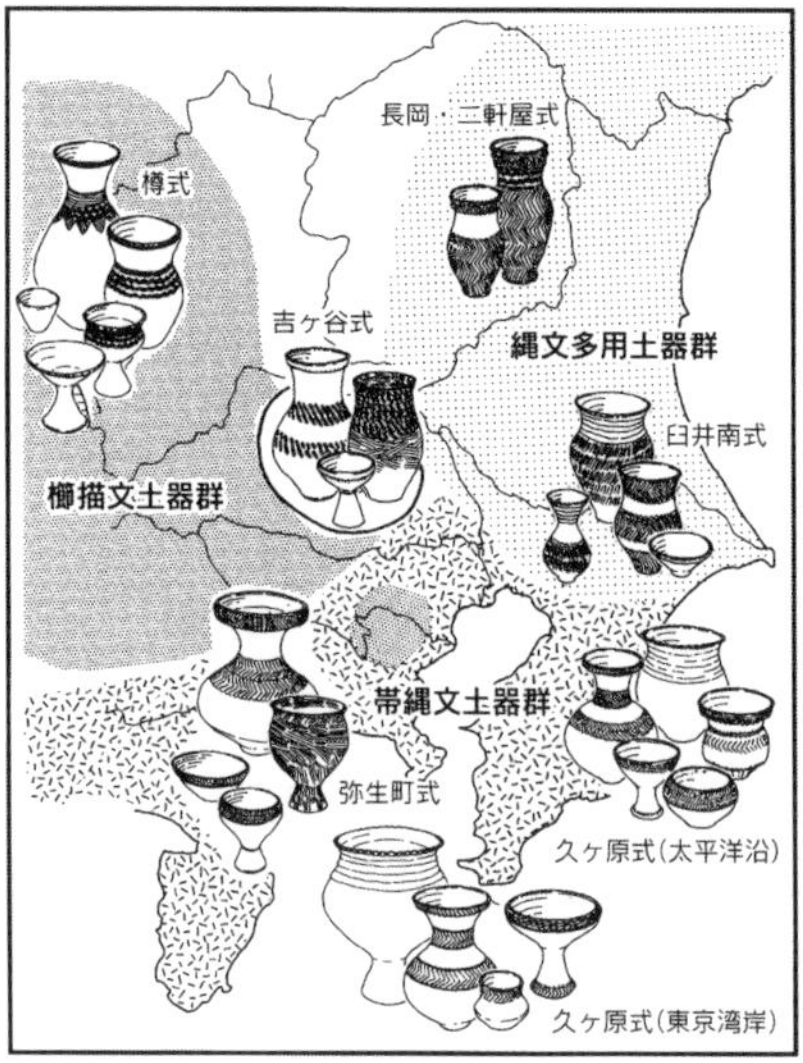

図３　関東の弥生後期の地域性
（設楽　１９９１／かみつけの
里博物館　１９９８）

(3)古墳時代前期について

つぎに、古墳時代前期における概要的なお話しをします。この時期の土器は、いわゆる〝石田川式土器〟と称される土器群です。基本的にはS字甕、或いは単口縁の台付甕など、東海をはじめとする他地域の様々な外来要素を受け入れ、それらを在地化することによって形成される土器群と考えられています（図4）。東海の影響を強く受けて成立したということはほぼ間違いないわけでありますが、設定した3つの段階ごとに状況は異なります。

古墳前期古段階では、外来要素の受け入れはかなり直接的と思われ、それぞれの外来要素の故地の様相と類似していますが、古墳前期中段階以降では、外来要素の受け入れは在地的となり、故地の様相とは異なってきて、群馬県地域で独自な様相を呈するようになります。こうしたものをいわゆる〝石田川式土器〟と称しているわけですが、それはS字甕をシンボリックな存在としつつも、そのプロトタイプである東海系とは似て非なるものと考えております。

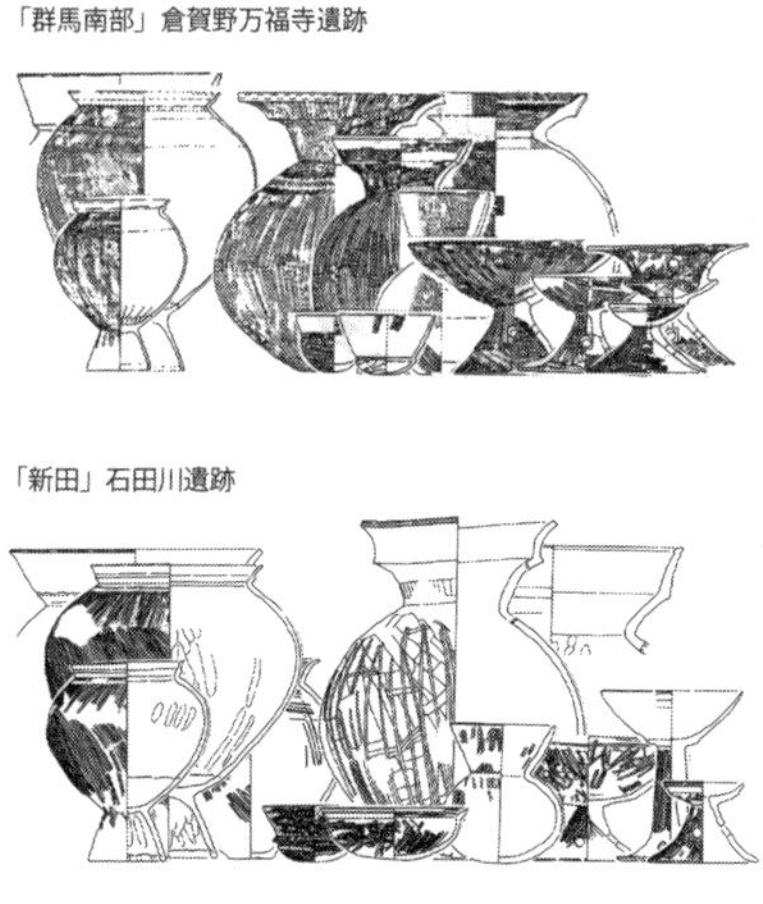

図4　古墳前期の在地性土器様式
（深澤2011）

(4)樽式土器といわゆる〝石田川式土器〟

以上のように、樽式土器といわゆる〝石田川式土器〟の様相についておおまかなお話しをしましたが、前者主体の様相が後者の様相に変わっていく、その一番大きな要因というのは、外来要素の流入ということになります。これは今回の話題で取り上げている群馬県地域だけの現象ではなく、東日本各地で起こった現象でありますが、とりわけ群馬県地域はその現象がドラスティックであり、そのことが後の高塚成立に連動するものと考えられていますので、その辺のことについて、お話を続けることにします。

三　土器様相からみた遺跡動態

(1)弥生後期後半段階の様相

ここでは、3世紀を中心とした群馬県地域の遺跡動態について、各段階の土器様相を軸に考えてみます。まずは、弥生後期後半段階の様相についてお話しします。群馬県地域の弥生後期後半段階の土器様相（図5上）としては、樽式土器が西北部、つまり山麓部、山間部を主体に分布している状況が明らかであります。樽式土器は閉鎖性の強い土器と先ほどお伝えしましたが、そういう状況下においても外来要素の動きがわずかにあります。樽式土器分布圏の北部では、長野県地域に主体をもつ箱清水式土器や、その他、北陸北東部系土器などが樽式土器の中に少量加わるということが認められます。これらの土器は、単器種あるいは少ない器種で単発的に入ってくることが特徴です。また、樽式土器分布圏の南部でも動きがありまして、ひとつは埼玉県中北部地域に主体をもつ吉ケ谷式土器であり、少量ながら複数器種での確認ができます。もうひとつは、栃木県地域に主体をもつとされている二軒屋式土器ですが、隣接地域でありながら、単器種での確認が複数遺跡でされています。

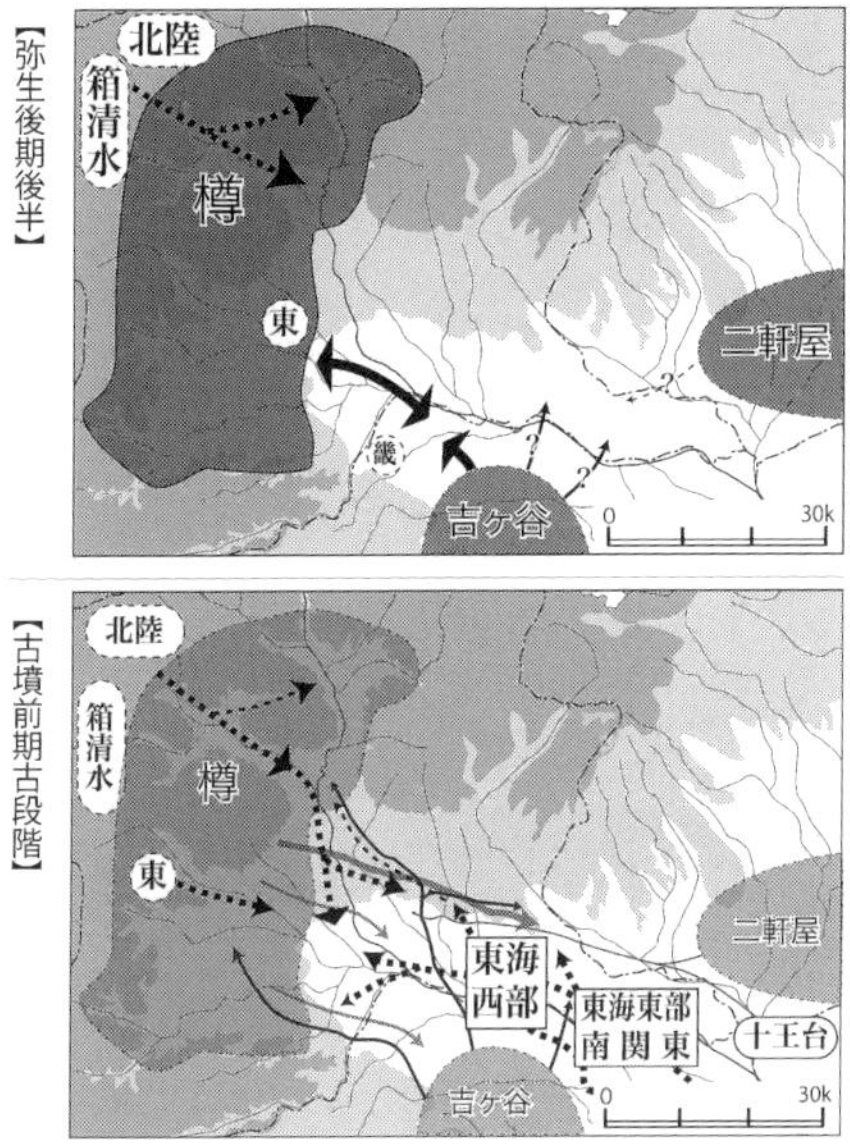

図5　弥生後期後半・古墳前期古段階の動態（深澤　2011）

さらに、単発的かつ極々希《まれ》ではありますが、畿内系の叩《たた》き甕も確認されています。このように、この段階においては、外来土器の移入が皆無ではないことが、近年の調査資料から明らかにされてきているものの、その様相は隣接地域や中遠隔地からの土器の単発的な移入というものにとどまっているようです。このことをどのように評価するかは、意見が分かれるところですが、それまで閉鎖性の強かった群馬県地域が、他地域の動向を少しずつ感じ、その中で少しずつ地域の要素に風穴が開けられていく状況が見て取れることには、その後につながる大きな変化の予兆を感じることができるでしょう。

ところで、こうした弥生後期後半段階の土器の様相とともに、遺跡動態として注目されることに環濠《かんごう》集落の再出現であります。

再出現というのは、この地域ではかつて弥生中期後半段階に環濠集落が出現し、終息しているからです。この環濠集落の再出現を物語る遺跡のひとつが日高遺跡です（図６）が、最近までの調査成果ではこの日高遺跡のほかにも沼田市の日影平遺跡、富岡市の上丹生屋敷山遺跡など、樽式土器分布圏の各小地域に弥生後期後半段階に環濠集落が再出現することが次第

図６　日高遺跡の環濠（４８区ＳＤ３３４）
（高崎市教育委員会提供）

に明らかになってきています。更には、これらはすべて弥生後期後半から古墳前期古段階にはほぼ埋没し、その機能を停止しています。

(2)古墳前期古段階の様相

続いて、古墳前期古段階の様相についてお話しします。先ほども申し上げましたとおり、閉鎖性の強い樽式土器が、次第にその様式構造を崩壊させて以降、古墳前期の土器様相が安定した在地化をなしとげるまでの混沌とした状況の時期が古墳前期古段階ということになります。

この段階の土器における外来要素の抽出は、前段階とは一変し、一つ一つを取り上げることが難しいほど多種多彩になります（図5下）。中でも、東海西部系の要素が目立ちますが、東海東部系や南関東系、北陸北東部系の要素も比較的多く認められます。まさに外来系土器の坩堝《るつぼ》の様な状況が古墳前期古段階で起きている事がわかります。もちろん、それまでの主体であった樽式土器も存在してはいるのですが、次第に客体的存在となり、外来要素を保持する土器群が主体的存在となっていきはじめます。なお、その分布範囲は、樽式土器が山麓部、山間部を主体に分布しているのに対し、平野部を主体に分布するという特徴をもっています。

(3)古墳前期中~新段階の様相

続いて、古墳前期中段階から新段階の様相についてお話します。本来、このシンポジウムの中では、四世紀代と位置づけられる古墳前期中段階から新段階は、主旨にあわないわけであります。しかし、群馬県地域の場合、この段階を待たないと前方後円墳や前方後方墳が成立しませんので、この後の討論のための情報提示という意味で、簡単に触れておきたいと思います。

古墳前期中段階から新段階になりますと、遺跡の分布に変化が生じます。この段階にも樽式土器の要素は山間、山麓部を中心にわずかに認められますが、大局的には、東海西部系、東海東部系や南関東系の要素が目立つようになってきます。いわゆる〃石田川式土器〃と呼ばれているものの中心はこの段階の土器群を指すことが多く、S字甕も一見すると東海西部系と類似していますが、技法等の特徴から、故地とは異なる、

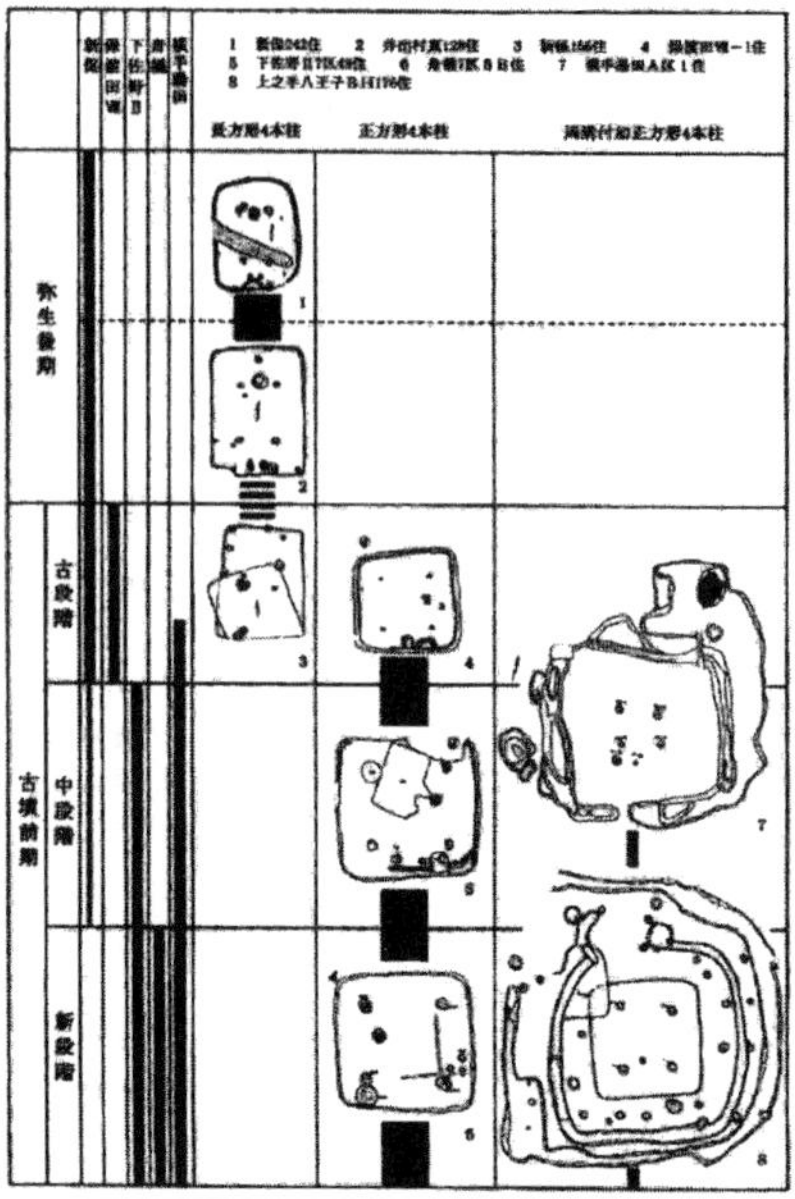

図７　群馬南部の各期の竪穴住居
（若狭・深澤　２００５）

群馬県地域の在地品であることがわかります。

なお、この段階の変化は、竪穴住居の平面プランにも大きな変化をもたらしています（図7）。弥生後期段階に主体をもつ長方形プランは、一部古墳前期古段階まで残存しますが、古墳前期古段階には正方形プランが存在感を示すようになり、古墳前期中段階以降は正方形プランが主体となります。さらには、古墳前期中段階になると、周りに周溝を巡らすような住居が存在感をもつようになってきます。

四　高塚成立以前の墳墓と遺跡の相関性

(1)弥生後期後半段階の状況

続きまして、墳墓についてお話ししますが、まずは、高塚成立以前の墳墓と遺跡の相関性についてお話しします。

注目すべきは、渋川市の有馬遺跡です。この遺跡は関東平野の最奥部、背後には中部高地につながる山間部を控える地域に立地しています（図8）。そして、この遺跡からは、弥生後期後半段階の礫床墓群が検出されておりまして、刃関双孔鉄剣をはじめ、鉄器類の保有が同時期の東日本の墳墓としては多いことが特徴です（図9）、（図10）。こうした特徴から、この墳墓群を特定

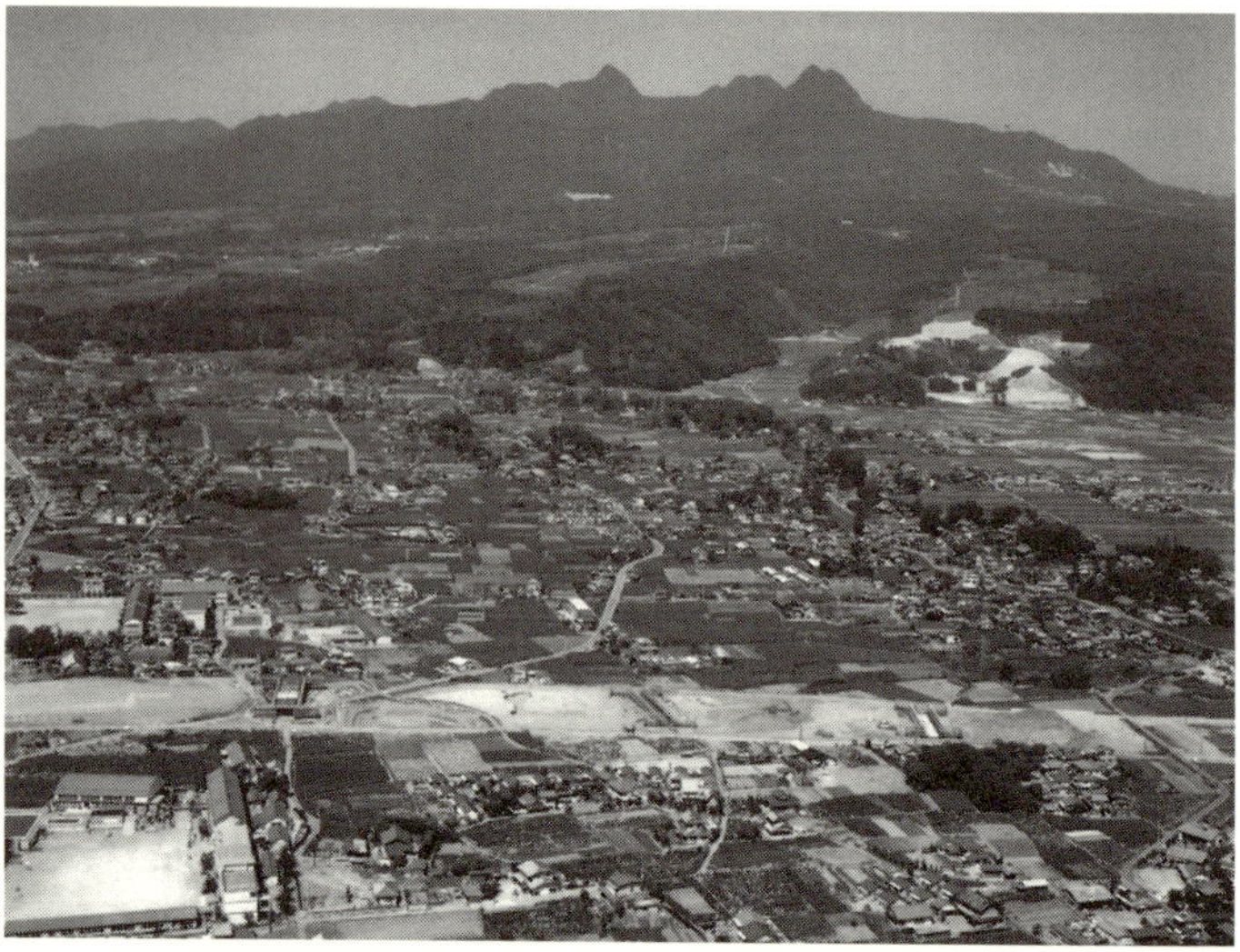

図８　有馬遺跡の位置（写真中央やや下、横長方向に見える地面露出部分）
＝群馬県教育委員会提供＝

個人墓と推定する考えもありますが、田口一郎さんによって詳細分析がなされた結果、集団墓として存在することが明らかになりました。したがって、有馬遺跡の礫床墓群および鉄器類の副葬は、「古墳」の前身的墳墓としての特定個人墓といった位置づけではなく、当時の弥生金属文化の東へ進む集団の帰着点として位置づけの中で理解することのほうが実態に近いと考えています。なお、高崎市の

図９　有馬遺跡出土の鉄剣
（群馬県教育委員会提供）

新保田中村前遺跡では、特徴的な鹿角製柄頭が出土しています（図11）が、これは鉄剣に装着するものであることが明らかにされています（図12）。従って、鉄自体の出土が認められなくても、鹿角製柄頭の存在から、鉄剣の存在を推測することが可能となるわけです。

(2)有馬遺跡とその周辺の動態

群馬県地域における小地域単位の盛衰について、土器の様相を手がかりに探ってみようと思います。有馬遺跡のある地域は、弥生後期後半段階には非常に樽式土器が多くて、そこに若干の北陸系土器が入ると言う様相が判明していました。このグラフ（図13）は、円の大きさがその地域の遺跡のボリュームをイメージ的に示すものとお考えください。そのようにしてグラフ

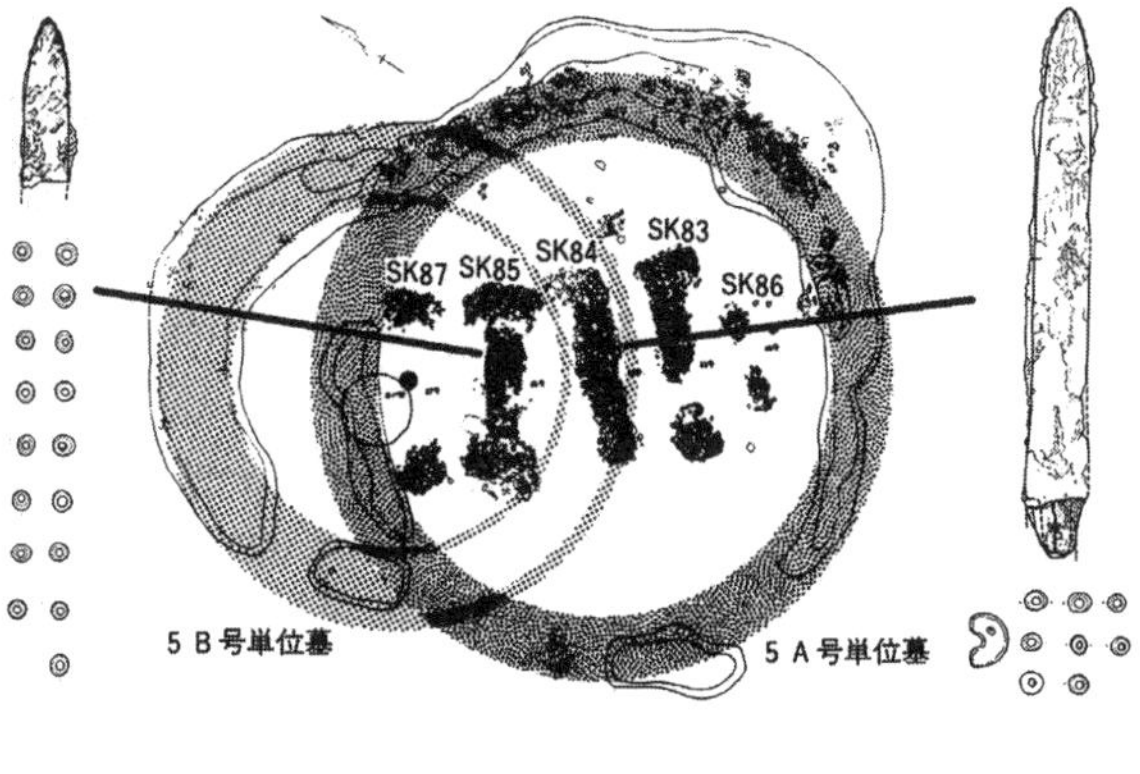

図１０　有馬遺跡の礫床木棺墓（田口　１９９６を基に作成）
遺構図…１／２００　鉄剣…１／８　ガラス玉…１／３
勾玉…１／６

をうかがうと、有馬遺跡のある群馬北部の小地域は、群馬南部と同じように樽式土器の遺跡集中地域であります。ところが、この群馬北部の小地域は、古墳前期古段階以降は円グラフが次第に小さくなり、のちに前方後円墳や前方後方墳が築造される小地域である群馬南部のように遺跡のボリュームが増していかないことがわかると思います。ネガティブな様相ですが、これが有馬遺跡のある群馬北部の大きな特徴であり、明確な歴史性が見えてくるわけです。

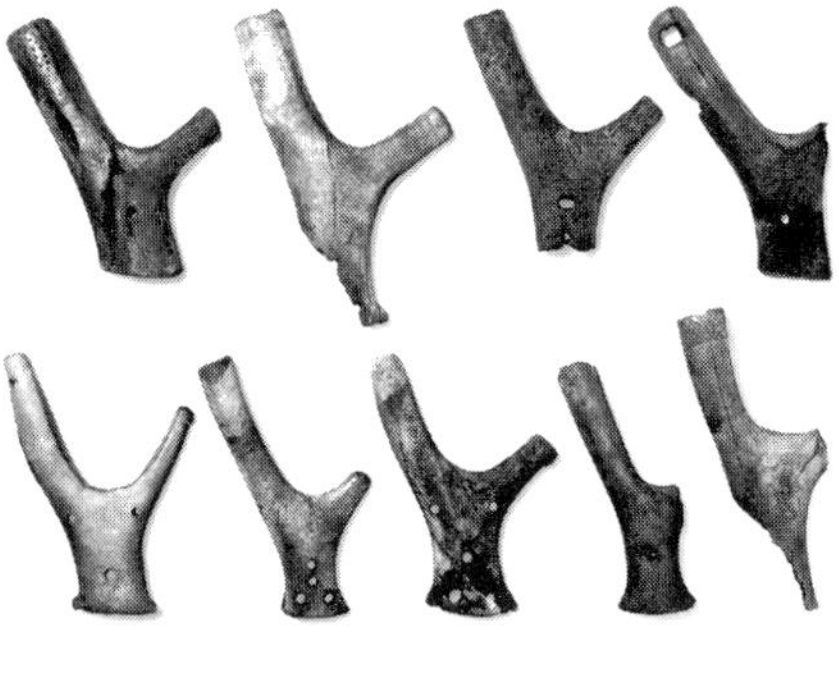

図１１　新保田中村前遺跡出土の有角柄頭
（群馬県教育委員会提供）

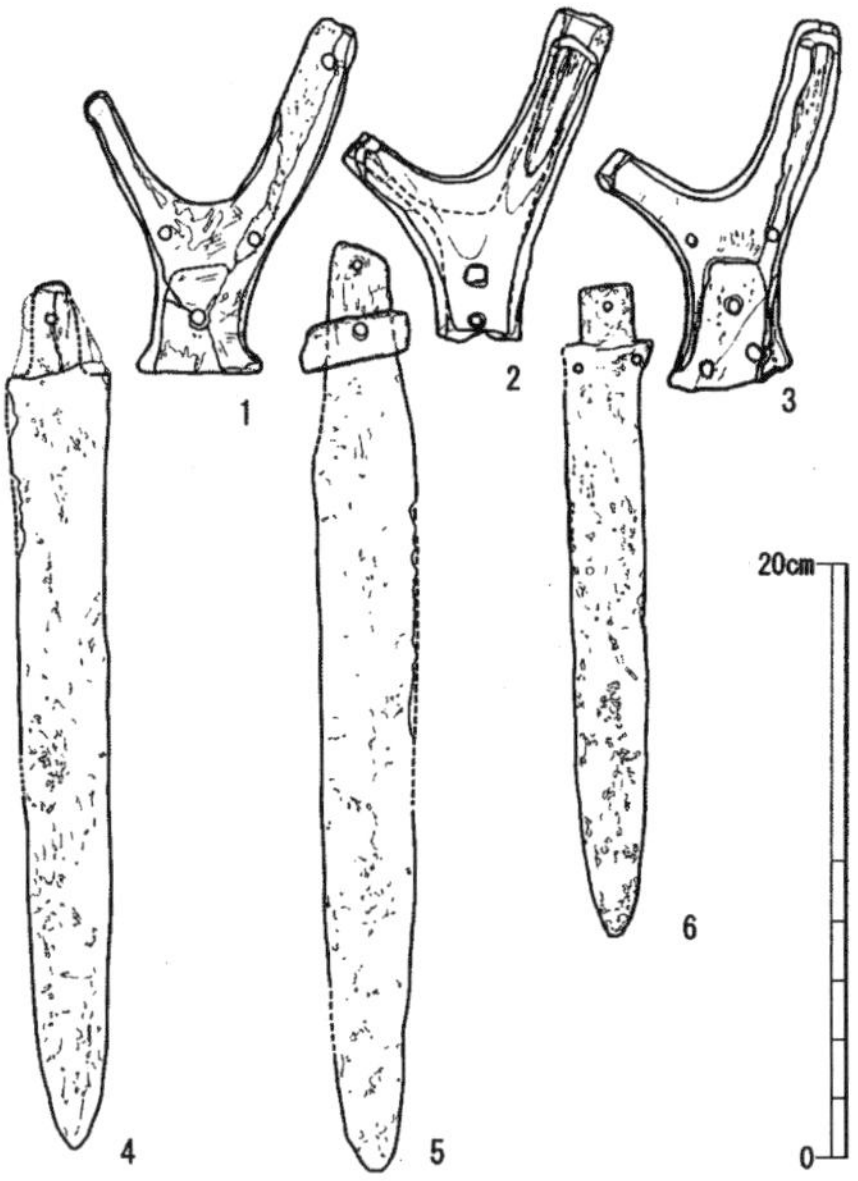

図１２　新保田中村前遺跡の鹿角柄頭と有馬遺跡の鉄剣を組み合わせた装着例（野島　２００９）

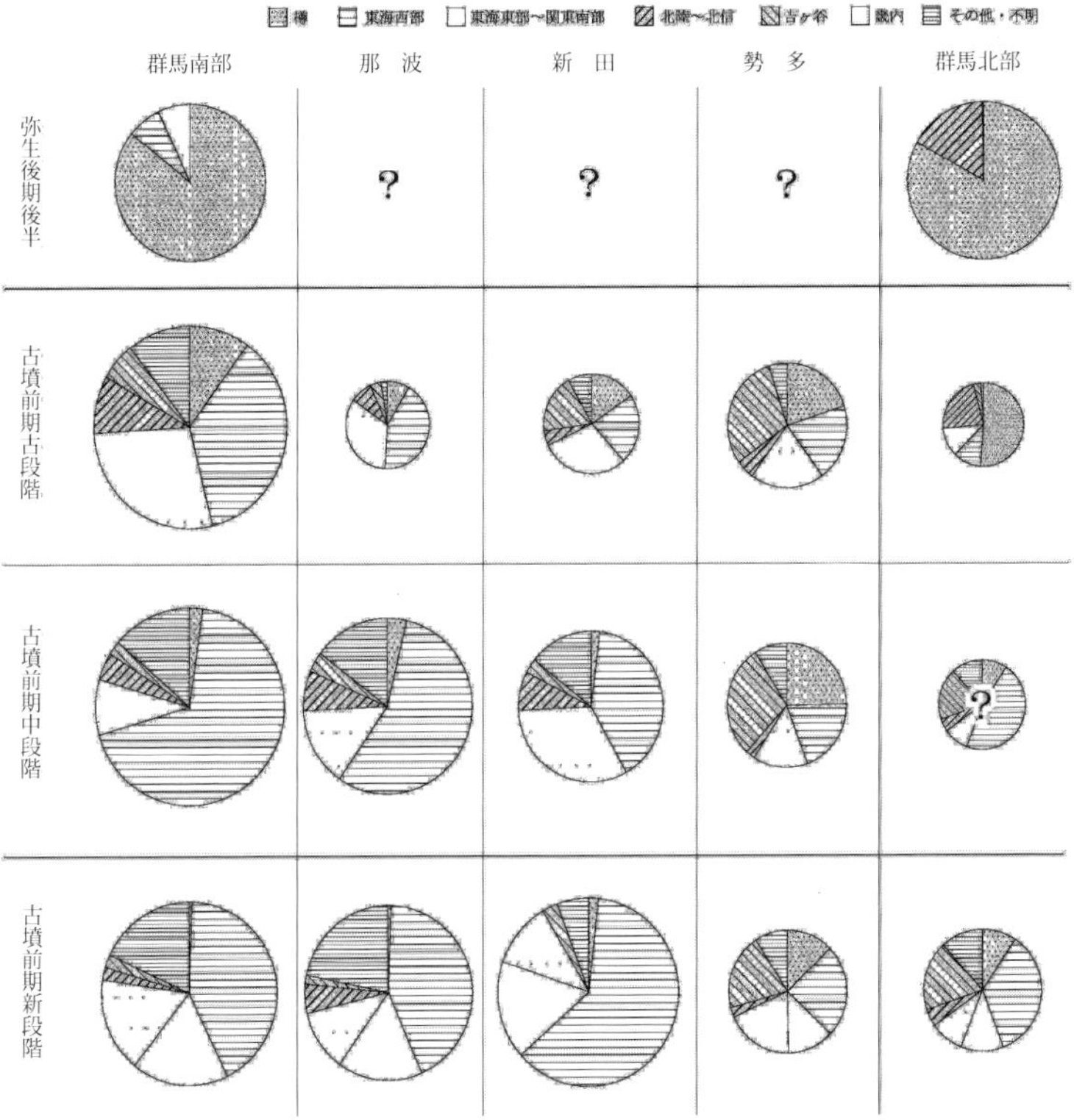

図１３　小地域毎の各段階の土器様相

このように群馬県地域の小地域をうかがうと、古墳前期古段階から中段階、新段階にかけて、遺跡のボリュームが増していかない小地域がほかにもありますが、それらの小地域に共通することは、いずれも山間部、山麓部であり、かつ高塚の成立が遅いということです。逆に、遺跡のボリュームが増していく小地域は平野部に集中し、その後の高塚成立の要になっているという共通点をもっています。

なお、こうした遺跡のボリューム比較の中において注目すべき地域は、那波や新田です。この小地域は、弥生後期後半段階に遺跡が分布しない地域の中でありながら、その後大型前方後方墳、前方後円墳を築造する遺跡ボリュームを急速に整えてくるという共通点をもっています。

(3)古墳前期の前方後方形周溝墓について

続いて、古墳前期の周溝墓のお話に移ります。群馬県地域で発見される周溝墓には、古墳前期古段階以降に帰属するものも多くあります。このことを前提に古墳前期の周溝墓について話を進めます。古墳前期古段階では、方形周溝墓が主体を占め、客体的に円形周溝墓も存在するという状況ですが、大きな画期となる現象は、前方後方形周溝墓の出現と言うことになります（図14）。高崎市の熊野堂遺跡1号墓（図14―①）は墳長21メートルの規模ですが、古墳前期古段階の帰属が認められ、群馬県地域で最古段階に造られた前方後方形墳墓と考えられます。この墓に伴う土器はな

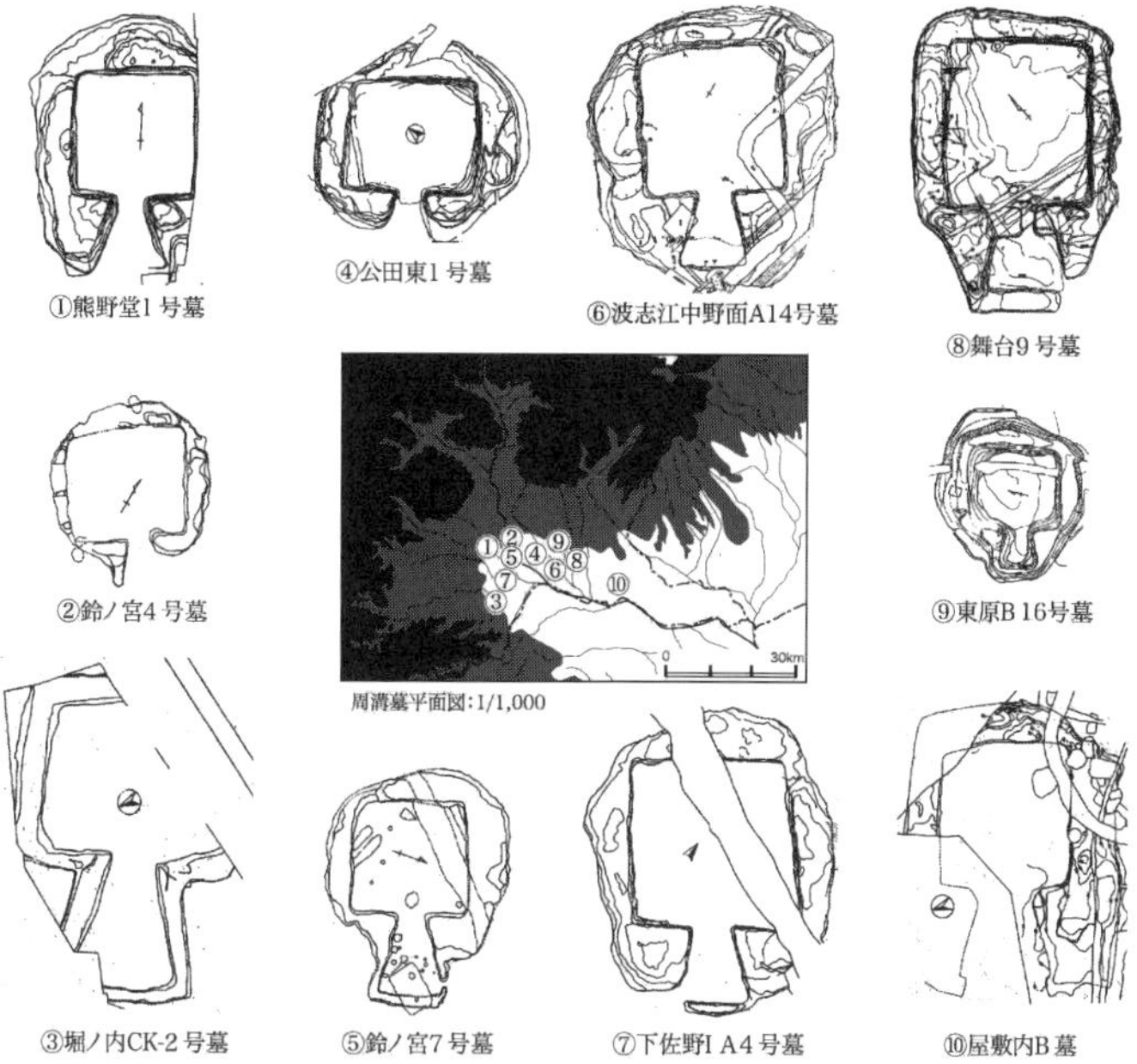

図１４　主な前方後方形周溝墓（深澤　２０１１）

く、時期比定の要素は浅間C軽石が堀の覆土に堆積していることのみです。しかし、隣接する熊野堂遺跡では赤塚次郎さんの言われるS字甕A類相当品が出土していることなどからは、この時期のこの地域における胎動が前方後方形墳墓の造墓をいち早く実現させたとも推測できます。

なお、群馬県地域では熊野堂遺跡1号墓を皮切りに、若干時期を遅らせて造墓される公田東遺跡I区1号墓（図14―④、図15）も含め、こうした前方後方形周溝墓は古墳前期新段階に至るまで継続して造墓され、ある一定階層の墓制として存在する可能性をもつことがこの墓の特徴であると考えられています。

五　高塚成立と遺跡動態

(1)高塚成立と前方後方墳

続いて、高塚成立と前方後方墳についてお話しします。古墳前期中段階、目安として西暦３００年前後を上限と考えておきますが、この段階にはいると、その前段階から造墓が開始される前方後方系周溝墓とは規模においてヒアタスをもつ、高塚が平野部に築造されるようになります（図16）。現状で、最古段階と位置づけられる高塚は、墳長約96メートルの前方後方墳である元島名将軍塚古墳です（図16—①）。この前方後方墳につきましては、出土遺物（図17）から見て、西暦３００年を上がるか下るか、土器の評価や解釈によって幾分か揺れておりますが、

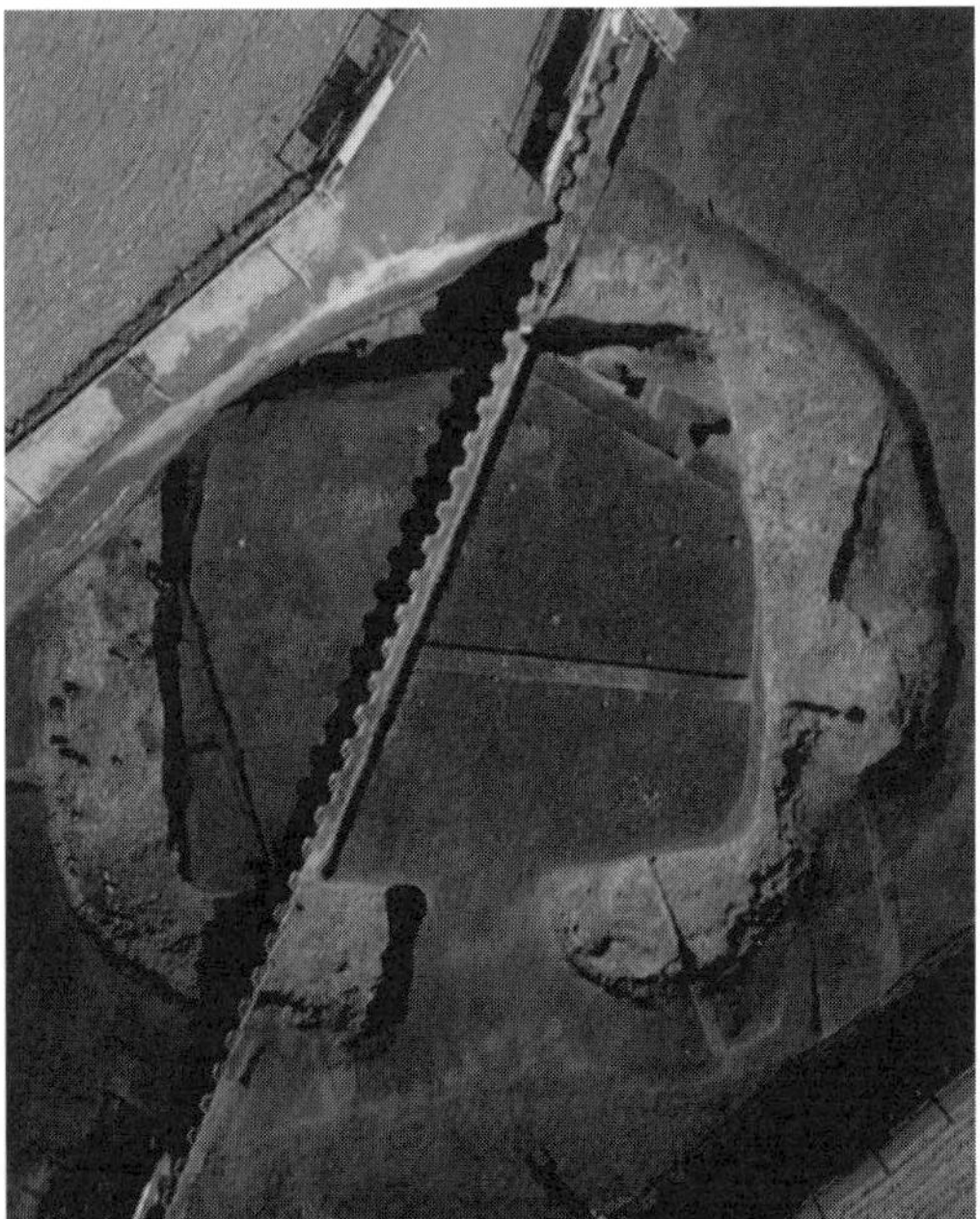

図１５　公田東遺跡１区１号周溝墓
（群馬県教育委員会提供）

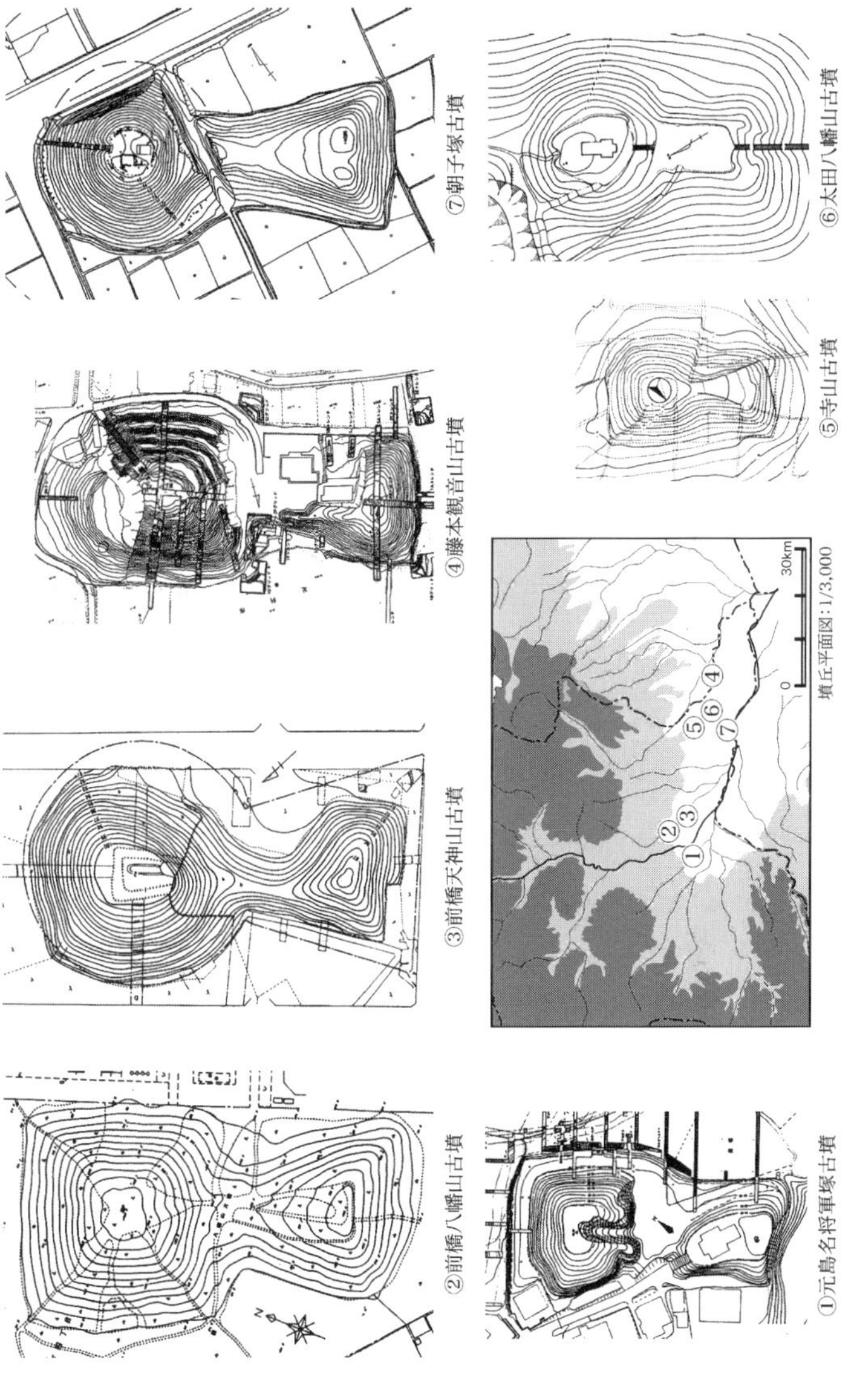

図16　主な前方後方墳と前方後円墳（深澤　2011）

図１７　元島名将軍塚古墳出土の土器群
（高崎市教育委員会提供）

いずれにしてもその辺りの段階が上毛野地域の最も古い高塚であります。

⑵高塚成立の領域

その後は古墳前期中段階から新段階にかけて、墳長約１３０メートルの前方後方墳である前橋八幡山古墳を筆頭に墳長約１２９メートルの前方後円墳である前橋天神山古墳、墳長約１１７メートルの前方後方墳である藤本観音山古墳、というように１００メートルを越える高塚が築造されます。これらは、平野部に築造されるわけですが、その中でも、現在の前橋市南部から高崎市東南部にかけての地域、そして太田市から足利市にかけての地域を中心に前方後方墳や前方後円墳が築造されていきます。

ただ、成立する領域というのは、県土の約30パーセントを占める平野部のうちでも、東海西部系、或いは東海東部系、南関東系の外来要素を在地化させたいわゆる〝石田川式土器〟の分布が濃密な地域に限定され、それが先述したとおりの2つの地域ということになるわけです。こうした様相からは、群馬県地域における外来要素の享受と高塚成立に何らかの相関性があるのではないかということを示唆しているものと思われます。
以上でお話をおわります。どうも有難うございます。（拍手）

〈引用・参考文献〉

飯島克己・若狭徹　1988「樽式土器編年の再構成」『信濃』40―9
梅沢重昭　1994「〝毛野〟形成期の地域相　～前方後方墳及び周溝墓の分布を中心に～」『駿台史学』91
大木紳一郎　2004「群馬北辺の弥生社会」『研究紀要』22（財）群馬県埋蔵文化財調査事業団
かみつけの里博物館編　1998『第2回特別展　人が動く・土器も動く　古墳が成立する頃の土器の交流』
設楽博己　1991「関東地方の弥生土器」『邪馬台国時代の東日本』国立歴史民俗博物館
田口一郎　1996「樽式期の墓制―有馬遺跡の検討を中心に―」『群馬考古学手帳』6
田口一郎　1997「前方後方墳二題」『群馬考古学手帳』7
田口一郎　2000「北関東西部におけるS字口縁甕の波及と定着」『第7回東海考古学フォーラム三重大会　S字甕を考える』

野島永　２００９『初期国家形成過程の鉄器文化』雄山閣
橋本博文・加部二生　１９９４「上野」『前方後円墳集成　東北・関東編』山川出版社
古屋紀之　２００７『古墳の成立と葬送祭祀』雄山閣
若狭徹　１９９０「群馬県における弥生土器の崩壊過程」『群馬考古学手帳』１
若狭徹　２０００「S字口縁甕波及期の様式変革と集団動態　～群馬県地域の場合～」『第７回東海考古学フォーラム三重大会　S字甕を考える』
若狭徹　２００２「古墳時代の地域経営～上毛野クルマ地域の３～５世紀～」『考古学研究』49―2
若狭徹・深澤敦仁　２００５「北関東西部における古墳出現期の社会」『新潟県における高地性集落の解体と古墳の出現』
若狭徹　２００７『古墳時代の水利社会研究』学生社
深澤敦仁・中里正憲　２００２「群馬県玉村町所在・砂町遺跡出土の北陸系土器の位置づけをめぐって」『研究紀要』20　(財)群馬県埋蔵文化財調査事業団
深澤敦仁　２０１１「前期の上毛野」『季刊考古学・別冊17　古墳時代　毛野の実像』雄山閣

2　邪馬台国時代の房総

大村　直

千葉県の市原市から参りました大村です。よろしくお願いします。今回は、千葉県房総半島の東京湾沿岸、主に市原市域を中心とした邪馬台国時代を概観します。この時代は、このシンポジウムのように、外来系土器とか纒向型の前方後円墳、前方後方墳、方形区画といったキーワードをもとに、全国的な議論が可能な時代でありますが、市原市は周縁地域にありながら、そういったキーワードとなる事例がそろっています。ただ、この時代の議論は多くの場合、いくつかの核となる地域、当然畿内はその一つでありますが、そういった地域が中心となり、地方はそこから何が、何時、どういったルートで波及するといった議論で終わってしまっているような気がしてなりません。しかし、地方にいるとそれだけでは面白くないなと。今回、私が担当する地域は、近畿、東海あるいは吉備や山陰かもしれませんが、そういった場所を震源とする改革の波を受けて、統合に向けてどのように変化していったかということが、ある程度具体的に描けるのではないかと考えております。今回は事例を紹介しつつ、そういった統合に至るプロセスを念頭にお話ししてみたいと考えております。

ここでは、弥生時代終末期という用語を使いますが、これは、人によっては古墳時代早期や出現期と呼ぶ時期にあたります。土器型式は、聞きなれないかと思いますが、中台《なかで》式と呼んでいます。これは近畿でいうところの、庄内式期であり、おおむねその後半期にあたります。東海の廻間編年との対応は、廻間Ⅰ式末からⅡ式半ばあたりです。古墳時代前期、これは箸墓以降でありますが、土器型式は草刈式です。関東地方では、五領式という伝統的な型式名がありますが、基本的にはそれと対応する房総の地域型式名です。一応このような土器型式と時期区分で話しをさせていただきます。

一　弥生時代後期の移住

まず、弥生時代後期について若干ふれておきます。（図1）は、環濠集落の可能性のある遺跡の分布を示しております。弥生時代中期末から後期初頭には大きな断絶があり、南関東の集落は

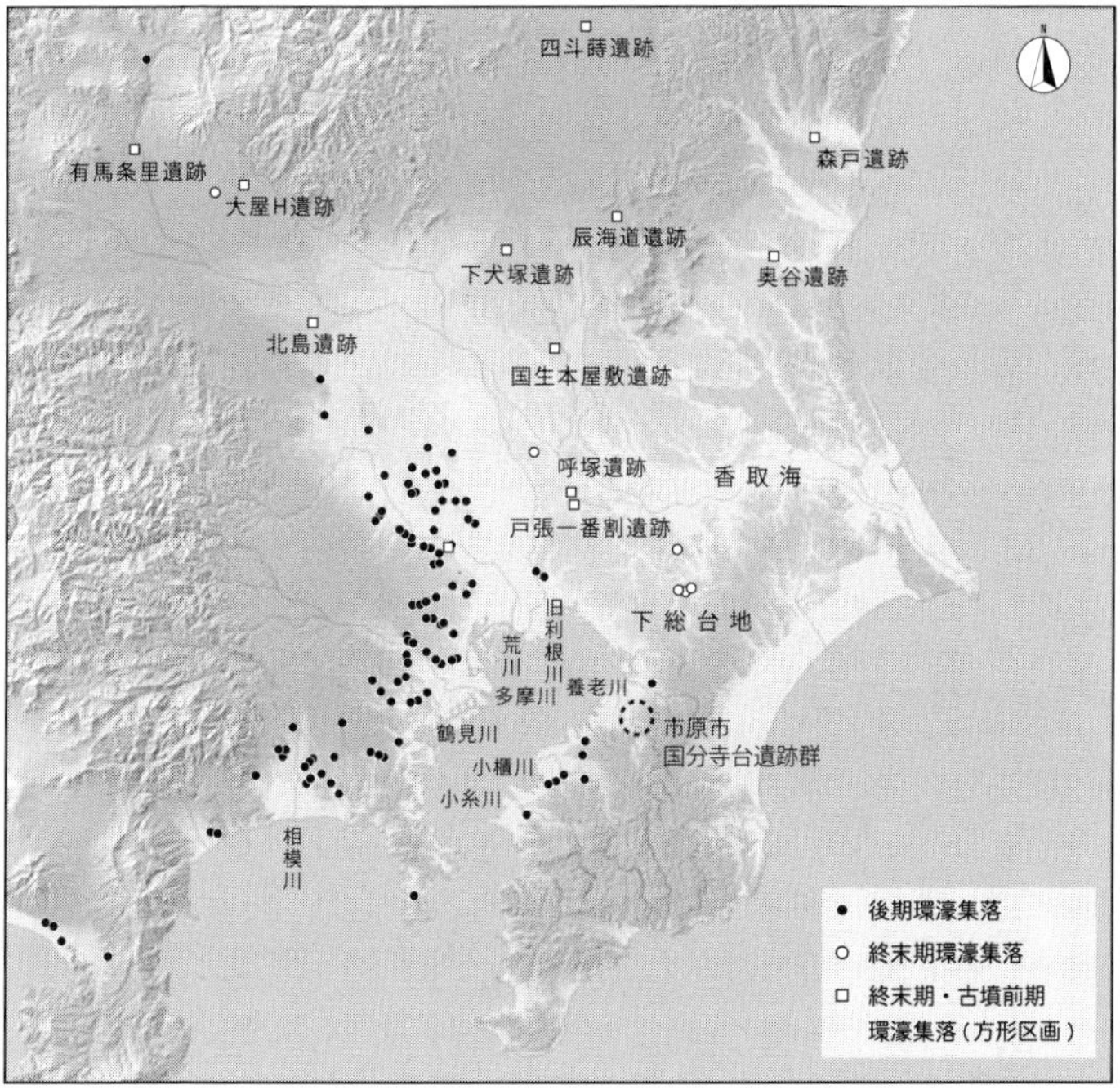

図１　弥生時代後期以降の環濠集落分布

東京湾沿岸地域にまとまります。これは、久ヶ原式の段階です。その周囲は一時期空白地帯となり、後期中頃には相模湾の沿岸から埼玉県の大宮台地に至る地域に、愛知県の東部から静岡県辺りから大規模な波状的な集団移住がありました。そうした集団移住に誘発され多数の環濠が掘削されます。これは先ほどの群馬の深澤さんの話とも繋がるのですが、関東、東北には、弥生時代から古墳時代になっても広大な未開拓地が残されており、こうした移住が底流にあることをまず押えておく必要があります。

波状的な移住にともない、後期の相模平野から大宮台地の地域は、ハケ整形の台付甕を使用する東海地方と一体的な土器型式に書き換えられてしまいます。それに対して、房総半島東京湾沿岸地域というのは、後期後半の土器は山田橋式と呼んでいますが、外には影響を与えるものの、内部に外部の土器を取り込まない非常に閉鎖的な土器型式圏をつくります。この地域の環濠集落は、基本的に弥生時代の中期末には機能を停止し埋没してしまい、後期には、台地上広範囲に竪穴住居群が展開するような、環濠集落への集住とは明らかに異なる集落景観をみせます。しかし、弥生時代終末期になって、遠隔地との交流が列島内部で活発になると一気に閉鎖性は崩れ、これを契機に安定的だった集落群が動き出します。

二　市原市国分寺台遺跡群

(1)南中台遺跡の移住者

今回話題の中心にする市原市国分寺台地区は、養老川右岸の台地上にあります。終末期になって、地域が再編される中で塊状の集落群を形成します（図2）。

終末期を前半と後半に分けると、前半には南中台《みなみなこんだい》遺跡や中台遺跡北辺部などB谷筋に集まる傾向がありますが、終末期後半になりますと、養老川側からA谷周辺の中台遺跡西辺部や蛇谷遺

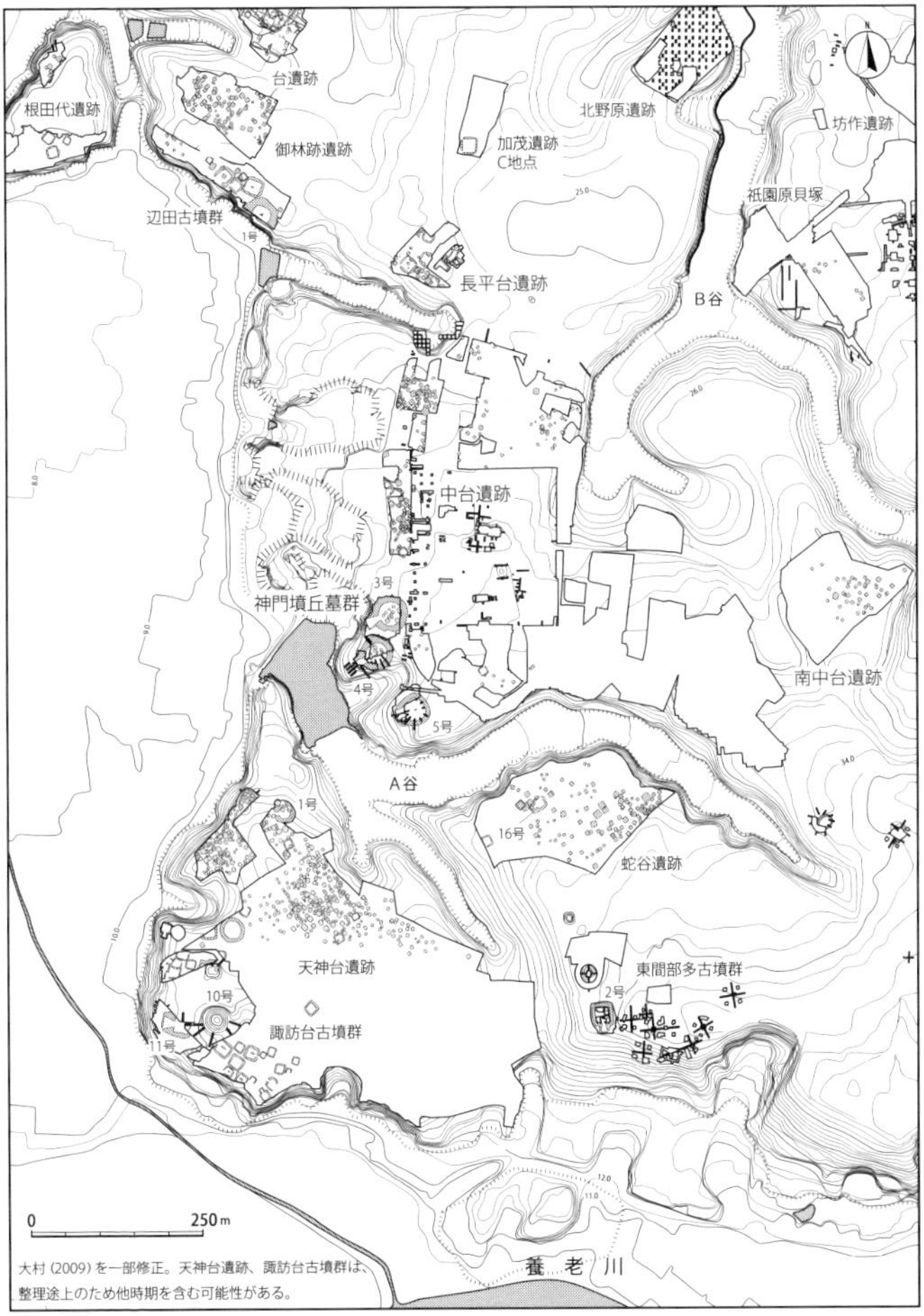

図２　市原市　国分寺台遺跡群主要部（中台式―草刈式期）

跡、天神台遺跡、天神台遺跡については最近整理を始めたばかりでまだ詳しいことは分かりませんが、これらが中核となり、この段階に神門墳丘墓群がつくられたと考えています。

国分寺台地区の遺跡群の特徴は、さまざまな地域を出自とする外来系土器が多数出土することですが、まず、南中台遺跡を取り上げます。ここでは、北陸南西部系の土器、おそらく福井県周辺でしょうか、それから近江系の受口の土器、東海西部系、東海東部系、これは静岡県辺りの土器です。そして、こういった西からの土器だけではなくて、栃木県の二軒屋式土器、さらに十王台式土器、これは茨城県北部の土器になります。こういった各地域の土器が南中台遺跡から出土しています。とくに、この遺跡では北陸南西部系土器がほぼ全器種まとまって出土しておりますが、搬入品ではなく、市原の地でつくられたものと考えています。甕については、本当であれば口縁有段部に施文される擬凹線文がなく省略が進んでいますが、田嶋明人さんの見立てによれば、とくに器台や高杯などは忠実で、ほぼダイレクトに伝えられたようです。北陸南西部地域の編年でいえば漆5群といわれている時期に対応する段階かなと思っております。

(2)北陸南西部系の竪穴住居

この遺跡では、44軒の竪穴住居跡が調査されていますが、こういった北陸系の土器がそのうちの2軒からまとまって出土しており、うち1軒の竪穴 SI13 は、竪穴形態も北陸系の特徴をもっ

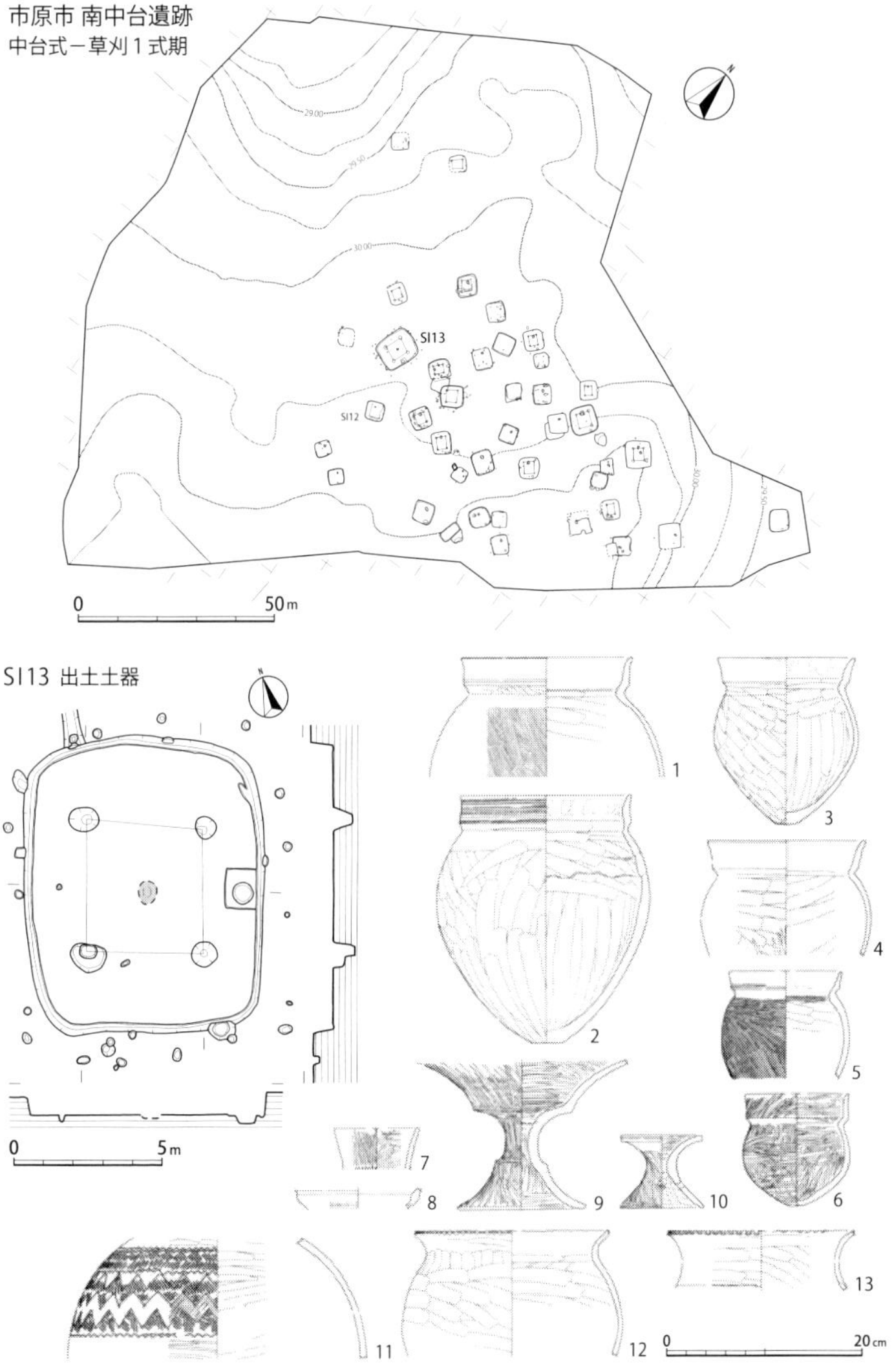

図３　市原市　南中台遺跡　北陸系竪穴・土器

ています（図3）。竪穴建物は、主柱穴と炉、貯蔵穴など構造としては単純ですが、その配置と竪穴平面形態には明確な地域性が認められます。竪穴SI13は、炉を竪穴中央に、貯蔵穴を竪穴長辺中央に配置しており、これは在地とは異なる北陸地方の特徴です。

北陸系の土器や竪穴形態は、一時期新潟から山形県や福島県会津などにも拡散していく状況が認められ、これも人の動きを示していると思っていますが、南中台遺跡のように、千葉県に突然ポツンと現れるような状況は、情報の漸移的な伝播ではなく、直接北陸南西部の人がやってきた。それも交易といった一時的な移動ではなくて、定住的な移住以外に考えられないと思っています。南中台遺跡で、さらに注目すべき点は、この北陸系の竪穴住居SI13がこの集落で最も大きい住居であるということです。

(3)長平台遺跡の移住者

こうした状況は、長平台《ちょうべいだい》遺跡でも認められます。ここでは、北陸系ではなくて東海西部系、おそらく濃尾平野を中心とする地域だと思います。長平台遺跡10号竪穴住居跡では、パレス形の壺やS字状口縁甕のA類といわれるもの、口縁部がやや内湾する大形の甕も東海系と思われ、小破片ですが東海系土器がまとまって出土しています（図4）。このうちパレスは搬入品です。この10号竪穴住居跡の竪穴形態も、在地のものとは異なり東海地方の特徴をもっています。東海系の

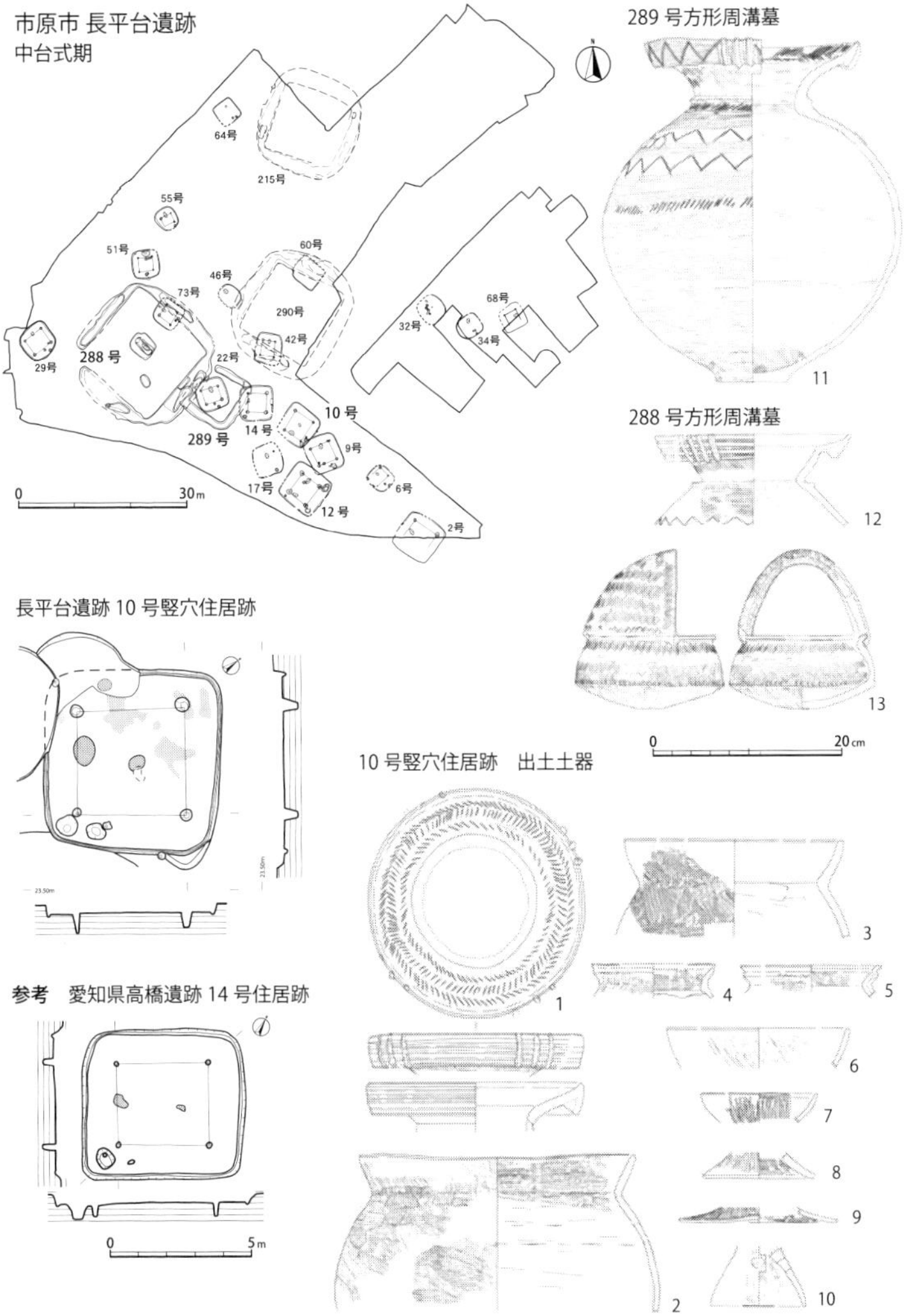

図4　市原市　長平台遺跡　東海系竪穴・土器

竪穴建物は弥生時代後期以降、長方形から方形になっていきますが、例とした愛知県豊田市の高橋遺跡の竪穴住居跡は、長平台遺跡のものよりやや古い時期で、竪穴形態は長方形ですが、長方形の場合、短辺の柱穴の中央に炉をもち、その炉に近接する竪穴隅に貯蔵穴を配置します。南関東のこの段階の竪穴は、短辺の柱穴の中央に炉をもつ点は同じですが、貯蔵穴は、炉とは反対の竪穴短辺側やや中央寄りにあります。そして、竪穴平面形態は隅の丸いやや長方形で、方形化が完成する古墳時代前期になってから、貯蔵穴は竪穴隅部に固定されるようになります。長平台遺跡10号竪穴住居跡の竪穴形態は、出土土器と同じく東海系でありまして、長平台遺跡においても、東海西部の人が直接やってきて土器と竪穴を残したと考えられます。

なお、長平台遺跡では、10号竪穴住居跡以外にも、出土土器からははっきりしませんが、12号、14号も同じ竪穴形態をもっています。そのうち12号は集落の中で最も大きな竪穴住居です。そして、288号、289号の方形周溝墓ですが、ここからも東海系のパレス壺がまとまって出土しています。そうなると、移住してきた人が、最も大きな竪穴住居に住んで、そして方形周溝墓に埋葬されたという可能性が考えられるわけです。南中台遺跡もそうですが、移住者がこのムラのリーダーなのか、ということです。

三　土器の移動と移住

少しまとめます。土器の移動は、地域間の関係性を示す重要な指標となりますが、その関係性が何なのかは簡単な問題ではありません。一口に「土器の移動」、例えばAの地域の土器がBの地域で出土するといったことについて、Aの地域からBの地域にAの人が持っていった場合、Bの人が持ち帰った場合、あるいはAの地域の人がBの地域に行って製作した場合、Bの地域の人がAの地域から持ち込まれた土器を模倣した場合と、可能性としては色々なパターンが考えられます。西日本の拠点的なムラでは、多様な文物が出土し、そこでの土器の移動は「市」を証明するといった考えもあります。しかし、土器そのものが製品であったり、あるいは内容物にともなって移動するといったことが皆無とは言いませんが、弥生時代をとおしてみて、土器の移動が特徴的に認められる時期は限られており、国分寺台にしても、特定地域からの土器の移動はかならずしも継続的ではありません。また、ここが交易の中心となるような何らかの生産拠点だったという証拠もありません。

少なくとも、南中台遺跡や長平台遺跡の状況は、交易などといった一時的な移動ではなくて、移住、定着的な移住を証明するものと考えています。土器とともに、竪穴形態や木製品のような労働用具が同時に移動するケースも各地で確認されており、こうした事例を再度評価する必要があると思っています。私は、現状で「土器の移動」の多くは定住的な移住によると考えています。

南関東の場合、こういった人の動きは、底流としてまず弥生時代後期に開拓の波があり、この段階は、神奈川県綾瀬市神崎遺跡のように愛知県や静岡県の人々がムラごと移動してくるといった状況が確認されています。そして、新たな開拓の拠点として多くの環濠集落がつくられました。弥生時代終末期以降、今度は南関東を基点とした東関東から南東北へ開拓移住があり、ここでも、方形区画の環濠集落がつくられます（図1）。終末期に列島規模で活発化する地域交流は、関東の場合、こうした底流にある開拓の波とも重なりますが、より遠距離からの土器の移動があって、東海西部や北陸南西部のように排出の中心となる地域はありますが、方向性としては多様で、南中台遺跡では栃木県や茨城県域からの移動もあります。そして、とくに重要なのは、少人数が既存集落、既存社会に定着、同化していくということで、求心力をもつムラ、有力者のいるムラ、と言い換えてもいいと思っていますが、そこにはどんどん人が集まってくるといったイメージをもっています。

四　移住社会とは

こうした社会をどのように考えるかですが、少なくとも、出自とか血縁といった排他的な集団原理が強調されているようにはみえません。どちらかというと、多様な係累を含む開放的な、流動的な集合体だと考えざるを得ないわけであります。

⑴特定祖先を共有する社会

ここで、房総半島の弥生時代中期後半と後期を比較してみたいと思いますが、本州東端の地である千葉県房総半島では、弥生時代中期後半になってようやく本格的な農耕社会が到来し、開発拠点として環濠集落が数多くつくられました。集落内の竪穴住居は、後期以降に比べると規模が大きく、同心円状の建て替えを繰り返しています。この時期、居住域と墓域の区分は明確で、方形周溝墓群は列状に整然とつくられており、袖ケ浦市向神納里遺跡では、１４１基の方形周溝墓が約７００メートルにわたって帯状に累々と配列されています。この時期の方形周溝墓は、１基に対して単独の埋葬が基本で、成人だけでなく乳幼児を除く未成人も同じ様に埋葬され、墓域は分割されることなく全体として整然と配置されています。この時期の遺構の配置には、長期的な企画性、計画性を認めることが可能でありまして、そこには特定祖先を共有するような集団原理が見え隠れしていると思うわけです。

(2)有力個人のもとに集合する社会

しかし、中期の終りから後期の初頭にかけて、西暦紀元後1世紀前半ですが、列島各地域で大きな断絶があり、房総半島でも、集落の立地や分布、それぞれの集落の景観が大きく変貌します。まず、環濠は中期末には機能を停止し、竪穴住居跡は、台地上広範囲に拡散するようになります。（図5）は草刈遺跡です。これは一時期のムラの規模ではありませんが、こうした規模の遺跡が、東京湾岸平野や養老川などの河川に接する台地上のいたるところに展開しています。居住域と墓域の境界は不明瞭になり、長期的な企画性は明らかに失われます。竪穴住居群は、長軸長7メートル～8メートル程度以上の大形竪穴が点在しており、おそらくこれを中心にして集落が構成されていたと思われます。一方、方形周溝墓は被葬者が限定され、市原市山田橋遺跡群では、竪穴住居約220軒に対して方形周溝墓は5基程度となります（図6）。そして、山田橋遺跡群では、大形住居と方形周溝墓が近接して確認されています。私は、この時期のムラは、有力個人のもとに集合し、世代あるいはリーダーの交代にともない常に再編されるような状況を考えています。

終末期は、その延長上にあり、こうした基層社会が、移住者の同化を可能にしているのではないかと思っています。なお、最初にも述べましたが、相模平野から埼玉県大宮台地に至る地域では、後期段階に多数の環濠が掘削されますが、この地域でも、同時に東京湾東岸のような開放的な集落が展開しており、移住にともなう環濠集落は、出自ごとの持続的な対立関係をもつことな

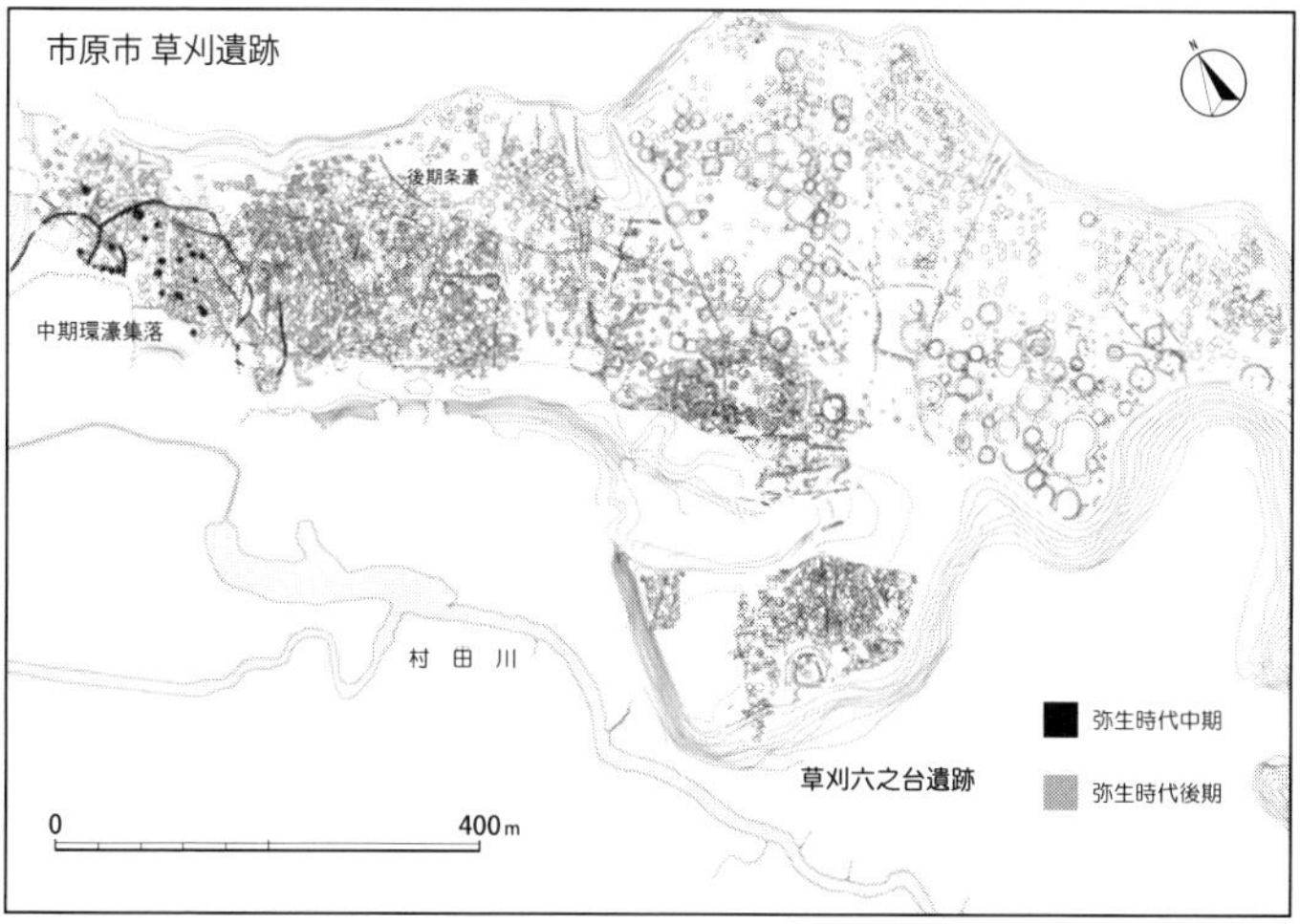

図５　弥生時代後期の集落　市原市　草刈遺跡

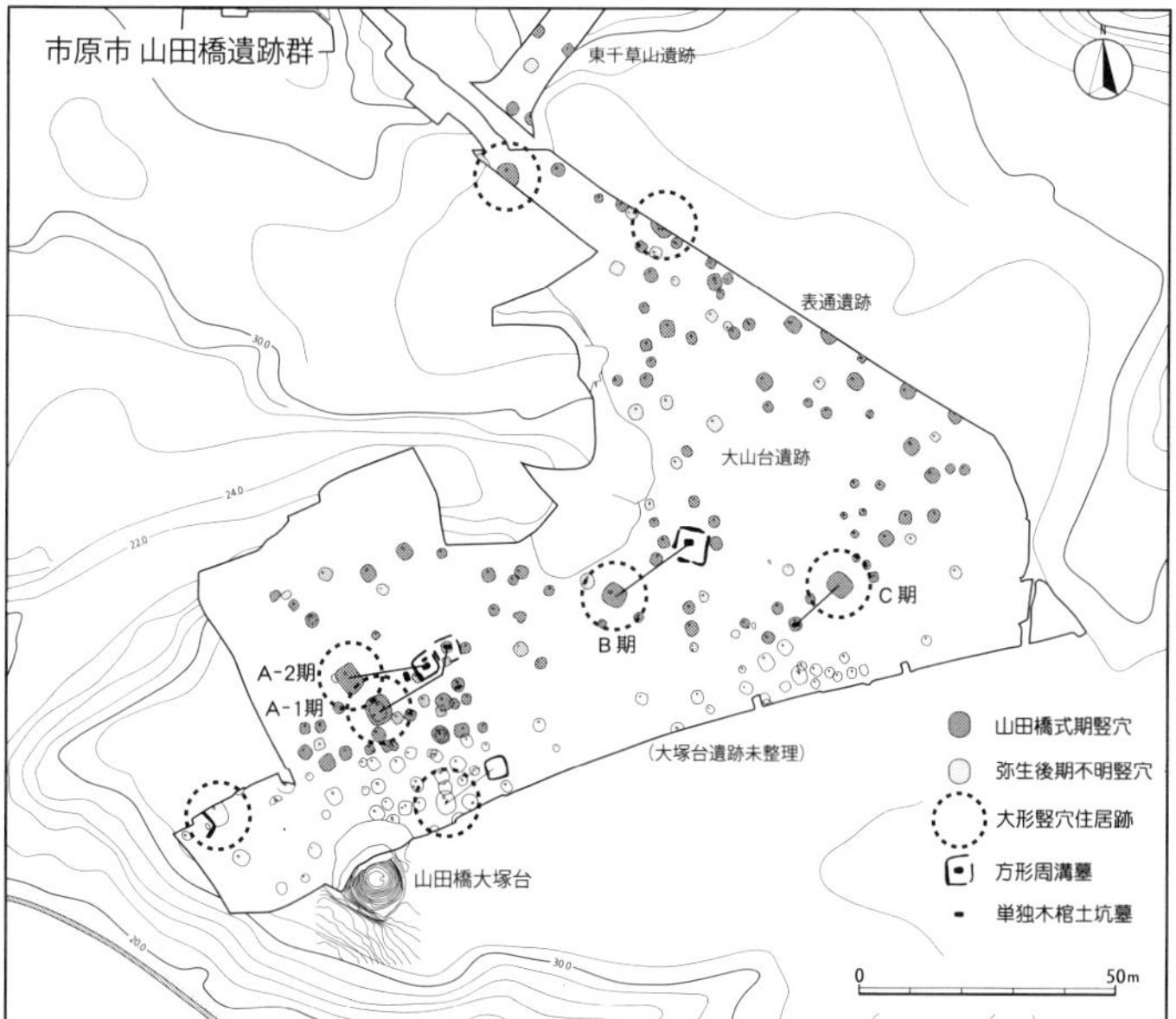

図６　弥生時代後期の集落　市原市　山田橋遺跡群

く、定住後比較的早期に地域の中へ同化していくと考えられます。

五　地域の統合

(1)中台遺跡の変遷

国分寺台地区では、終末期後半段階になると、中台遺跡西辺部南部、蛇谷遺跡、おそらく天神台遺跡を含め、養老川側の遺跡群に集落の中心が移ります。とくに、中台遺跡は、神門墳丘墓群の直接の母体となるムラです。ここは、国分寺台という名前でおわかりかと思いますが、上総国分僧寺がありまして、中台遺跡はその下層遺跡です。国指定の史跡地に重なるため発掘調査されている範囲は限られていますが、その範囲内で弥生時代終末期から古墳時代前期初頭の竪穴住居跡が約２２０軒出ております（図７）。

この中台遺跡にも、さまざまな系の外来土器が出土していますが、地点時期によって中心となる系が異なります。終末期前半段階は北辺部、西辺部北部に竪穴住居跡群の中心があり、北辺部には北陸南西部系が多数出土しており、竪穴０１０６号、この地区で最も大形の竪穴ですが、土器・竪穴形態ともやや形骸化は進んでいますが北陸南西部系です。西辺部北部は、長平台遺跡に隣接することもあって、東海西部系が中心となります。そして、終末期後半段階になると西辺部

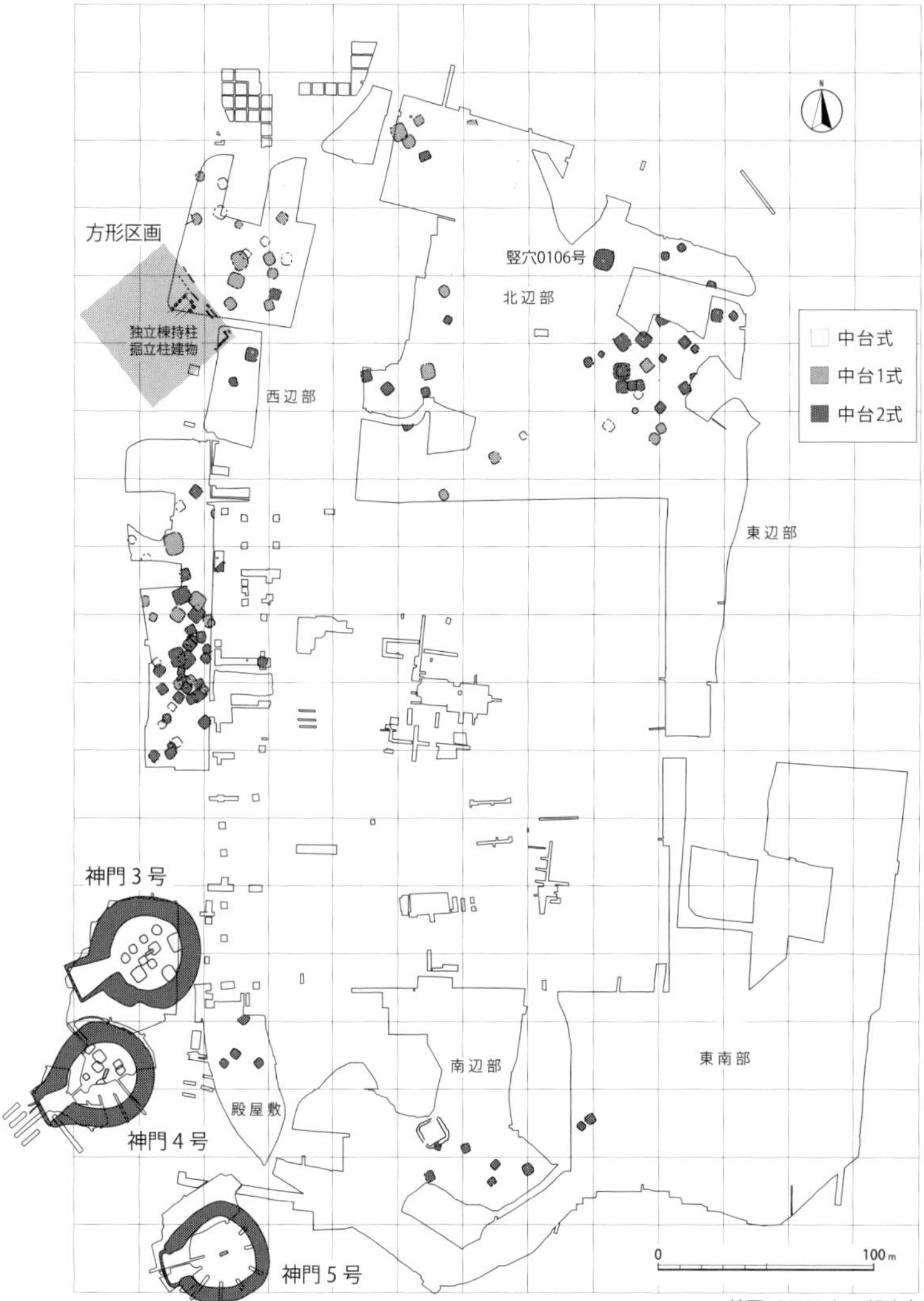

鶴岡（2013）を一部改変

図7　市原市　中台遺跡　中台式期

南部に竪穴住居跡の中心が移動します。この地区では、神門墳丘墓群の周溝を含め、畿内第Ⅴ様式系のタタキ甕が多数出土しています。第Ⅴ様式系のタタキ甕といっても、庄内甕の影響により口縁端部の部分をつまみ上げるものが大半です。また、整形をハケのみで行っているものもあり、一定量在地での定着が認められます。ただ、タタキ甕以外には、直接畿内中枢と関連付けられるものははっきりしません。おそらく、タタキ甕の定着が認められる愛知三河西部の鹿乗川流域あたりを直接の故地とする可能性があり、この地域を出自とする受口状のS字口縁甕も出土しています。東海西部系といっても長平台遺跡とは地域が異なると考えています。

(2) 方形区画の出現

この、終末期後半段階に、方形区画をともなう独立棟持柱掘立柱建物が出現し、3基の神門墳丘墓群も相次いでつくられましたが、これらは、国分寺台地区を中心とする集落群の統合を象徴するものと考えています。

方形区画と独立棟持柱掘立柱建物は、出土土器が明確ではないことから当初上総国分僧寺にともなうものとして報告しましたが、古代から中世の掘立柱建物が真北ないし東西方向であるのに対して約42度東への振れをもち、神門墳丘墓群の主軸やこの段階の竪穴住居跡の方位とほぼ合致していることから、現状ではこの段階のものと考えています。遺構間の新旧関係も明確には把握されていませんが、方形区画周辺の竪穴住居の分布が中台2式期に空白化することから、この段階のものと考えております。建物跡は、梁間で6・2メートル、桁方向は8・2メートル以上の規模をもち、周囲を細い溝が区画しております。区画のための実際の遮断物については今のところ不明です。これは、おそらく政治・祭祀のための施設でありまして、リーダーの日常的な居宅については大形の竪穴住居であったと思います。

(3)神門墳丘墓群の出現

神門墳丘墓群は、いわゆる纏向型の前方後円墳であり、前方後円墳のさきがけとなる特徴を持っています。出土土器から判断すると、5号、4号、3号墓の順番でつくられ、しだいに突出部、前方部といっても良いのかも知れませんが、その大形化、拡張が認められます。円丘部はややゆがんだ円形で、径は30～35メートルを測ります。このうち、3号墓は全長約50メートル程度になり、墳形は奈良県桜井市の纏向石塚に似ていてその約2分の1サイズです。埋葬施設はいずれも木棺直葬で、副葬品に鏡は含まれませんが、鉄剣、鉄槍、銅鏃に似た有稜の鉄鏃、ヤリガンナなどがあり、4号、3号墓からは、多量のガラス玉、管玉が出土しています。

この神門墳丘墓群は、弥生時代終末期後半、中台遺跡西辺部南部地域を直接の母体としますが、中台2式前半期につくられた最古の5号墓については、北陸南西部系土器をともなうことから、中台遺跡北辺部の竪穴住居群の段階まで遡る可能性があります。

国分寺台地区で神門墳丘墓群に続くものとしては、径32《メートル》の円墳である辺田1号墳があり、素環頭大刀や、鉄剣、鉄槍、ヤリガンナや模造鏡などが出土しています（図2）。辺田1号墳の年代は古墳時代前期、土器編年では草刈2式期、布留式併行で小形精製土器群が出そろった段階です。神門と辺田1号墳をつなぐものとしては、径45《メートル》の円墳である諏訪台10号墳が候補となりますが、周溝の一部しか調査をしていないのではっきりしません。ただ、いずれにせよ、この地域では神門以降定型的な前方後円墳に転換することなく、円丘系墓が在地化する過程が考えられます。

(4)円丘系墓と前方後方系墓

前方後方墳についても多少触れておきます。東日本というと前方後方墳のイメージが強いと思いますが。千葉県でも、前方後方形周溝墓といわれるような低墳丘の前方後方系墓がかなり見つかっており、前方後方墳のイメージがもしかしたら強いのかもしれません。しかし、房総の前期古墳は、全長１３０《メートル》の姉崎天神山古墳をはじめ１００《メートル》クラスを3基そろえる市原市の姉崎古墳群、やはり１００《メートル》クラス3基からなる君津市の小櫃古墳群が中心となりますが、これらはすべて前方後円墳です。各地に点在する首長墓は、80《メートル》クラスが一部に見られますが、60《メートル》クラスが基本でありまして、そこに君津市道祖神裏古墳など前方後方墳がいくつか混じる程度で、規模においても数においても明らかに下位に属します。

国分寺台地区でも、東間部多2号墳、16号墳や諏訪台古墳群に30メートル前後から以下クラスの前方後方系墳墓が確認されています。このうち、東間部多2号墳は草刈1式期、神門直後の時期です。諏訪台古墳群では、円丘系墳墓である諏訪台10号墳に取り付くような位置にあるものもあって、神門系譜の円丘墓に対して従属的な地位にあると考えています。

ただ、房総では、斜縁の二神二獣鏡、四獣鏡を出土した木更津市高部墳丘墓群、未調査ですが、全長約50メートルを測る袖ケ浦市の滝ノ口向台8号墳、これらは前方後方系ですが、廻間編年によるⅠ式末からⅡ式の古い段階ものと考えております。そうすると、神門よりも古い可能性があります。前方後方と東海の関係について、私自身確証をもってはいませんが、前方後方とS字甕は、ベクトルが基本的に東山道ルートを向いており、南関東ではS字甕も定着していません。南関東は、三河を経由する東海道ルートが基本になると考えていますが、長平台遺跡などの状況を含めて考えると、それが当初から一貫したものではなかった可能性もあると考えています。

六　まとめ

(1)移住と交易

先ほども触れましたが、「土器の移動」にはさまざまな解釈があります。交易であったり、ここで問題とした移住とか。相模平野から大宮台地に至る東京湾西岸地域では、弥生後期においてムラがまるごと東海地方から移住してくるような確実な状況があり、土器型式も書き換えられてしまいます。これに対して、房総半島東京湾沿岸地域の弥生後期は、土器から見ると閉鎖的ですが、この段階にも鉄器やガラス玉、碧玉製の管玉などは確実に入ってきています。南関東では、弥生中期の磨製石斧以降、鉄石英や碧玉製の管玉、ガラス玉、帯状円環形の銅釧、鉄釧、あるいは鉄剣など、これらの物流ルートは、製作地や産地、分布から見ると、中部高地や北関東を経由するルートを基幹とすると考えられます。しかし、中部高地や北関東からの土器の移動、土器の影響は限定的で、相模平野はあくまでも東海の影響下にあるわけです。こうしてみると、「土器の移動」は少なくとも交易そのものではない。私は、定着的な移住を基本に考えています。

房総半島は、終末期になると集落群が動き出しますが、これは、遠隔地からの移住が引き金になっていると思います。国分寺台地区に一つの核を形成すると同時に、この地域の土器は北に向かって動き出し、古墳前期には東関東から南東北へ進出します。この時期は、各地で人の動きがあり、活発な離合集散を繰り返していると考えています。

終末期の移住は、弥生後期の相模平野や、弥生終末期以降の東関東、南東北といった閑散地域への集団的な移住と一部で重なりつつ、少人数が既存社会へ同化、定着していく過程が認められます。土器と竪穴建物の同時移動は、国分寺台地区だけではなく、探すとけっこう出てきます。こうした移動は、少なくとも征服といったものではないと思います。

(2)地位と権力の継承

しかし、遠隔地からの移住者はインパクトをもち、南中台遺跡や長平台遺跡では、リーダーに共立された可能性さえあります。こうした社会は、先ほども言いましたが、多様な系類を含むことが可能な社会であって、おそらくは、人類学でのキンドレッドと言われるような親類縁者の集合であったと考えます。これを有力者が統合する。この段階のリーダーシップは、血縁とか特定の階層といった「生まれ」ではなく、個人の能力に由来するようなものではないかと思っています。関東、千葉県で考えると、地位とか権力の継承も非常に未成熟な段階であったと思います。国分寺台地区の遺跡群も、古墳時代前期初頭、草刈1式期には集落規模は急激に小さくなってしまい、これに対して、市原市域では、姉崎古墳群のある養老川左岸姉崎地区と、菊間古墳群のある村田川左岸地区に集落分布も移動してしまいます(図8)。新たな求心点、新たな有力者が出現すると、

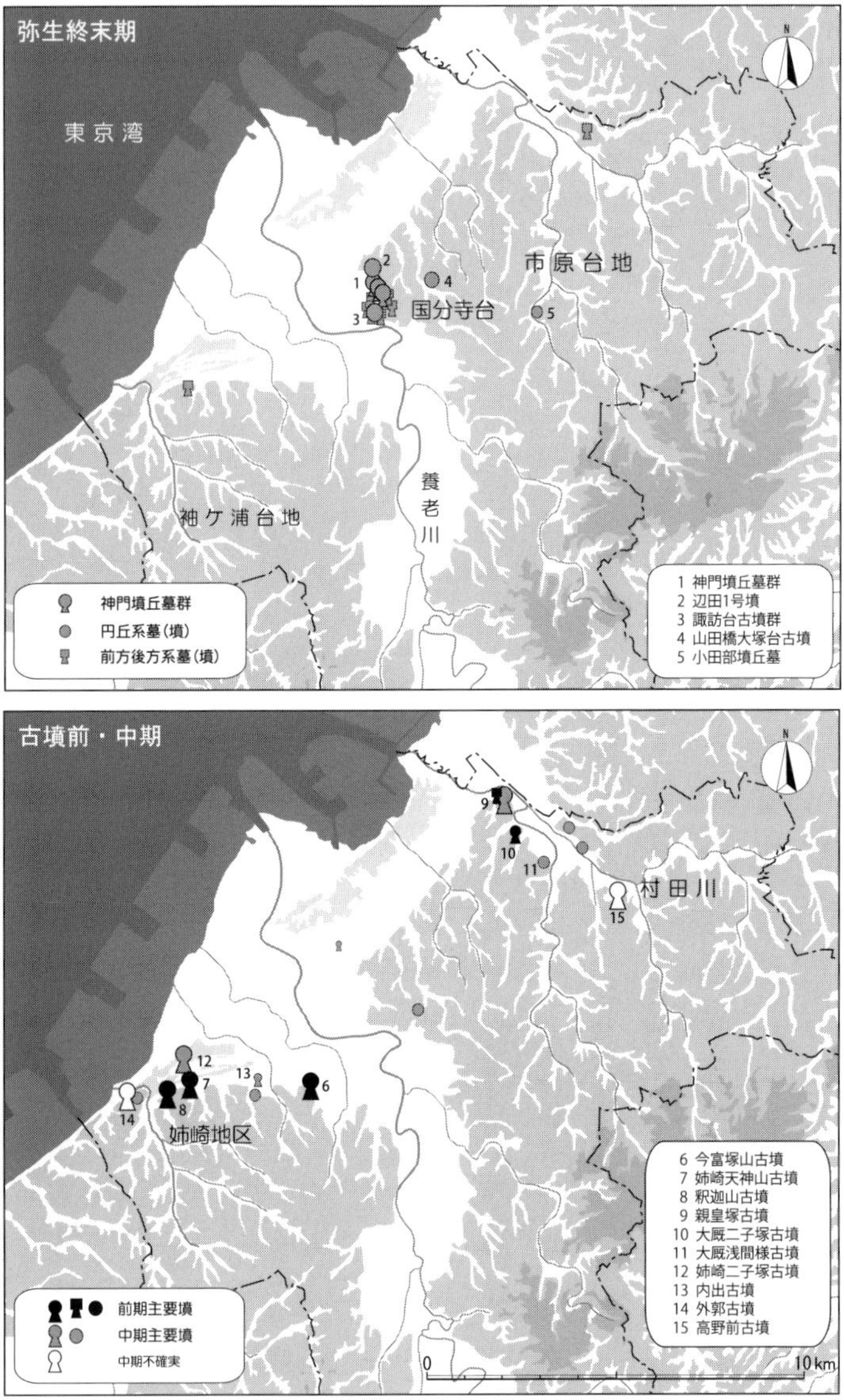

図8　市原市域　弥生時代終末期・古墳時代前中期主要墓

そこへ単純に人が集まっていくような状況が認められ、領民、領域というものがハッキリとしていない時代だと思っております。また、姉崎古墳群、菊間古墳群についても、古墳前期から中期の主要古墳は距離をおいて点在しておりまして、古墳時代後期になってから、群中最古の可能性のある前期古墳、姉崎古墳群では釈迦山古墳、菊間古墳群では新皇塚古墳を基点に首長墓が群集するようになります。関東では、中期末から後期においてこうした継続型の首長墳群の形成が認められますが、これは、始祖からの系譜を記す埼玉県稲荷山古墳鉄剣銘や、ウヂの形成過程に重ね合わせることができるのではないかと考えています。

私の言っていることは、近畿の方々からすると非常に落差のある話に聞こえてしまうかもしれません。しかし、私のイメージするリーダー像は、鬼道を事とし共立された女王卑弥呼と合致する部分があります。かつて、戦前においては、熊襲の女酋として蔑視されることすらあった卑弥呼は、いまや初期ヤマト王権の主人公になろうとしています。小林行雄先生は、１９５０年代に大和朝廷を男子世襲制、卑弥呼を共立された王とし、ここに明確な画期を設定しました。しかし、近年、邪馬台国と初期ヤマト王権が重なりつつある中で、ヤマト王権のイメージはこれからもう一度整理しなければならないのかなと思っております。以上です。（拍手）

〈文　献〉

小橋健司　２００６『市原市長平台遺跡』財団法人市原市文化財センター調査報告書第98集
大村　直　２００９『市原市南中台遺跡・荒久遺跡A地点』市原市埋蔵文化財調査センター調査報告書第10集
大村　直　２０１０ａ「周辺地域における集団秩序と統合過程」『考古学研究』第56巻第4号、考古学研究会
大村　直　２０１０ｂ「土器の移動の移住」『房総の考古学　史館終刊記念』六一書房
鶴岡英一　２０１３『市原市中台遺跡』市原市埋蔵文化財調査センター調査報告書第24集

3　2・3世紀のサガミの集落と古墳

西川　修一

一　はじめに

私は現在、県立高校に勤務しておりますが、25年ほど前の30歳の時、日本史教員から調査職員として県立埋蔵文化財センターへと異動しました。逗子市池子遺跡群の調査に携わったのち、東名高速道路の拡幅工事に係る調査で今日の題材のひとつ、東名№1遺跡＝厚木市御屋敷添遺跡などを調査し、東海西部の東三河系土器を伴う弥生後期遺跡について分析・報告しました。その後、県教育委員会で文化財保護事務の仕事、後に国史跡指定となる海老名市秋葉山古墳群や逗子市・葉山町長柄桜山《ながえさくらやま》古墳群にも関わりました。本日も取り上げる綾瀬市神崎遺跡を国史跡として指定しようという相談も始まったのもこの頃です。これらの遺跡や古墳には仕事だけではなく、一緒に研究活動をしている西相模考古学研究会のメンバーのひとりとして、その活用や保存にも関心をもってきました。異動で数年前にようやく本業の高校教員に戻れましたが、今日は教育現場から見た「ヤマタイ国」の話もしてみたいと思っております。まず、本日の概要を簡単にまとめます。

まず神奈川県＝「サガミ」の地勢的特徴を取り上げます。次に他地域からの集団移動＝「相模湾インパクト」が契機となり、弥生後期後半期の相模湾岸・東京湾岸では「臼久保・山田橋段階」なるステージが醸成されることについて話します。このような弥生時代後期の変動を契機として、それが後期後半にかけて「汎サガミ的」世界に塗りかえられていくプロセスから高塚古墳が出現すると理解しています。

関東地方の弥生時代後期後半というのは「閉鎖的な社会」だったという評価が通説でしたが、そのような解釈には疑問があります。弥生時代後期後半というのは、モノの流通も含めてヒト・モノの動きが激化した時代です。だからこそ土器様式圏は細分化し、見た目は閉鎖的な姿になり、個性を顕現してゆくと考えます。古墳出現期へと移行する前段階にはこのような二律背反な志向性が作動する、「パラドックスな枠組み」が存在したと考えます。

ところで纒向遺跡には多くの地域から大量の土器が来ていることで有名ですが、残念ながら、相模湾岸以東の土器は、ほとんど行ってないと思っています。土器が出土しなくても「交流があった可能性」は否定できませんが、考古学からは「あるか・無いか分からない」事柄によって関係を論ずることはできない…というのが私の立場です。

最後に職業柄、昨今の歴史教科書の問題などを取り上げ、卑弥呼のイメージと学校教育における邪馬台国問題も、ちょっとだけ取り上げてみたいと思います。結論的には、列島東半部の多様性を重視して「歴史像を解釈」をするという「スタンス」を明確にしたいと思います。

二　サガミの地勢的特質とは？

現在の神奈川県という行政区画は、律令制下では「武蔵国」と「相模国」に含まれます（図1）。相模国は神奈川県の西半分と三浦半島が該当します。三浦半島は相模湾と東京湾を画しています。川崎・横浜市域は律令制において、埼玉県・東京都と同じく武蔵国に含まれますが、古墳時代以前の段階にこれらの北武蔵地域と「一体的な地域」だったとは思え

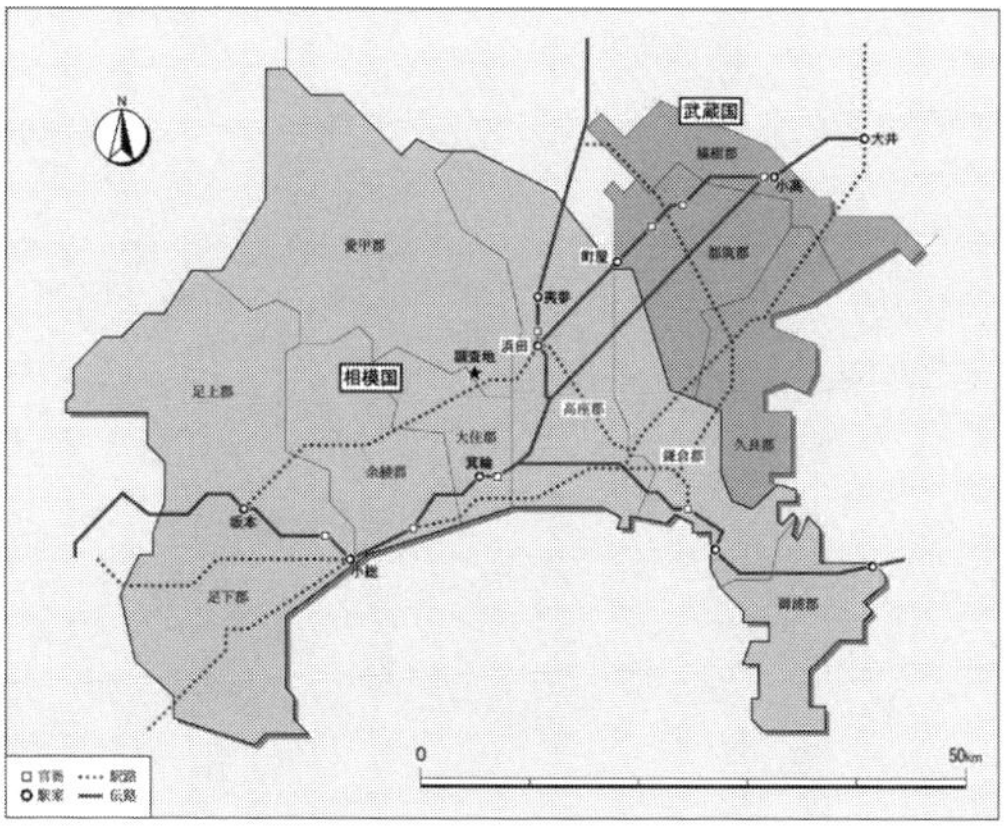

図1　相模国と武蔵国と古代のルート
（西川編　1998）

ません。特に横浜市南部域は、河川水系として相模湾岸へ繋がっており、「サガミ的な領域」に含まれるエリアです。ここでは、律令制下の「相模国」と同一の概念を付与していないという意味で、律令制以前の相模湾岸とそれに注ぐ河川水系に展開するエリアを「サガミ」と表現します。

関東の西側に連なる山地から三浦半島に向かって伸びてくる低い尾根状の多摩丘陵があります。その西側が「サガミ」です。三浦半島は小さい半島ですが、東京湾と相模湾を分ける「障壁」であるとともに、房総半島に続く桟橋のような「回廊」の役割も果たしています。

鎌倉時代北条氏は、半島を支配していた三浦氏をたいへん警戒していた。そのため半島の東の付け根「金沢の湊」を拠点として押さえ、房総半島や外海へのルートを確保していたとされます。また治承の争乱（1180年）のおり源頼朝は石橋山合戦で敗れ、真鶴から相模湾を房総に逃げますが、相模湾岸に舞い戻り鎌倉を拠点としたという事実もサガミの地勢上の特色と関わりのあることと理解しています。鎌倉が祖先から関わりの深い土地であったということ以外にも、在地勢力の強い南武蔵とか房総に政治拠点を置かなかったことは、強大な地域勢力が形成されにくいサガミの地域性とともに、列島西部という「異界・外界」へ開いた「窓口」としての構造性が関係したと考えます（西川2007）。

なお三浦氏は石橋山の敗戦後、武蔵から畠山氏らに攻撃され三浦半島の拠点・衣笠城を滅ぼされますが、そのような危機に瀕し房総へと逃げます。房総半島南端の安房地域に馴染みが深かったからと推定されます。海蝕洞穴の利用などの諸文化事象からも推し量られるように、三浦半島南端と安房地域は一体感の強いエリアです。かたやこの時、武蔵の畠山重忠は先述の多摩丘陵沿いのルートを辿り襲来しています。後に新田義貞も「鎌倉攻め」もこの丘陵沿いルートをたどり攻めて来ました。東京湾内・相模湾岸に巡らされた「水上ルート」とは別に、北関東から南下する丘陵沿いに南北を結ぶネットワークが存在していました。

このように南関東の地において多摩丘陵や三浦半島は、重要な地勢上の機能を具備しています。外に面した「窓口としての相模湾」、列島北部へつづく「内つ海の東京湾」、その間に棹さすように延びる多摩丘陵と三浦半島…。このようなラフスケッチを描くことができます。

視点をもう少し広げると、弥生時代の列島東端の大きな「文化的ボーター」

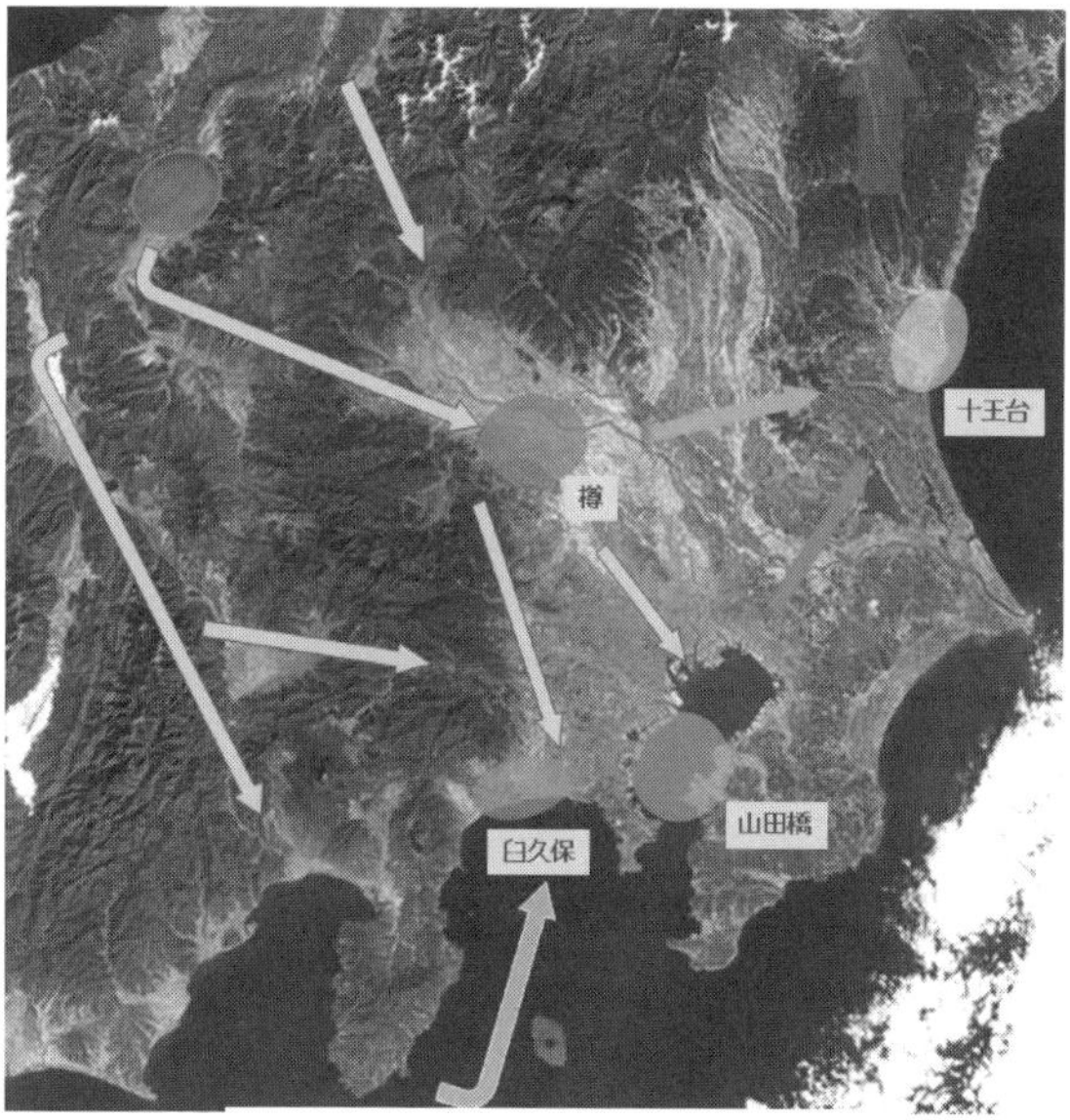

図２　関東を取り巻く地勢概要と交流関係

は、利根川・鬼怒川水系にありました（西川1995）。弥生時代中期後半の宮ノ台式文化はここまで拡大しましたが、これ以上は北上がかないませんでした。これが古墳出現期まで越えることのできない列島東北部と弥生文化≒「倭人的社会の周縁」と言っても良いかもしれません…。いずれにしても文化的な「大きな境界」がありました。弥生時代後期になる頃、この宮ノ台式文化の拡大範囲から、南関東的な弥生文化の範囲は「南下・縮小」します。これが「撤退」（岡本1974）なのか、「集約した」のかは評価が分かれるところです。

説明した南関東の地勢的な特色は、列島東部の弥生時代の動静を知るうえで欠くことできない事柄です。河川・海上ルートのネットワークを正しく把握しないと列島東部の弥生～古墳時代像を正しく描くことは難しいと思います（図2）。

三　南関東の動静～宮ノ台から神崎・御屋敷添遺跡へ

さて弥生中期から、時系列に沿って概説します。かつて南関東地方の本格的な農耕社会のスタートは、弥生時代中期後半・宮ノ台式期と考えられてきました。しかし神奈川県小田原市酒匂川水系の低地部に所在する中里遺跡（図3）などの中期中葉以前に遡る事例の増加により、宮ノ台式期に想定していた大規模かつ、定住・集住的な農耕集落がより遡ることが確実になりました。現在、中里遺跡は記録保存の調査後に商業施設になってしまいましたが、現地に行くと海にたいへん近く、かつ低地性の集落立地であることが実感されます。居住域の外郭を巡る遺構は、「河道」とされ「環濠」とはされていませんが、類似した機能をうかがうことができます。注目されるのは掘立柱建物の存在で、なかでも独立棟持柱を持つ建物が多数存在するということです。報告書刊行が待たれるところで、詳しい集落構造の分析成果に基づく研究の進展が期待されます。このような「中里式期の飛躍」は、一躍注目されることになりました。しかし中期中葉の中里式期は、続く宮ノ台式段階の発展のベースであることは間違いありませんが、やはり大きな飛躍は中期後半の宮ノ台式期にあると

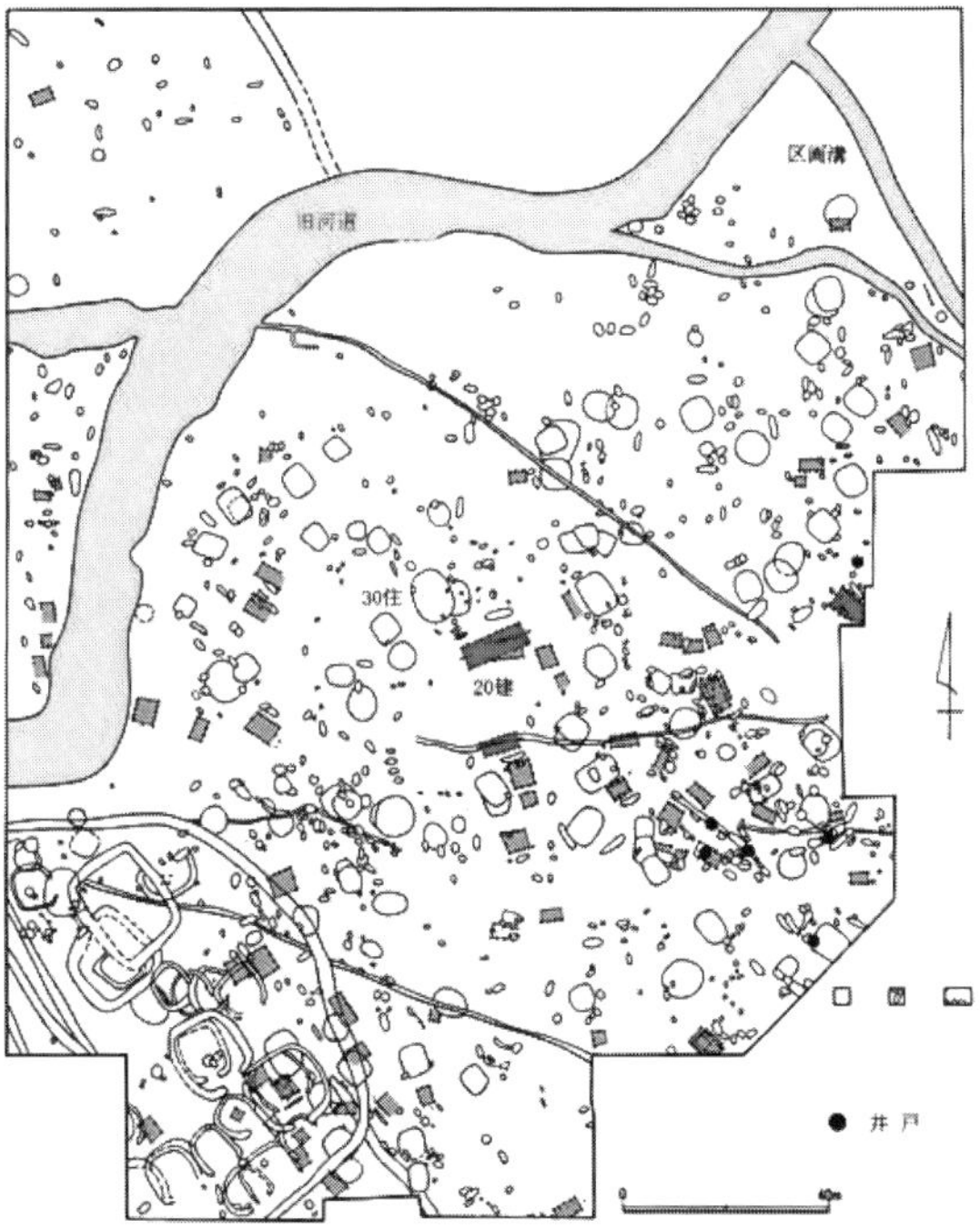

図３　小田原市中里遺跡（河合　２００８）

理解します。農耕社会に特徴的な赤く塗った細頸の壺、金属器を思わせるような大陸系磨製石斧と、環壕に囲繞される集落の形成…いわゆる複合的農耕文化を具備した社会としての「宮ノ台式期の画期」を強調したいと思います。このような「弥生コンプレックス」（森岡２０１１）としての斉一性を備えた宮ノ台式文化は、駿河湾岸から鬼怒川水系の辺りまで一気に広がります。隣接して中部高地系の栗林系文化圏が広がり、関東北東部には南東北系の足洗式土器の分布域が対峙します（図４）。

　ところで神奈川県西部では、かねてより宮ノ台式土器から後期へと土器型式がつながらないと言われてきました。連続性が確認できないのは資料が無かったのではなくて、資料

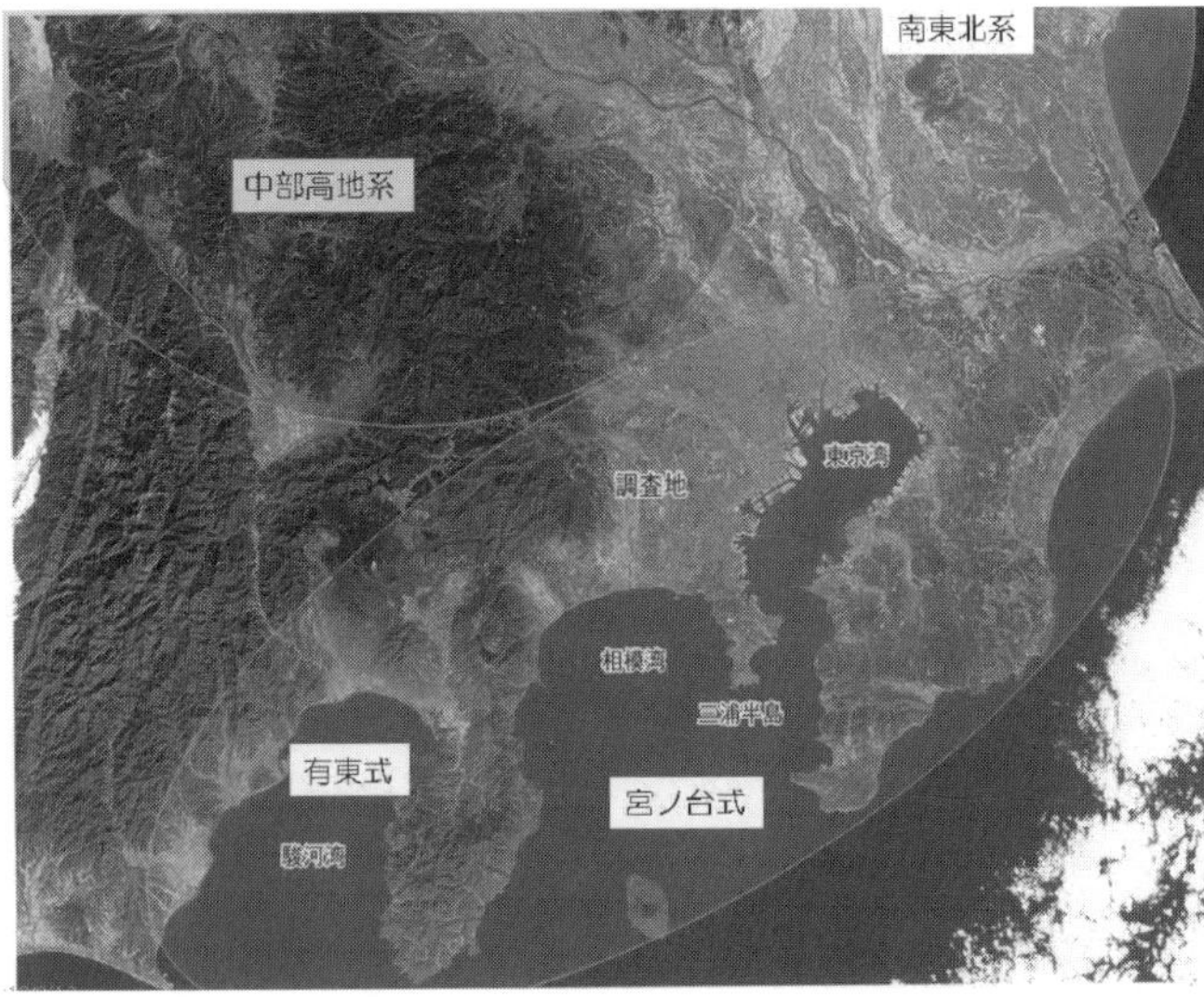

図４　弥生中期後半の土器分布図

数が増えても変わらず、むしろ断絶性が明瞭になってきたことがここ20年ほどの調査で分かってきました。提示したグラフ（図5）は、だいぶ古いデータですが、神奈川県西部の弥生時代竪穴建物の数をカウントしたものです。今ではもっと多くのデータがあると思いますが、中期の竪穴は１００に満たないのに、後期から古墳出現期の竪穴数は８００余りもあるということを示しました。これは単純に人口が増えた結果では無いのではないと結論付けました。まぁ、むしろこのような推論を裏付けるために、カウントしたのですが…。相模川水系の各集落遺跡に個性的な土器様相が展開しているのは、それぞれの集団の出自が異なるからであり、そこには多数のヒトの移動が介在していると推論しました（西川１９９１）。

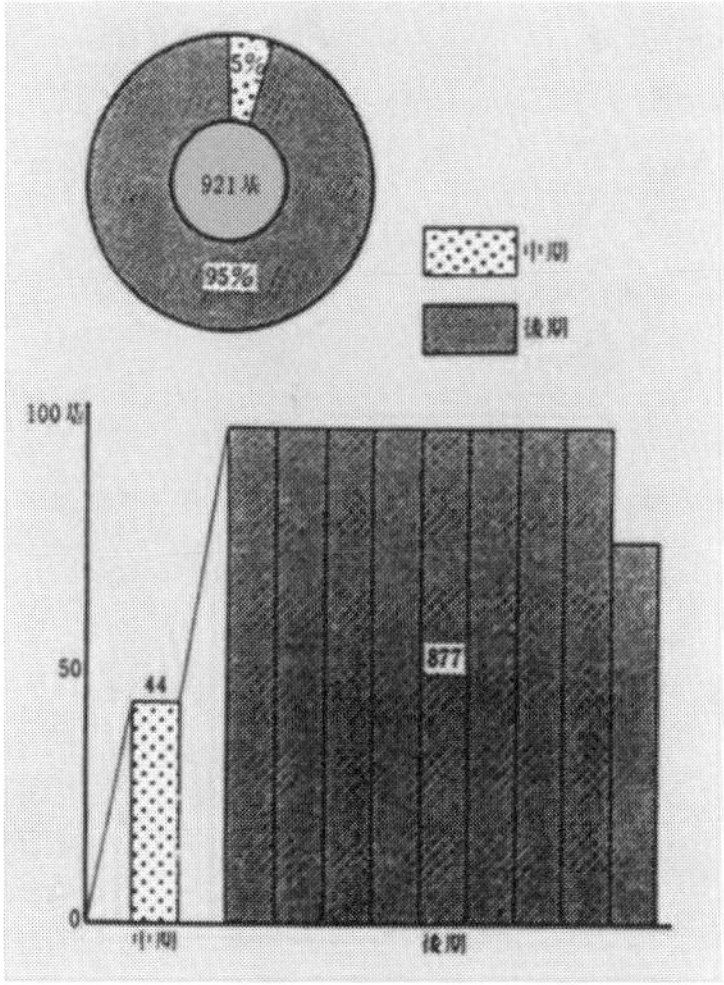

図５　サガミにおける弥生中～後期の竪穴概数

当時は否定的な意見が大半でしたが、その後の調査成果の蓄積により、「ヒトの移動」それが現実のこととして明確になってきたと思います。ヒトの移動による文化的非継続性が、中期から後期への土器や集落遺跡の断絶性という形で考古資料に表されていたのです。相模川水系では東

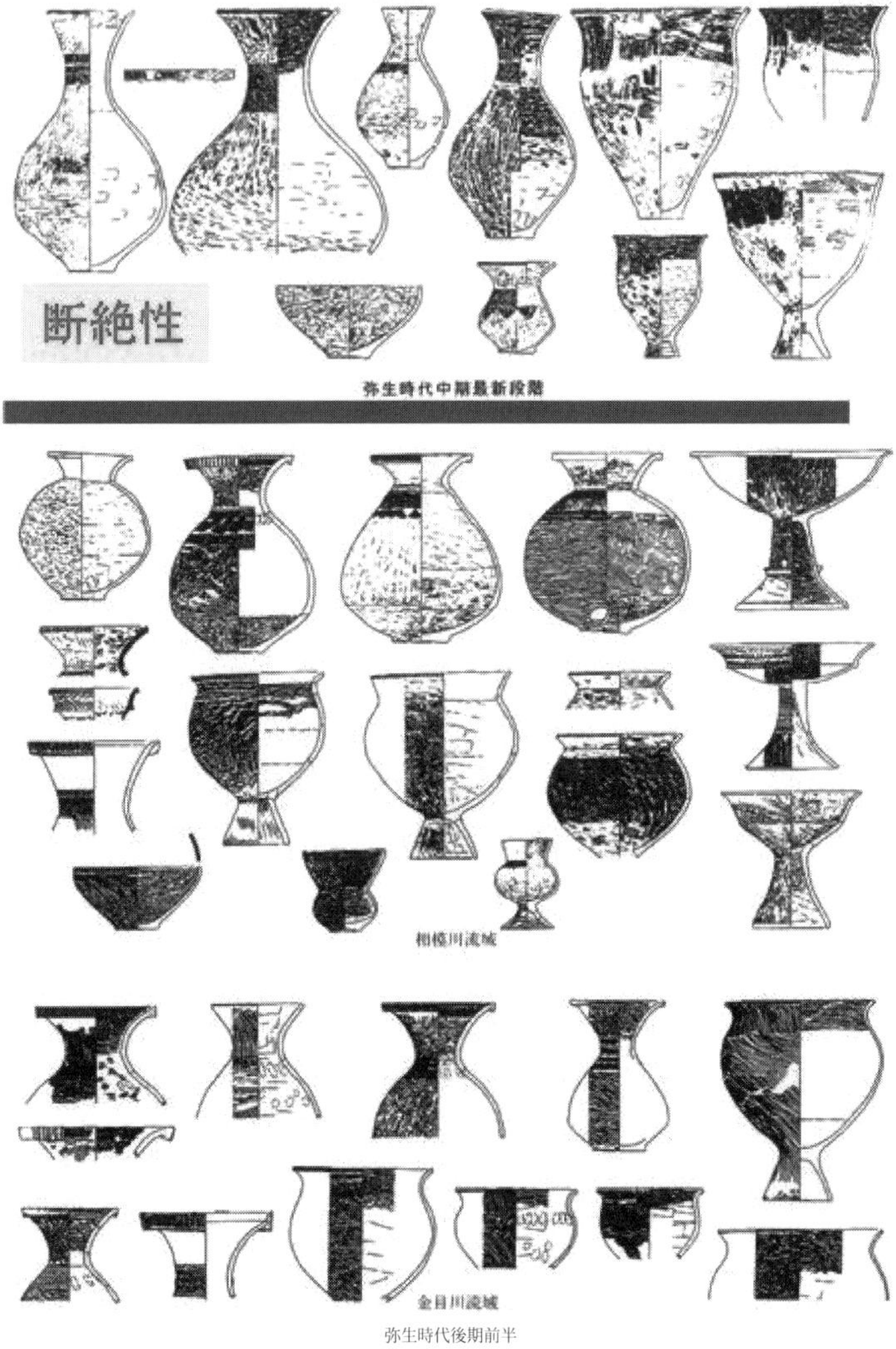

図６　サガミにおける中期から後期への断絶性（立花 2002b より改図）

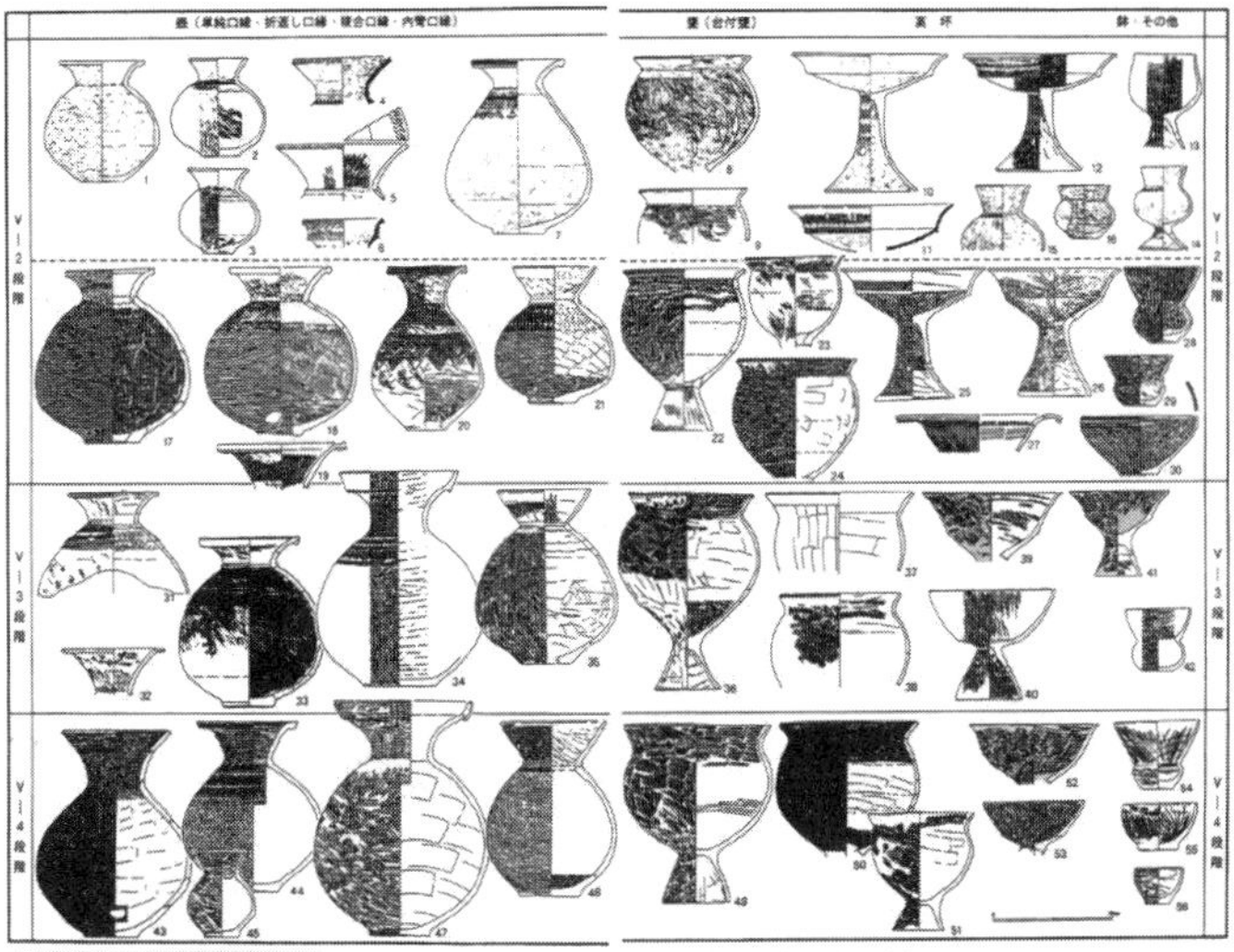

図7　相模川水系の弥生後期土器編年　東海西部要素濃厚（立花 2001）

海西部の要素が入ってきて、在地化してくるというプロセスを辿ることができます。これに対して相模川の西方、東海大学の辺りの金《かな》目《め》川水系、平塚市域では東海東部の介在が明確です。こちらも在地化してきます。後期初頭段階では宮ノ台から続くものが希薄で、多数のヒトの移動が引き金になって人口が急増すると考えています（図6～8）。

論文を書いた1990年代の初め、このような解釈に対し「宮ノ台式土器を用いた人たちは、〝蒸発するようにいなくなった〟と思っているの？」と言われました。「いや、そんなことは考古学資料では分かりません。きっと数量的に桁が違うヒトが来たのだと思います」と言いますと、「証拠不足」とか、「詭弁」である…と冷淡でした。また他地域の土器が

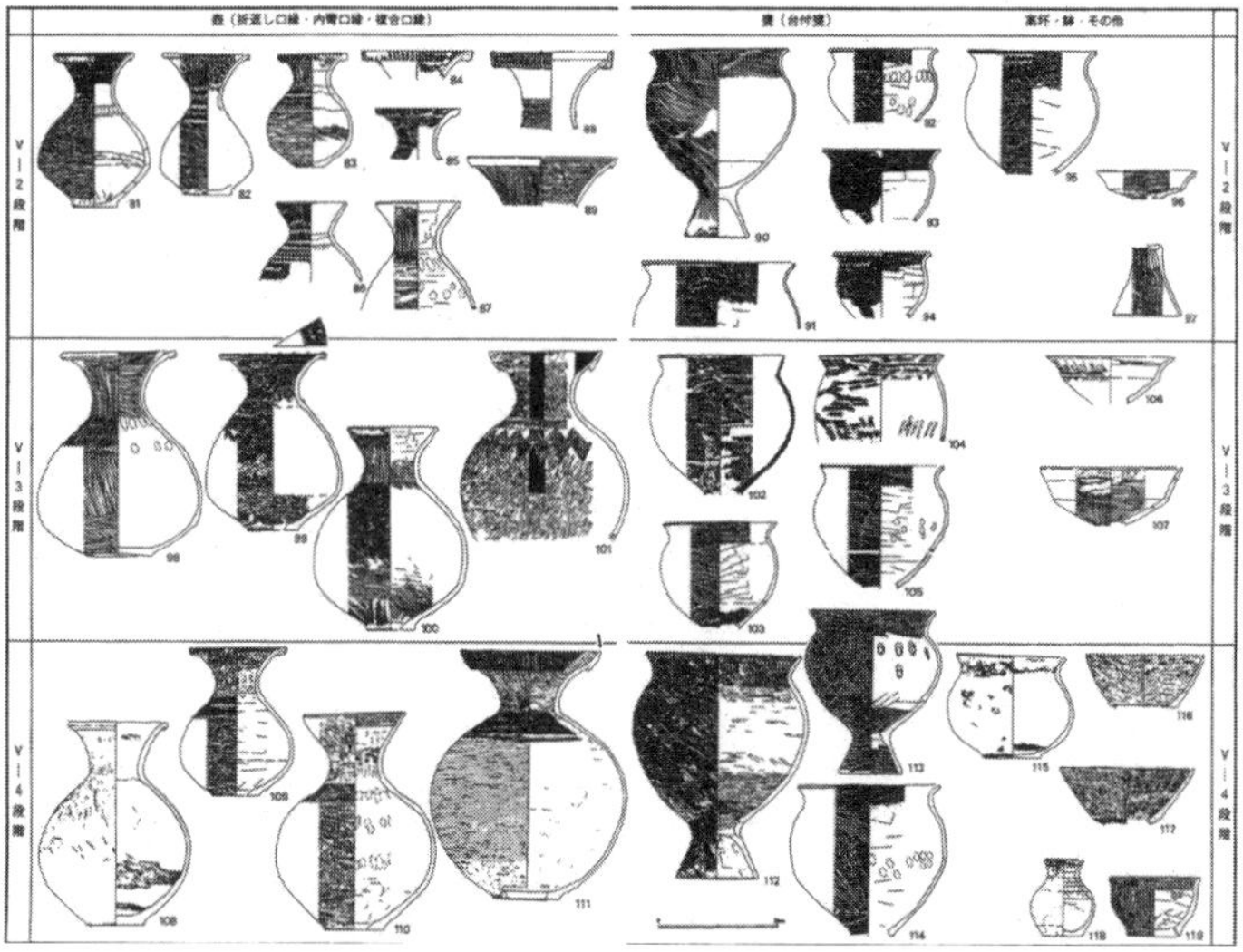

図８　金目川水系の弥生後期土器編年　東海東部要素濃厚（立花 2001）

出土する事象を〝安直にヒトの移動で説明しようとする研究姿勢〟は、「とんでもなく危険な思考」であるとも言われました。コッシナの名前を出され不勉強である…とまで言われました。浅学の私ですが、当然ながらコッシナの「名前とその評価」くらいは知っていましたが…。

宮ノ台式土器を用いた人々は順調に増殖しなかった。「移動により姿を消してしまった」のか、「同化・吸収されてしまったのか」は考古資料からは判断できないと思います。しかし出土資料の文化的要素が繋がらないくらい急激に「たくさんのヒトが来た」のが事実だと考えます。当時の批判の背景には、水稲農耕民は「田んぼを後生大事に守って」いて、そのような野心的な移動＝ギャブルな行動には乗り出さない。農耕社会は定着的で、右肩上がりに拡大再生産・発展している…という未検証の事実に対する「信仰にも似た思考」があったと思います。既成概念に縛られていたのは、批判的な見解を寄せられた方ではないかと思います。むしろ初期農耕民は頻繁に移動するし、野心的な新天地への拡散的な行動も日常的であったと考えました（西川１９９５）。さらに最近では交易など「より商業的な動機」が背景にあるとさえ考えています。もちろん近現代的な「商業」とは異質なモノです。むしろ器物の交換・調達という外部への「物質的欲求」と言えるでしょうか？

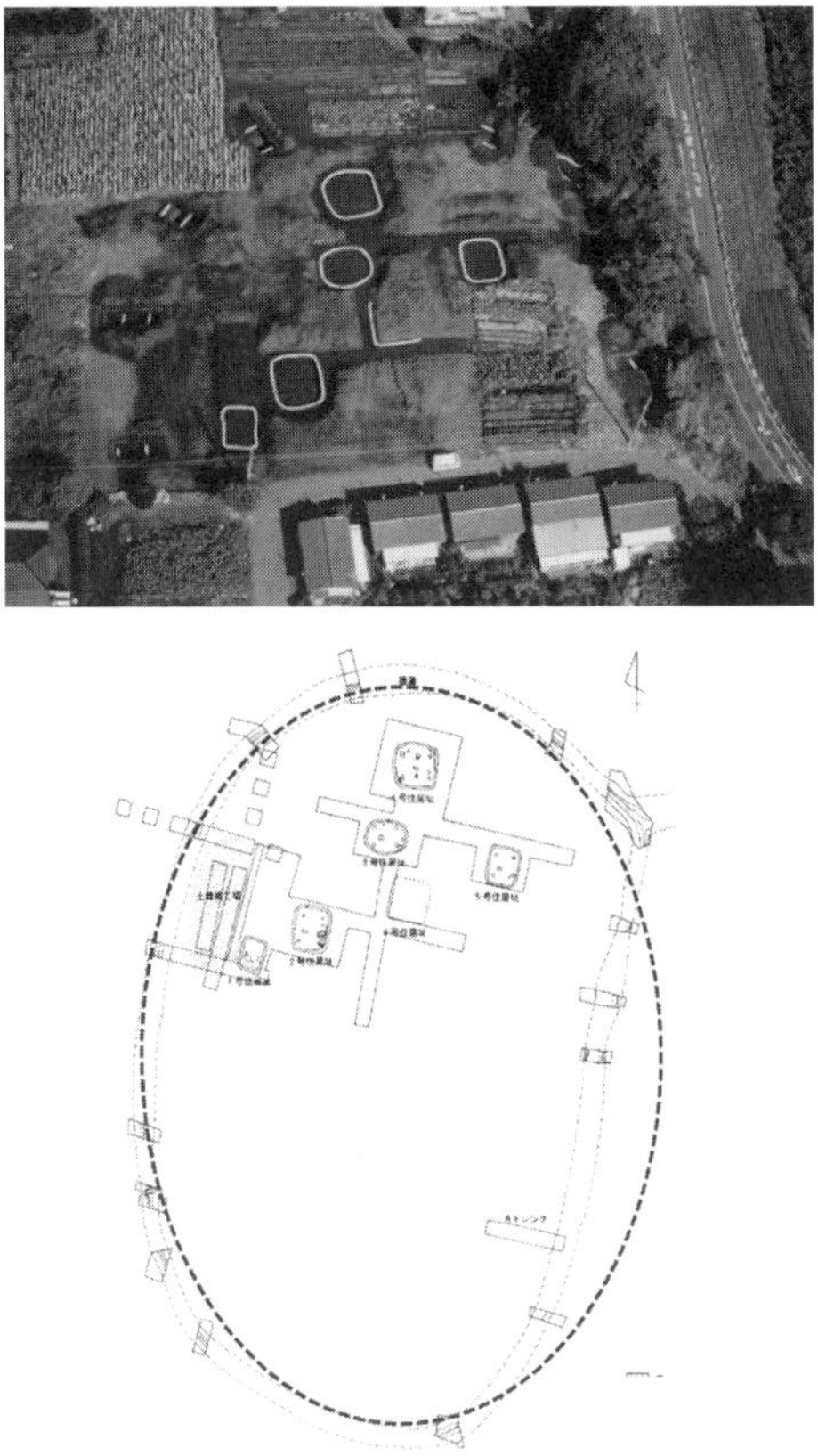

図９　綾瀬市神崎遺跡の全体図（綾瀬市教育委員会提供）と調査状況（小滝・村上 1992）

　今でも相模湾岸へのヒトの移動は認めるとしても、中期からの断絶性を認めない考えの

（綾瀬市教育委員会提供）

（豊橋市教育委員会提供）

図１０　神崎遺跡と寄道式の類似性（報告書より転載）

方もいると推察します。転機になったのは、綾瀬市神崎遺跡（図9）の発見でしょう。綾瀬市の南端部、藤沢市との境に近い丘陵の先端、ここを故・岡本勇さんが、市史の関係で弥生時代の資料を得たいと学術的な調査に着手しました。その結果、ほとんど破壊されない状態で環壕が巡っており、環壕や竪穴建物跡から三河の土器が大量に出てきました（小滝・村上1992）。これが東三河の寄道式そのものであると評価され、〝移住者のムラ〟と喧伝されるようになりました。

写真で示した土器の上段が神崎遺跡出土、下段が東三河の豊川市高井遺跡（贄他1996）の寄道式土器ですが、酷似していることが分かります（図10）。この神崎ムラの集団が、宮ノ台式の人たちから徐々に変化していったとは考えにくいことです。こうして多くの研究者が相模湾岸の後期社会の形成には、多くの移住者が関与していると認めるようになってきたと思います。

四　相模湾インパクトとは？

それでも神崎遺跡は「特殊なムラ」だという意見が根強くあります。その後、私は東名高速の調査担当となり、厚木市愛甲に所在した№1遺跡（御屋敷添《おやしきぞえ》遺跡）で、神崎遺跡と類似した事例にたまたま巡り会うことができました。調査地点は東名高速の厚木インターから西へ僅か数分走った最初の段丘にあります。この位置（37キロポスト付近）を覚えて、東京方面から東名高速で西に向かう時、また逆に西から東京方面に向かう時に思い出してほしいと思います。東海からの移住者の故郷・東三河の豊川インターと、遙か東方へ辿り着いた厚木インター間の200キロ超の距離感を実感でき、感慨もひとしおです。通信手段や交通手段も未整備の時代、遙か離れたサガミの地に移住して来た人たちの胸中はどんなものであったか？…と。

この調査で弥生時代後期のV字溝の一部が見つかりました。上面はかなり削平されていましたが、向こう側へ飛び越すことができないほどの幅がありました。この段階のV字溝に共通した特徴として、底面が〝薬研堀〟状になっており、底を歩くことが困難なほど狭い幅です。ここから神崎遺跡と同じく東三河・寄道式土器が純粋な形で出土しました。時期の異なる遺物は皆無でした。このように次々と東海系土器の類例が増え、今では十ヶ所以上の遺跡が知られるようになっています。このような成果の積み上げから、相模湾岸に東三河の人達をはじめ、西遠江を含めた東海西部の人々が集団でやってきたと考えられています（図11）。

ところで御屋敷添遺跡の報告書（西川編1998）で詳しく弥生後期の相模湾岸の様相について分析しましたが、巻末の余白に何の説明も加えず集団移動の姿を「挿し絵」として忍び込ませました（図12）。よく見るとオールがありません。この絵を見て…集団移動に関する私の解釈に対し、「これでは相模川下りだ、撤退して行く姿である…」と揶揄された方がおりました。言い訳じみていますが、この想像図に描いてあるのは、船の「舳

図１１　厚木市御屋敷添遺跡（写真：神奈川県教育委員会提供）

図１２　玉川を遡る東三河集団（西川編　１９９８）

先だけ」です。弥生時代の舟の構造については、十分に勉強する時間がありませんでした。果たして独木舟なのか、既に準構造船なのかも意見が分かれるところです。とりあえず遠路航海して来るくらいだから、準構造船と想定をしました。また推進力についても定見を持つことができませんでした。オールでの航行として描こうと思いましたが、埴輪などを参照しても、ピボットの形態の検証に不安が残ったので、舳先だけ描いたことにしようという〝苦肉の策〟をとりました。ただし〝描き込めたいイメージ〟もあり…そのために人数や持ち物が多くなってしまい、たくさんのものを描き込み、舳先が長くなってしまいました。「ヒトの移動」という事象について、私の想定はムラごとと言うか〝単位集団〟ともいうべき集団で、老若男女をひきつれて新天地を求めやってきたというものでしたから。出土した土器も彼の地で作られたモノだけでなく、当地で寄道式土器そのものが制作されているようです。

発掘調査の結果から、環壕の掘削土量を分析し、集団規模の推定をしていますが、人数・性別・年齢構成まで分かるわけではありません。しかし「他地域からの集団移住」に対して、なかには「むくつけき男がヤリや剣を手にして来た」と解釈する人もいるかもしれないと…心配だったからです。よって「挿図」として余白に入れました。ただしこの図に描かれた様相こそが、相模湾岸へのヒトの移動の「イメージそのもの」です。それは排他的・好戦的な「営み」ではなかったと考えています。むしろ開発と交易に重きがおかれたものと思います。集団間の緊張関係が無かったか、在地社会はどう受け止めたか、想像は尽きませんが、現状の考古資料から全てを解明できるはずはありません。低地遺跡の調査の進展に期待しつつ、今後の課題としたいと思います。その後の調査成果は、より具体的な姿として像を結びつつあります。

このような調査の進展によって、東海からの二つのインパクトが明確になってきました(図13)。相模川の河口からは、茅ケ崎市・綾瀬市・寒川町あたりから厚木市にかけて東三河や西遠江のヒトたちがやってきた。いっぽう、ほぼ同時に天竜川の東から、駿河湾にかけての静岡県エリアの広域のヒトが相模川の西方に入って来ています。これらは弥生時代の後期中葉の移動当初、截然とした領域性を認めることができ、混ざっていません。弥生時代後期中葉、相模湾岸エリアは東海西部と東海東部から二つのインパクトを受け止めたフロンティアだったと考えます。前者は寄道式・伊場式という広義の山中式の仲間、後者の土器型式は菊川式、登呂式、または駿河湾の雌鹿塚式…これらが「並立」している状態です。この現象を「相模湾インパクト」（西川２００７）と規定しています。

　これらの移動は、基本的に船に乗ってやってきたと考えています。当時の航海技術では無理であると言い切る方もいます。根拠は不詳ですが、弥生時代の交通は基本的には陸上通行であり、船を用いたとしても短距離の沿岸航行以外は不可能であるとのことです。しかし南太平洋での島々への人類の拡散行動などの事例をあげるまでもなく、縄文時代以来の伊豆諸島等への渡航などの事例を参照すれば、外洋の航行は弥生時代段階では不可能だったというのは納得できません。当時の航路を物的に実証するのは困難ですが、東三河や西遠江の人たちが点々と沿岸を伝わってきた結果とは考えられません。むしろ、そのような「点々と寄港し

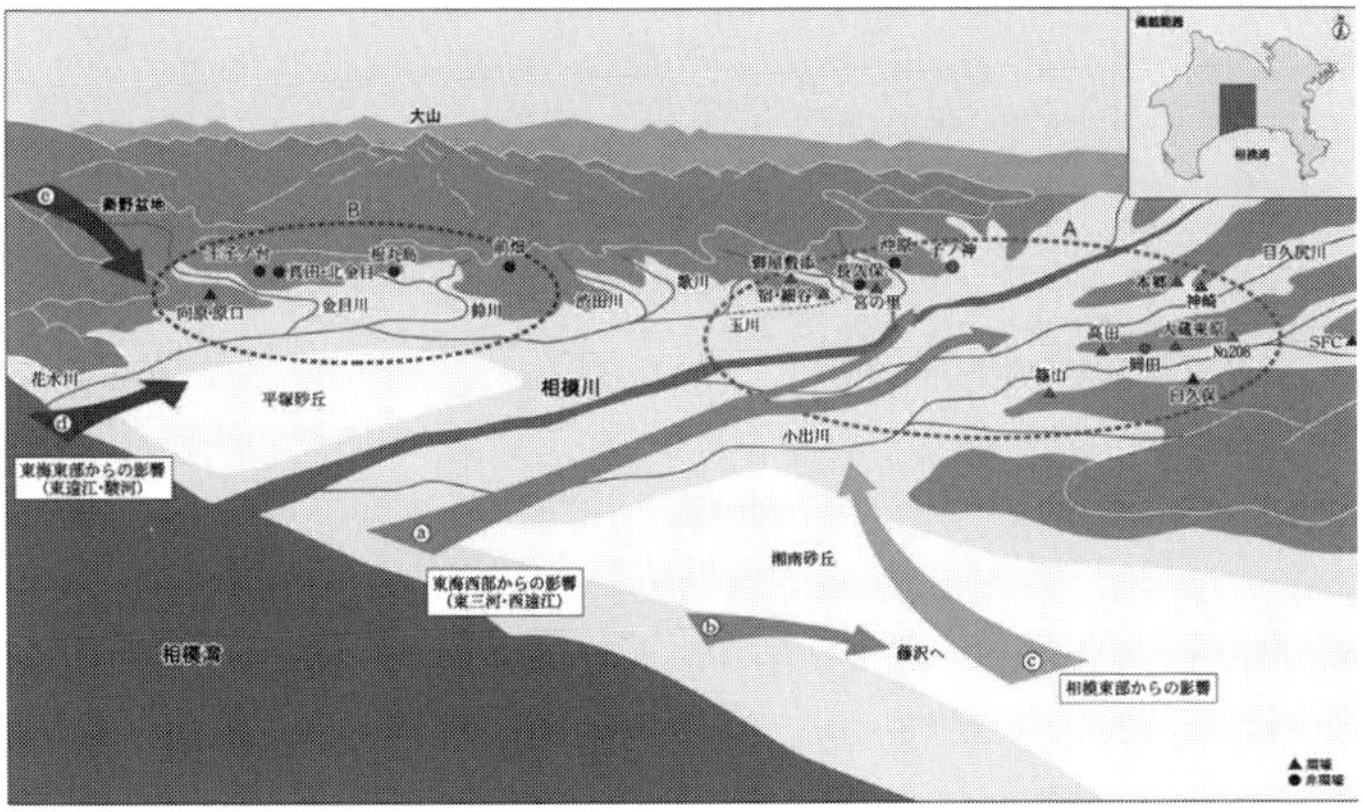

図１３　東海からの二つのインパクト　相模湾へ

ていた痕跡」こそ、考古資料から導き出すことができません。

ある時、考古学講座でお話しさせていただいた時、受講者にヨットレースをやっている方がいました。その方の話では、伊勢湾を出発し、伊良湖岬沖からうまく風と潮をとらえれば一昼夜、まさに「あっという間」に相模湾まで辿り着くのだということを教わりました。伊豆大島の西側から相模湾内に入ると、長柄桜山古墳があるあたりの三浦半島西岸丘陵が正面に見えてくるとのことです。弥生時代の人も天候や潮流に関する知識は持っていたと推定されますから、条件の良い日和を選んで渡海・航海すれば、短期間で航行できたのではと考えています。批判的な方は、遠州灘がたいへんな難所であったことを論拠としているようですが、いかがなものでしょうか?

私見では駿河湾から、陸上を行く選択しかないとは思えません。むしろ険阻な足柄・箱根の坂を越える困難さに対する知識が欠落していると思います。

五　相模川水系の新資料～後期初頭の様相をめぐって

次に最新資料や新知見をいくつか紹介します。

最近、相模川低地部での調査が進み、成果が次々と挙がっています。調査中や未整理のものも多く、報告書刊行までは評価が定まりませんが、まず海老名市河原口坊中《ぼうじゅう》遺跡の成果に注目したいと思います。この遺跡は調査の初期から、弥生後期の小銅鐸の発見等で注目されていましたが、浜名湖周辺の伊場式系土器が大量に出土する遺跡です。ここでは小面積の調査が色々な開発原因で断続して行われており、最近ではたいへん狭い幅の調査区でしたが、洪水層で完全にパックされた弥生時代後期の河川跡が調査されています。そこではダムのように水を貯めた遺構も調査されており、大量の木製品や有機質遺物が発見されています（池田2012ほか）。

まるで貯木場のような状態で、丸太のような木材も多数出土しており、鉄の斧で切ったと思われる痕跡もあるのではないかと思います。今後の分析が進めば、石器の消滅と鉄器の普及に関する情報が得られるのではないかと期待しています。

また河原口坊中遺跡では遺存状態がたいへん良好な板状鉄斧が出土しています（今井2014）。三味線の撥のような形ですが、韓国南部の金海市良洞里墓の遺物に酷似しており、半島から招来されたのではないかと思っています。そうだとすると、瀬戸内海～近畿地方を経由してもたらされたのではなく、日本海～中部高地ルートである可能性が高く、その経由地として信州・善光寺平が注目されます。その北端の木島平村根塚遺跡では、有名な渦巻き飾りの鉄剣が出土していますが、これも良洞里墓出土品に類似しており、がぜん注目されます。中部高地経由としても山梨・群馬県方面から入って来るのか、あるいは天竜川経由で南下して浜名湖あたりから、海路を経て入ってきたものかは分りませんが、相模湾岸への物資流入の多チャネル性の一端を示している注目資料です。

六　後期初頭への新理解～西相模の後期初頭様相をめぐって

ところで10年前頃までは、神崎遺跡や御屋敷添遺跡の成果に基づき、弥生時代後期前葉になってヒトがやって来たことを最も重視して立論してきました。中期末との接点は今後の検討課題の余地を残していると考えていましたが、最近の発掘調査成果で後期初頭に充当できる可能性がある資料が徐々に増えています。そこでは東京湾岸地域とのシンクロナイズを感じさせる資料や中部高地系譜の資料が目立っています（図14）。

例えば西相模・金目川水系の平塚市真田《さなだ》・北金目《きたかなめ》遺跡群では、後期の古い段階に東京湾岸と親縁性のある土器が認められています。また大磯町馬場台《ばんばだい》遺跡では後期初頭に遡るのではないかと思われる中部高地系土器が発見されています（立花２０１０）。こういった新資料の充実から、従来のストーリーは多少修正しなくてはいけないと思っています。それにしても「基本的な枠組は変更なし」のようです。中期後半の宮ノ台式からの継続的成長では、一連の変化を説明することはできません。やはり大きな画期は、東海地方からの複線的な人的関与＝相模湾インパクトが契機となった変動であることは動かないと思います。

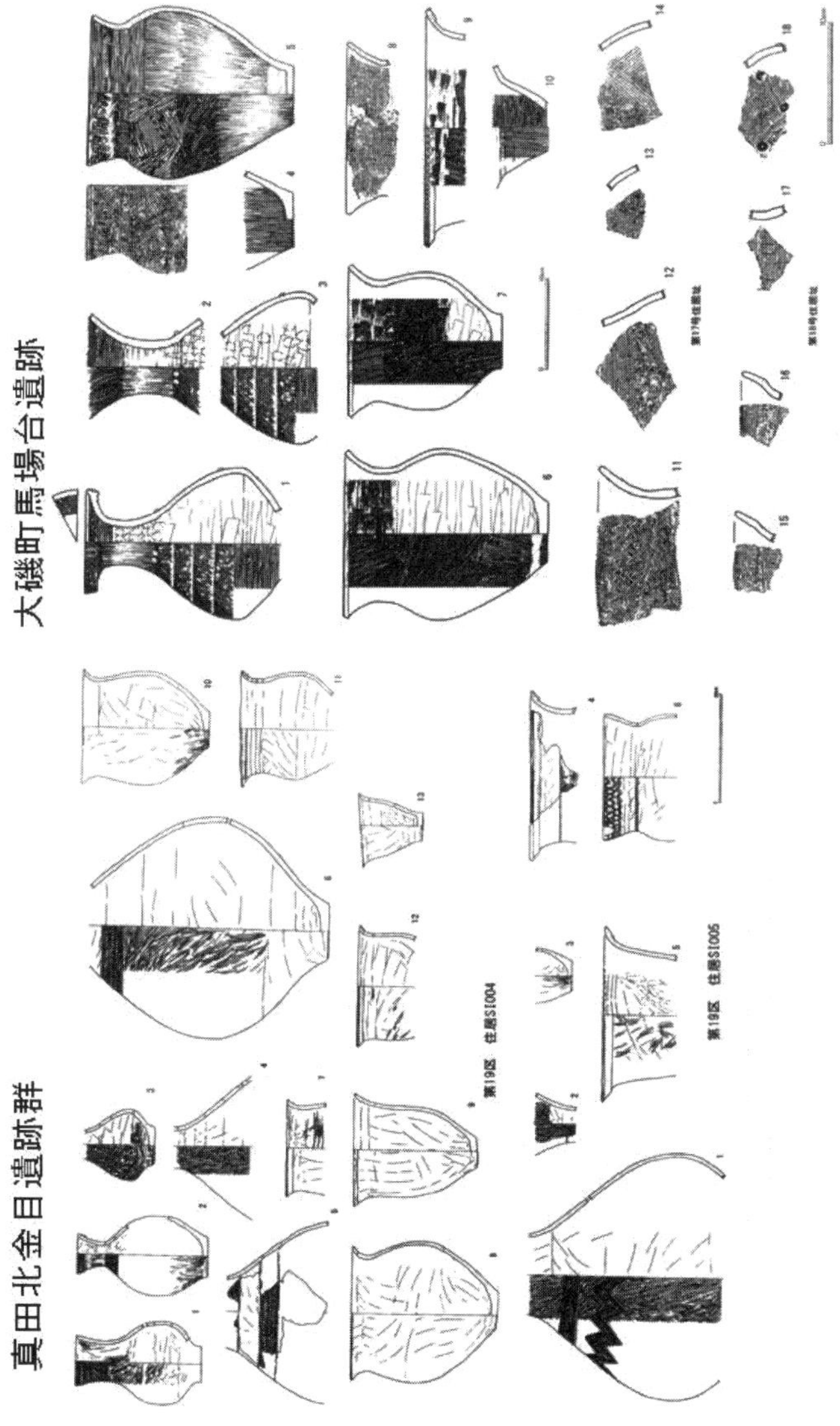

図１４　相模西半部の新たな知見（立花２０１０より改図・転載）

これらの金目川水系の北金目台地でも、集落形成の初期段階ではオリジナリティーの強い菊川式系集団が関与しているようです。それに宮ノ台式土器との接点をうかがわせる様相をもつ資料が介在するようです。しかし大きな変動としては、後期のある段階の爆発的な人口増加、多くの人が集まって住み始めたというイベント性を重視したいと思います。ただし東京湾岸と相模湾岸の交流は予想以上に頻繁だったようで、決して対峙するものでは無かったようです(図15~図17)。

このようななか、三浦半島の相模湾側に位置する横須賀市佐島《さじま》の丘遺跡群の様相にも注目しています(図18)。この遺跡では弥生時代後期の筒形銅製品が出土しています。東京湾内の土器様相を基調としていますが、遺跡独特の特徴も顕著で、房総半島との関わりも濃密です。かつ相模湾岸・東海西部の土器も混在しています。このムラは相模湾岸と東京湾岸を繋ぐ重要な結節エリアに位置していると考えられます。弥生時代後期後半の土器様式の細分化現象に対して、個々に土器型式名を付けることには異論もあるところですが、「佐島式」または「佐島の丘式」という型式名を付して良いのではと思っています。また鎌倉、藤沢市域の遺跡群ともの比較検討も重要です。藤沢市稲荷台地遺跡群の再検討も必要と考えます。この地域でまとまった資料が増えることを期待しています。

小田原近辺の酒匂川水系でも新たな資料が増えています(図19)。東海西部の土器を出す「環濠状の大規模溝=V字溝」を調査した小田原市酒匂・北川端遺跡第V地点(小池他2013)や、

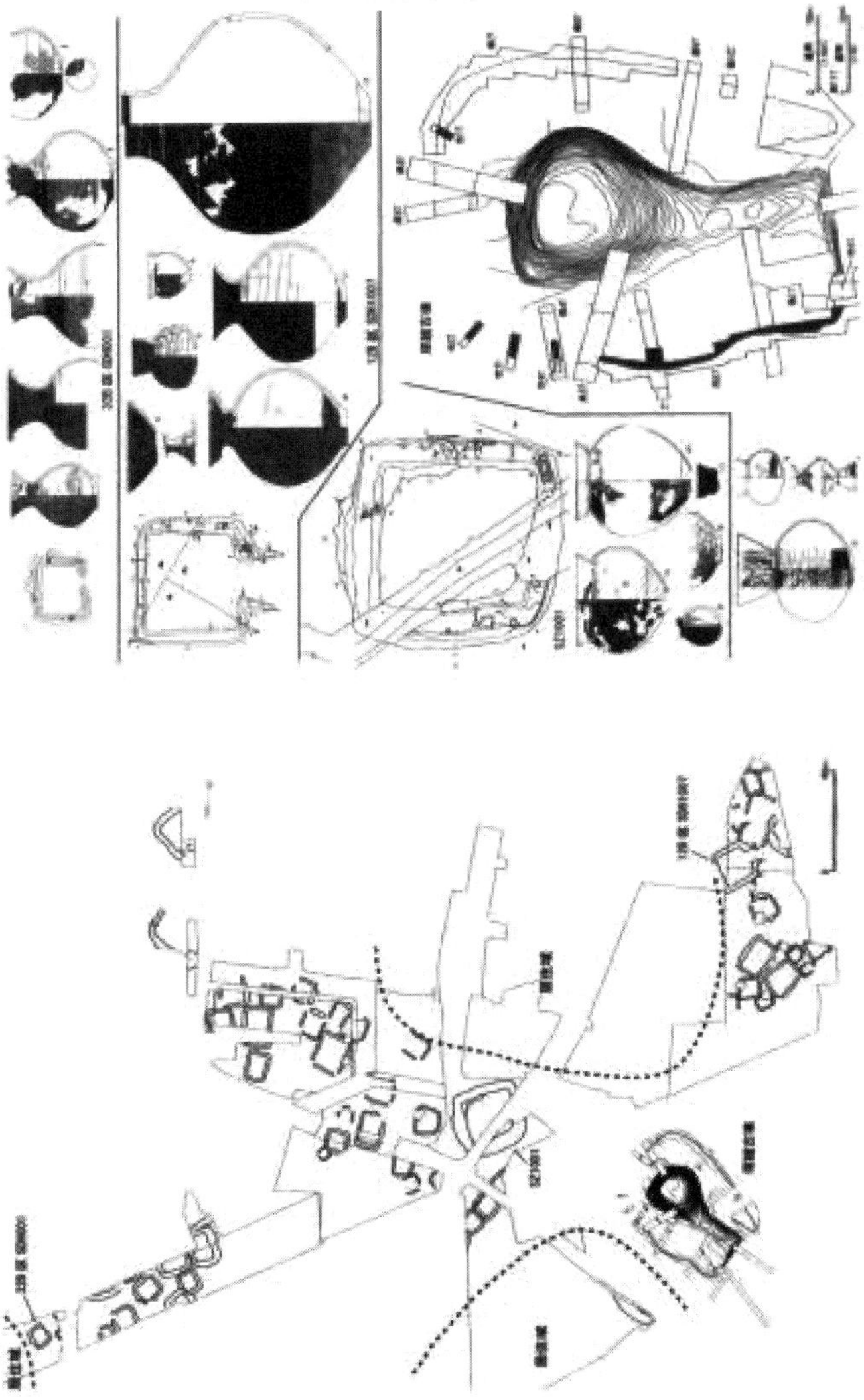

図１５　平塚市真田・北金目の古墳群の様相（山口編 2012 より）

鉄剣やガラス玉を伴った墳墓を調査した上ノ山《かみのやま》遺跡群御茶屋通遺跡（第3地点）（小池他２０１２）等も注目されます。県西部の酒匂川水系で顕著な特徴は、中部高地系土器の出土が目立つことです。相模川水系とは別のベクトルの介在を予見されます。それは山がちの関東西縁部と中部高地を結ぶ「内陸ネットワーク」だったようです。

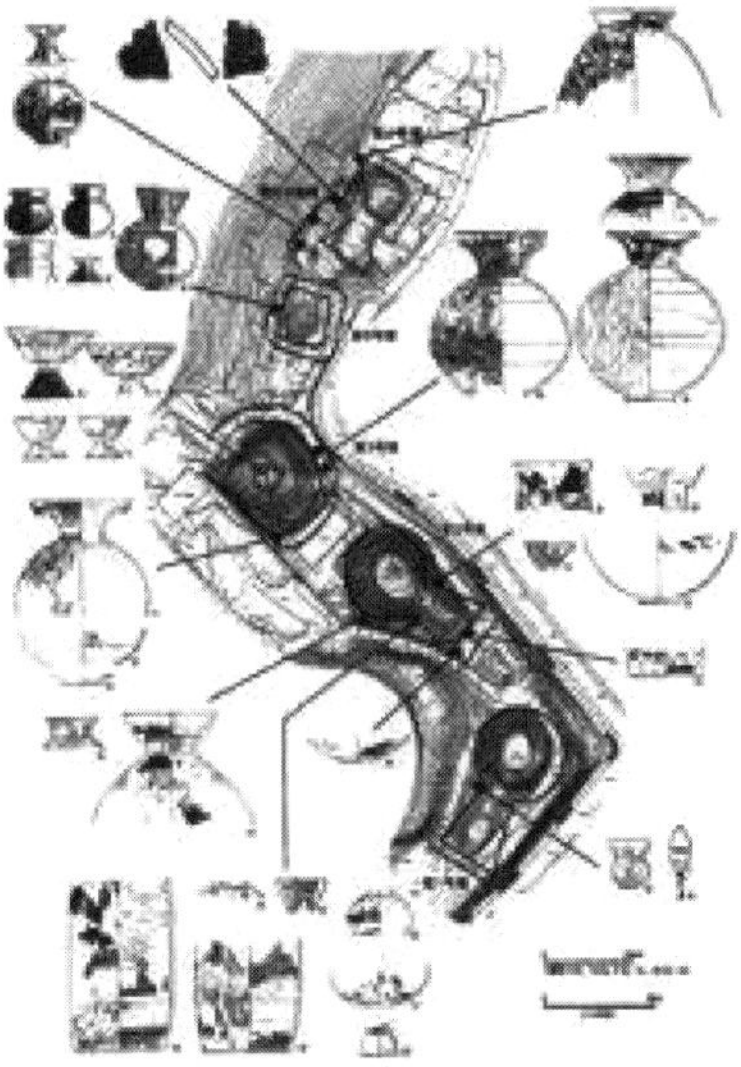

図１６　海老名市　秋葉山古墳群

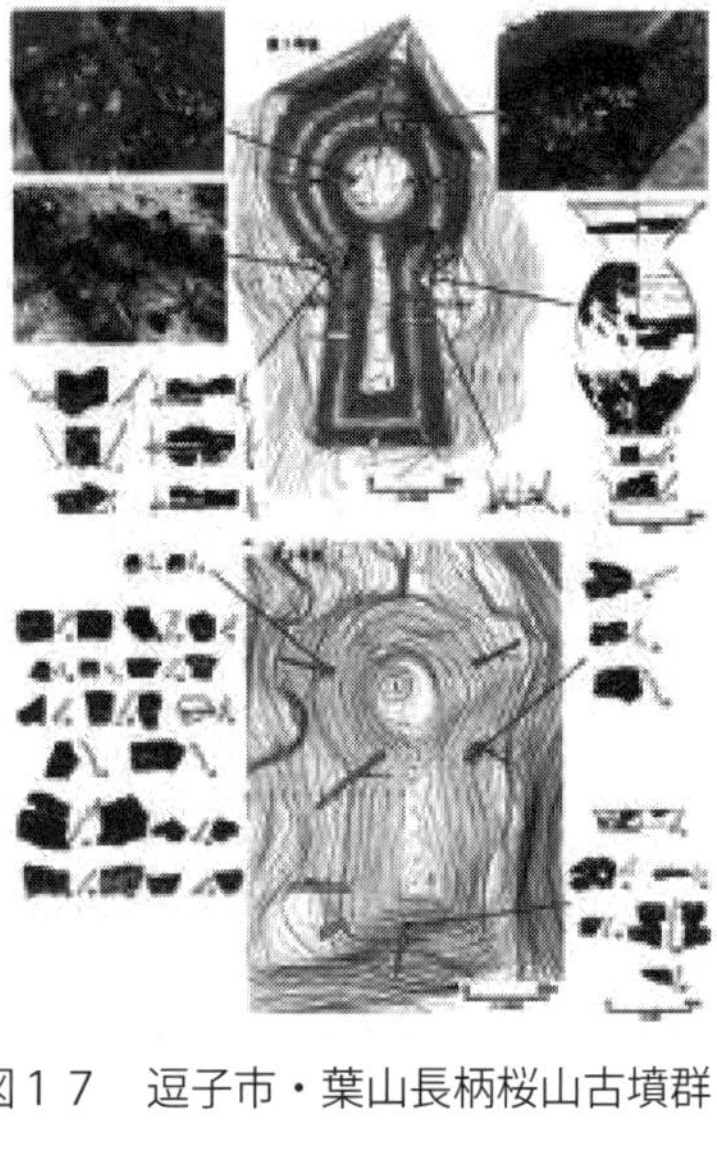

図１７　逗子市・葉山長柄桜山古墳群

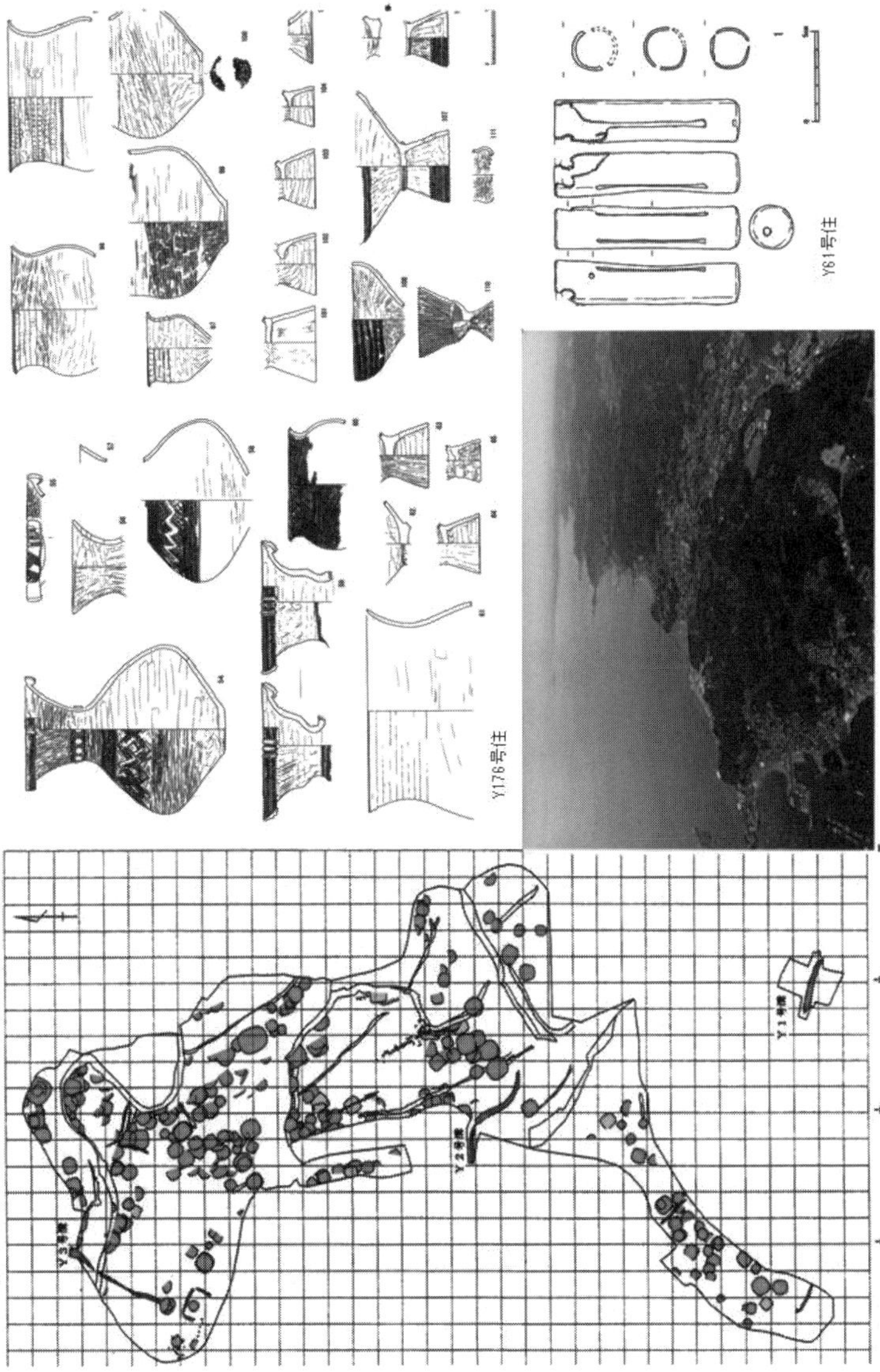

図18　横須賀市　佐島の丘遺跡群　高原遺跡（横山他2003）
＝写真（横須賀市教育委員会提供＝

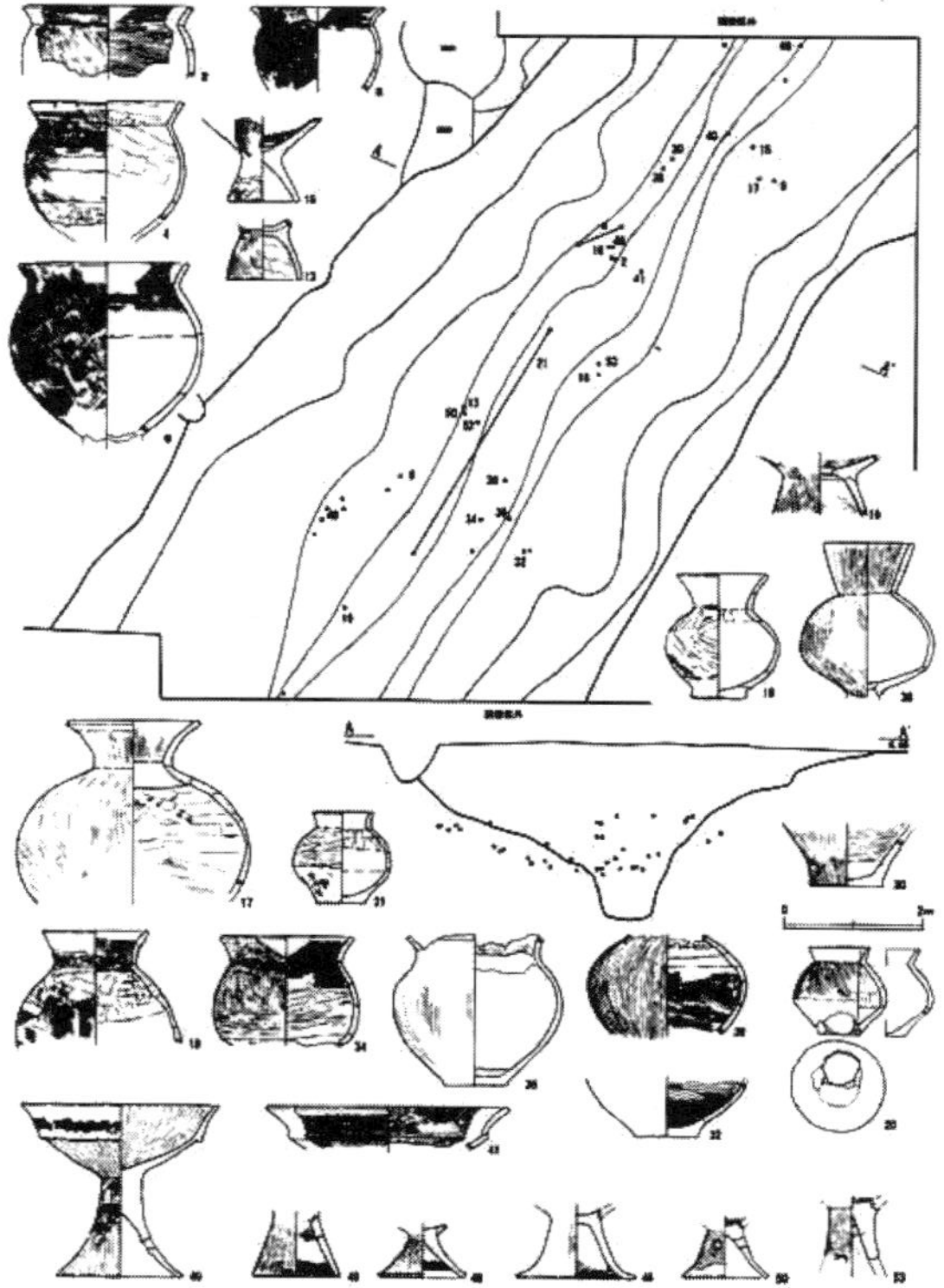

小田原市　酒匂川端北遺跡

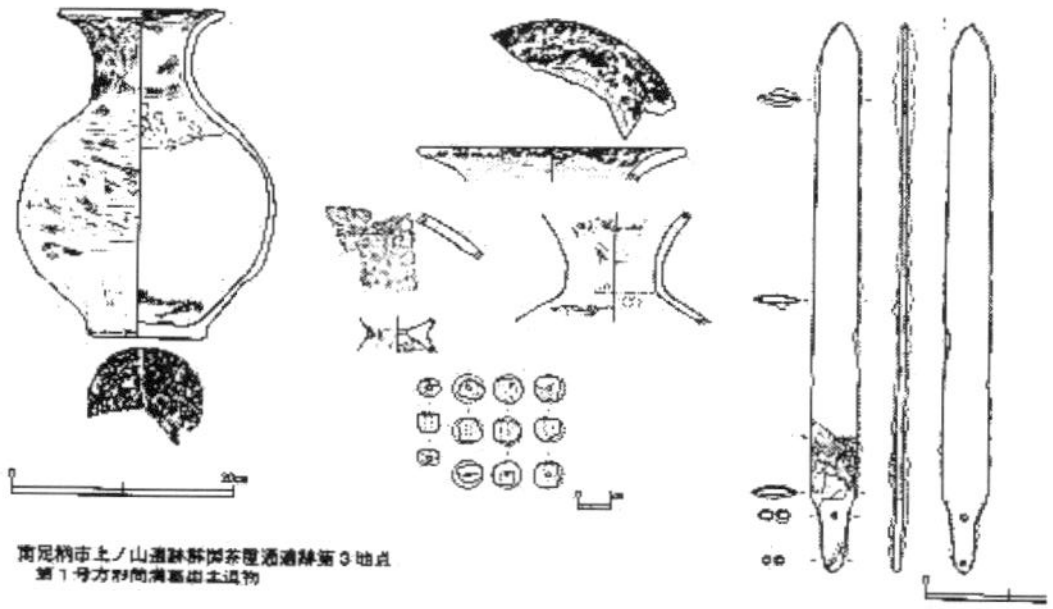

南足柄市　御茶屋通遺跡第３地点　17

図１９　酒匂川水系の新たな知見（小池２０１２・小池他２０１３）

七「臼久保・山田橋段階」の動静とは？

さて相模湾岸では弥生後期後半になると、後期前半の「相模湾インパクト」により惹起された相模川水系と金目川水系の「二つの文化領域」も変容・解体へと向かいます。この段階を「臼久保段階」と規定します。東海地方からの交流は継続しつつ、それを咀嚼するかのごとく「混淆的な地域性」が発露します。とはいえランダムではなく、相模川水系では東海西部志向、金目川水系では東海東部志向の「傾斜」が認められます。それが1990年前後に注視されていた「遺跡ごとに土器の顔つきが違う」という事象の背景と考えます。つまりサガミ的な共通性を持ちつつも、集落の来歴により個性的な様相が並立する状況が現出するのです。この段階には東三河系土器の存在は目立たなくなります。これは東三河系の関与そのものが希薄化するのか、故地である愛知県東部（東三河）と静岡県西部（西遠江）での地域色が大様式化して統合される段階へとシフトしつつあったためか判断は留保しています。

このような相模湾岸の動向に併行する段階、東京湾岸の土器様式は山田橋式に移行します。そして相模湾岸領域と東京湾岸的領域、二つの大きな「領域圏」が形成された段階を総称して「臼久保・山田橋段階」と規定しています（西川2011b）。その契機は東海地方西部からの広範な「ヒトの移動」＝「相模湾インパクト」と、それに呼応して惹起された東京湾沿岸に吸引されるがこどくの「集住」で、南関東の相模湾岸・東京湾岸は新たな胎動を始めました。このインパクトとは考古学的な「文化的事象」の「概念」であり、時には抗争や軋轢を含んだかもしれませんが、東海地方からの「単純な侵攻」とは理解していません。基本的には移住と交流、それに交易のニーズに起因した事象であると規定しています。

同じ頃、現在の利根川水系（荒川水系といった方が適切でしょうか）では、櫛描文土器文化が南下、派生して「広義の中部高地系土器」のエリアも形成されます。この中部高地系譜のルート、内水路を結ぶネットワークを経由し、日本海を窓口とした大量の鉄やガラス玉などの物資が供給されている様相が考古資料から明らかになってきています。東海地方の沿岸部からの物資の動き、中部高地を経て日本海と繋がるルートという二つの大動脈が形作られます。荒川水系では和光市午《ご》王山《ぼうやま》遺跡が注目されます。この集落は弥生時代後期のなかで、櫛描文系の中部高地系から、東海東部系の土器様相に、その主体が「更新」したかのような状況を読みとることができ、問題の核心に関わる事例です。

また同時期には茨城県の那珂川・涸沼河口域でも「ヒトが集住」する状況がうかがわれます。十王台式土器を用いる人々にも大きな変動が惹起されているようです（鈴木１９９９ほか）。この現象も関東西半部の動態と切り離して考えることはできません。

キーワードは人が集まって新たなコミニュニティーを形作る＝「集住」と、外部集団との物流・

交易という「新たな関係性」いうことです。そしてこの弥生後期の「枠組みの解体」が、南関東文物の東北への拡散という現象へと展開し、それが高塚古墳の出現と因果関係を持つものであったものとして理解されます。一連の動きは、南関東と列島東北部の境界＝利根川・鬼怒川ラインをボーターとする領域性の形成と連動しているところに、地理的な有意性があると思っています。

八　後期社会に対する解釈

少し交通整理します。弥生時代後期前半、東京湾内の久ヶ原式の成立、引き続き後期前葉に相模湾岸へと東海地方からの文化的インパクトがあり、南関東の弥生社会の構造変化が惹起されます。久ヶ原式は宮ノ台式土器の跡を継ぐものです。それが後期後半段階、臼久保段階と相模湾岸で呼ぶ頃になると相模湾岸の集落様相も大きな変動を引き起こします（図20・21）。このころ関東全体でも、東京湾岸の山田橋式を中心とするような細かい地域色に細胞分裂するがごとく土器様式が乱立します。

関東外縁部には、壺と甕の区別がはっきりしないような弥生土器が広がるエリアがあります。これらは中部高地系の要素が強い、それが南関東との接触によって変化しているモノと思います。吉ケ谷式・上稲吉式・臼井南式などの形成がそれに当たります。関東西縁エリアは東海色の強い

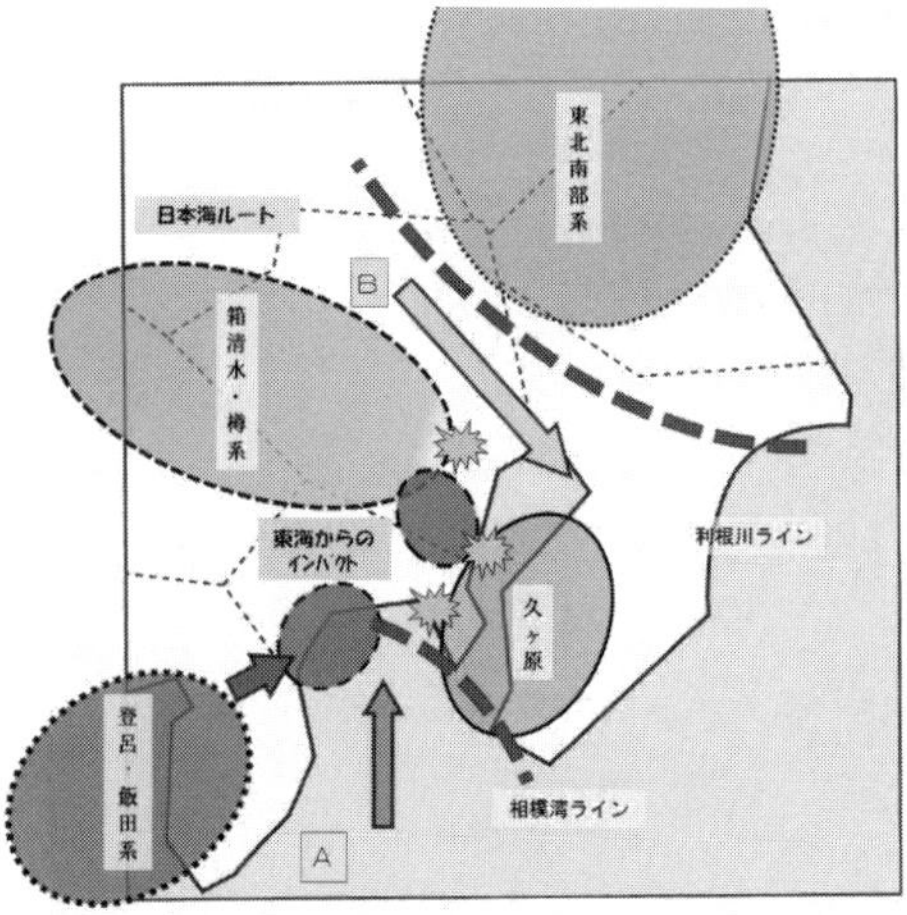

図２０　弥生後期前葉の動向

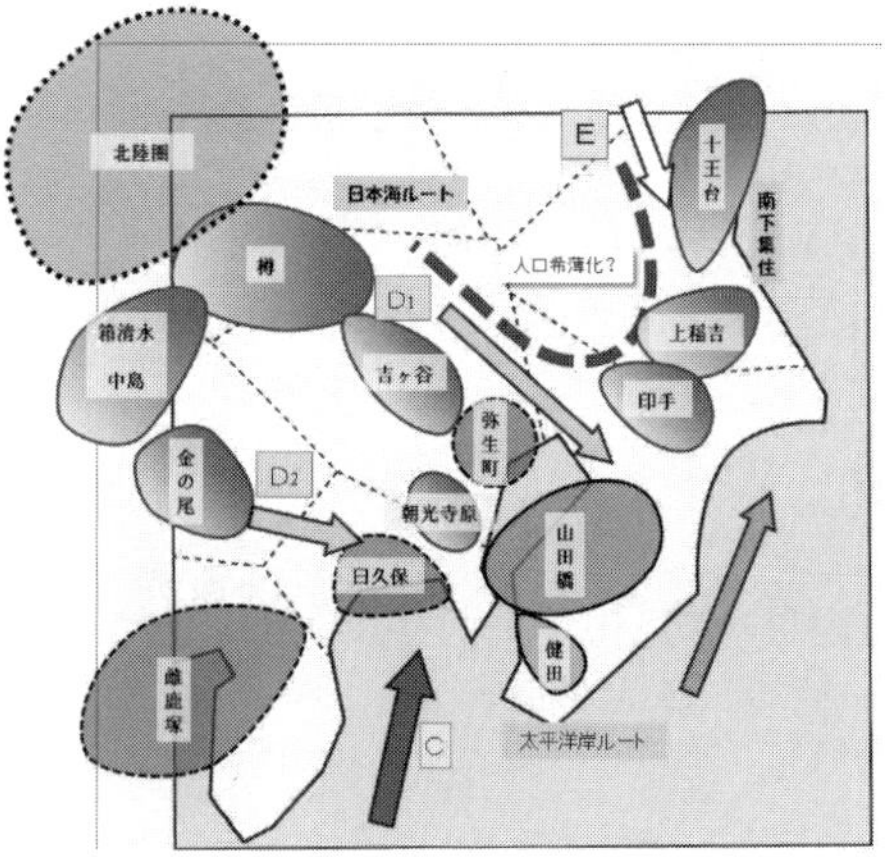

図２１　弥生後期後半の動向

領域＝サガミ的世界です。東京湾岸の久ヶ原・山田橋式は、宮ノ台式から継続している唯一の土器様式と考えます。これらの事象を整合的に理解するため、私は次のように解釈します。

まず弥生中期後半期に広がった宮ノ台式土器文化圏には広い領域性と斉一性があります。もちろん個別要素を取り上げれば宮ノ台式には顕著な地域色がありますが、後期と比べると斉一性の強い文化様相が拡散しています。久ヶ原式土器が宮ノ台式土器の後継とすると、その領域性は縮小したという考え方もあると思いますが、東京湾岸に集約したという理解も可能です。しかし少なくとも久ヶ原式土器には細かい地域性は発現しません。東京湾岸を取り巻く領域でほぼ均質な土器様相が展開します。

しかし続く山田橋併行期になると東京湾岸は、たいへん細かい地域色が顕現します。モノやヒトの交流が頻繁化した時期、なぜ土器様式圏が細分化するのか…。これをどう分析するかが肝心と考えます。従来から「閉鎖的な小地域圏の対峙」とか「分立」という評価が定説化しています。確かに土器様式圏は「排他的」に変化したと私も思います。しかし実際には鉄製品やガラス玉など、この段階で物資の外部依存が高くなり、現実には大量の物資が流通しています。

外の社会との接触が無ければ持続不能の社会段階になっているのに、土器様式圏は細かく分裂し、むしろ個性が顕在化してくるのは何故だろう。集団関係が閉鎖的ではあったとは結論できない、整合的な解釈は何だろう。それは生活を営む上での必要財の外部依存が高まるほど人々の集住傾向が強まり、その集団を維持するためのアイデンティティーの確立と言うか、社会的紐帯が強まってくるからだと解釈できるのではないでしょうか。そのひとつの表れが集団表象として土器様式の個性化として機能しているではないかと考えます。すこし抽象的な話ですが…。

この時期に相模湾岸と東京湾岸に極端な集住現象が認められ、注目されます（安藤２０１３）。東京湾の東側では市原市草刈遺跡や市原台（国分寺台）遺跡群、相模湾岸と同様に人口密集エリアが形成されます。東京湾西岸でも大田区久ヶ原遺跡周辺、慶応大学がある横浜市日吉台遺跡群などの巨大な過密集落が形成されます。後期前半代・久ヶ原式段階には、斉一的だった東京湾沿岸エリアでも山田橋併行期には、安房形や二ツ池式といった地域性が取りざたされる様相を呈しています（大村２００７・黒沢２００５など）。

これを取り巻くように「小地域土器様式圏の分立」と総称される状況が現出します。朝光寺原・吉ヶ谷・臼井南（印旛手賀）・上稲吉式などの様式圏が乱立するのも無関係の事象とは思われません。またこの時期には群馬県地域の樽式も最盛期を迎えると考えます。那珂川・涸沼河口でも　先述のとおり、十王台式土器を用いる人々もダイナミックに変動し、集住現象もピークに達します。

特に最新の調査成果として、市原市草刈遺跡の成果

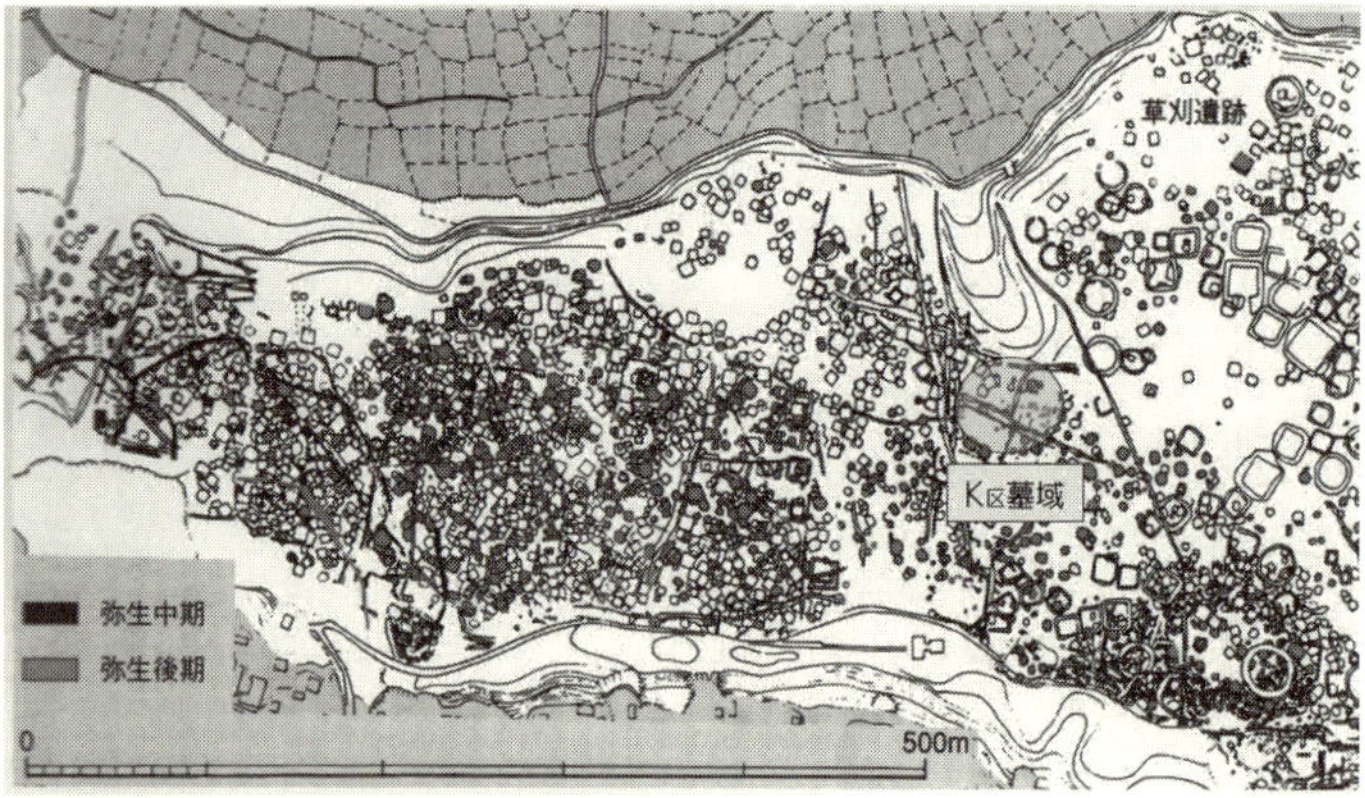

図２２　市原市草刈遺跡の後期後半の極端な「集住現象」
（栗田他２０１２）

に注目しています（図22）。ここでも環壕が掘削されていますが、囲繞されたエリアに収まるような集落構成ではありません。長年にわたる調査の集大成となる最終的な総括によると、弥生時代中期の竪穴数82棟に対して、後期には1、177棟にも及ぶ驚くべき数の竪穴が検出されています（山口他2013）。久ヶ原式と山田橋式の割合は不詳ですが、山田橋式期の割合が高いと思われます。既に古くなった感がある前掲の相模湾岸のデータ（図5）と全く同傾向を示しており、相模湾岸と同時進行の事象が進行していたことは明らかです。君津郡市エリアでも同様の傾向が確認できるとされます（石川2008）。

この草刈遺跡では、居住域に接して集団墓地が営まれています。K区248号墓（図23）からは北頭部付近からガラス玉と管玉、左手付近から東日本最長（67・98セン《チ》）の長剣が出土しています（小林他2007）。木質遺存から立派な「鞘」に収まった逸品であり、朝鮮半島南部製長茎式長剣を刃関双孔剣として再加工し鹿角製把を着装したと想定されます。日

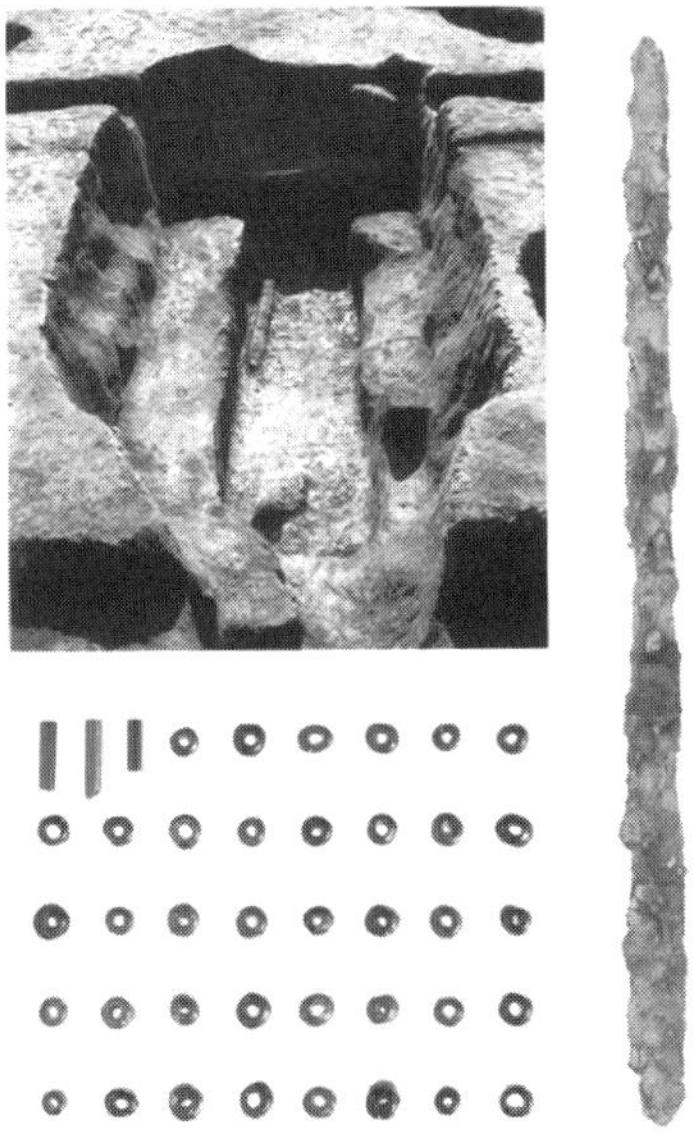

図23　草刈遺跡のK 248墓と長剣
（小林他2007）
＝千葉県教育委員会提供＝

本海ルートで搬入、長野北部などから流通したものでしょう。実戦的な使用を想定することは難しく、権威を象徴するような威信財（象徴武器）として高いステータスシンボルであろうとされています。Y字型のグリップが付くもので、東日本の人々の嗜好に沿った「特注品」だという解釈もあります。このような優品が、土壙墓とはいいますが、まるで古墳の埋葬主体のような「高規格の墓坑」として構築された墳墓から出土しています。その規模の大きさから、とうてい「貧相な棺に納まった埋葬」とは考えられません。

このような特定墓の萌芽をうかがわせる事例ですが、墳丘を持たず、規模や高さなどの点で「外見上」の隔絶性・突出性を認めることはできません。むしろ前代からの四隅切れの方形周溝墓を再利用したかのような特殊な遺構です。むしろ権力の突出を押し殺すかのような「強い規制」のもとに営まれている様相を感じます。本遺跡では類似の土壙墓が複数ありますが、それらのなかにも規模の大きな高規格な墓坑が混在します。威信財としてはむしろ有機質の服飾品なども多数あったと想定しますので、これらの土壙墓にもっと豪華な品々を身に纏った被葬者もいたかもしれません。

このように極限まで集住状態のムラの成員に「希少な文物を所持」したヒトが存在する。しかし未だ階級的に突出・固定されていない。次代の高塚古墳（出現期古墳）に見られるような特徴の一部を備えているが、それが顕在化していない段階の墳墓という評価ができると思います。このような鉄剣等の外部からの希少物資は、中部高地〜樽式分布圏を経由してきたのか、それとも中部高地〜甲府盆地経由で入ってきたのか、天竜川水系から東海西部を経由して入ってきたのかは判然としませんが、日本海側からの物流ルートによりもたらされたことは、ほぼ確実であると考えます。この中部高地系ルートは弥生時代中期以来の、極端に言いますと縄文時代から続くような伝統的な物流ルートです。内陸の河川を繋ぐネットワークであると思います（図24）。重要な点は、次代に明確化する東海・近畿系とは異なるネットワークに拠っている点です。

先ほどの述べたように、外部依存の増大によりネットワークが広がって行くという「外へのベクトル」と共に、集団関係を維持するために

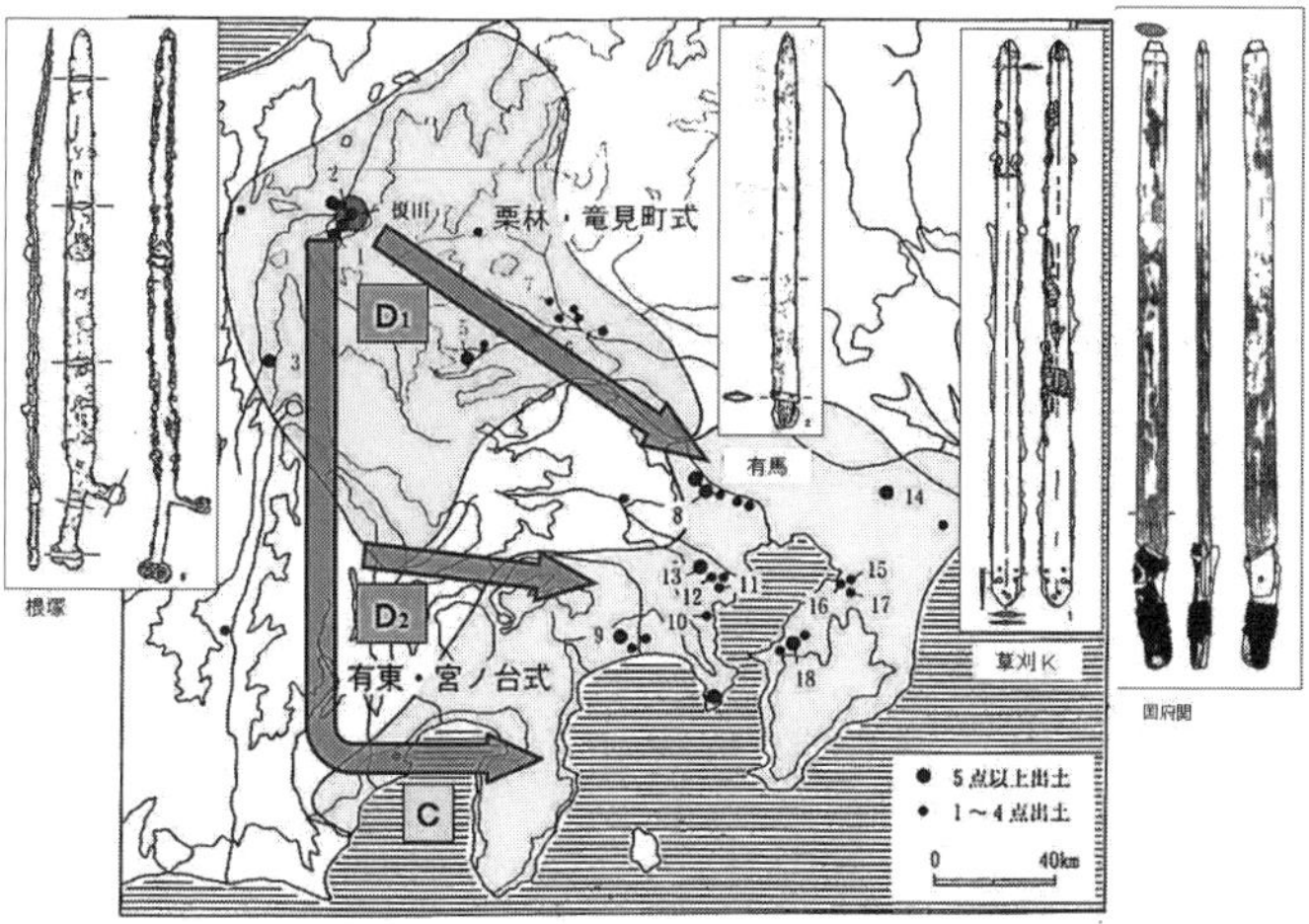

図２４　伝統的な流通をトレースした鉄製品の流通
（馬場２００１を改変）

ムラの紐帯を緊密化しようとする「内向きのベクトル」という、相反する力学が同時に機動していると考えます。それが個性的な土器様式圏の細分化につながっているのではないかという仮説を立てています。「パラドックスな構造」という言葉で表現していますが、外が広がろうとすれ

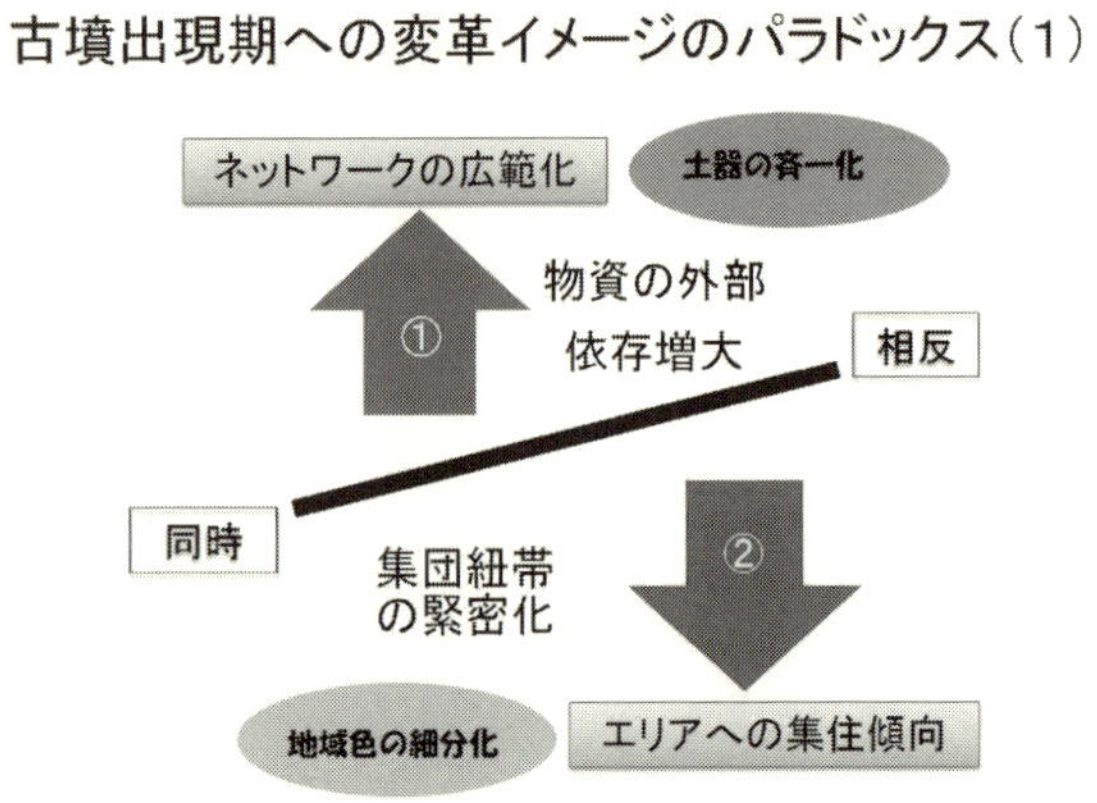

図２５　古墳出現期への変革イメージのパラドックス

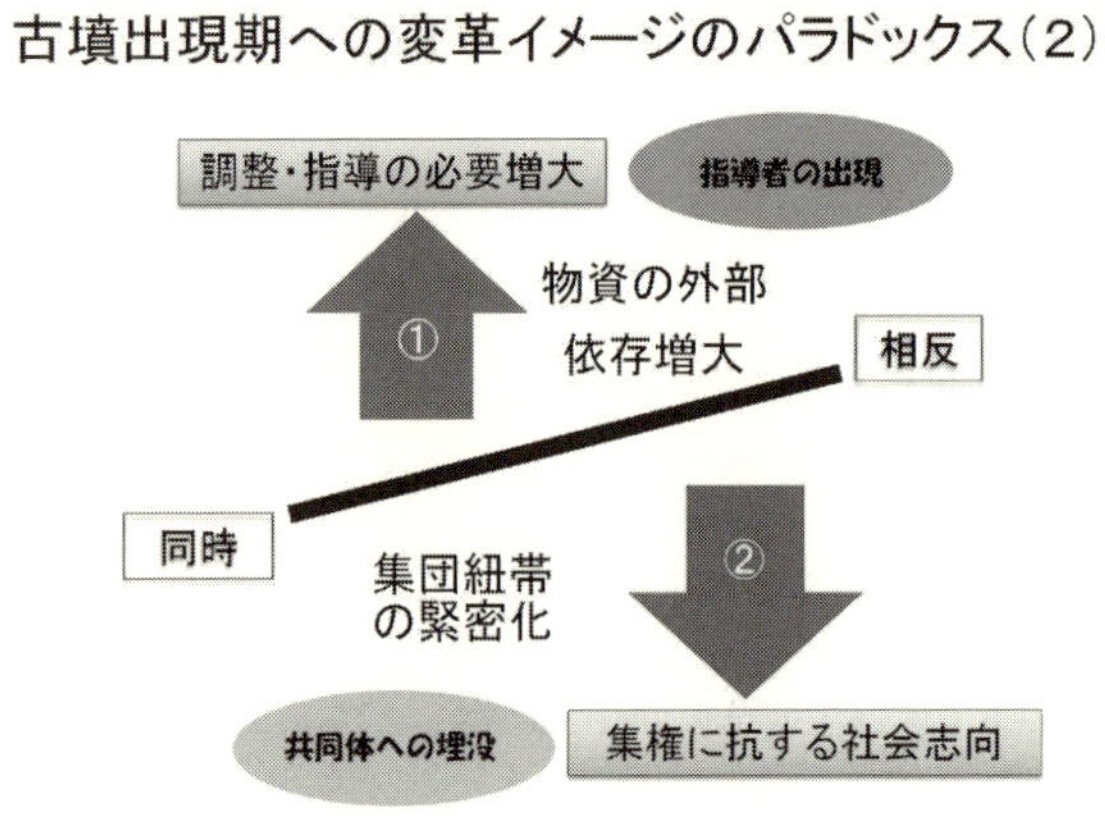

図２６　古墳出現期への変革イメージのパラドックス

ばする程、求心的な結び付きが強くなってくる「逆説的な構造」としてしか理解できないと思っています（図25）。

この件に関して、これ以上はなかなか考古学資料からは実証できませんが、世界各地の民族事例や文化人類学などの研究成果を参照すると、ヒト集団にはもともと平等な集団関係を維持したいという強い志向性があり、かなり粘り強く権力者を出さない段階を経ているといわれます（ピエール・クラストル／渡辺訳１９８７）。つまり易々とは政治的権力者や支配・服従の関係を生み出さないのだと…。私はこのような、平等原理と階級社会との「せめぎ合いの段階」に弥生時代後期後半の本州島東半部はあったのではないかと考えています。西日本からの文化的な要素が伝達しただけでは、階級社会へのステップを踏み出さない。物資の調達のため外部世界との接触の頻繁化、集住による人間関係の高ストレス化…、集団内部での特定個人のリーダーシップや調整能力の需要性は高まってはいるけれど、同時に特定のヒトに権限が集中することを許さないというか、抑制するベクトルが厳然として機能している段階、この二つの志向性が相反している段階が想定できると考えています（図26）。列島東部では、この後も長く列島西部とは「異なった価値観」を保持していると考えます。この点に関しては、別に論文を執筆しているところですが、遅々として進みません。

九　秋葉山古墳群の画期性

このような段階の直後、弥生時代後期最終末、ないしは古墳出現期を迎えると突如として大きな墓が出て来ます。海老名市秋葉山３号墳は、方形周溝墓に比べると隔絶した規模を持っていることは明らかです（立花２００２ｂ）。列島各地に広がる定型化した高塚古墳のプロトタイプの一群を「纏向型」というカテゴリーで括れるかという点に関しては結論を留保しています。いずれにしても突出部としての前方部が付く秋葉山３号墳は、出現期中葉に出現すると思っておりますし、いままで集落に接した集団墓域内に「埋没」していた特定墓が、集団から乖離し、隔絶性を帯びてくる契機となった画期性が認められます（図27）。

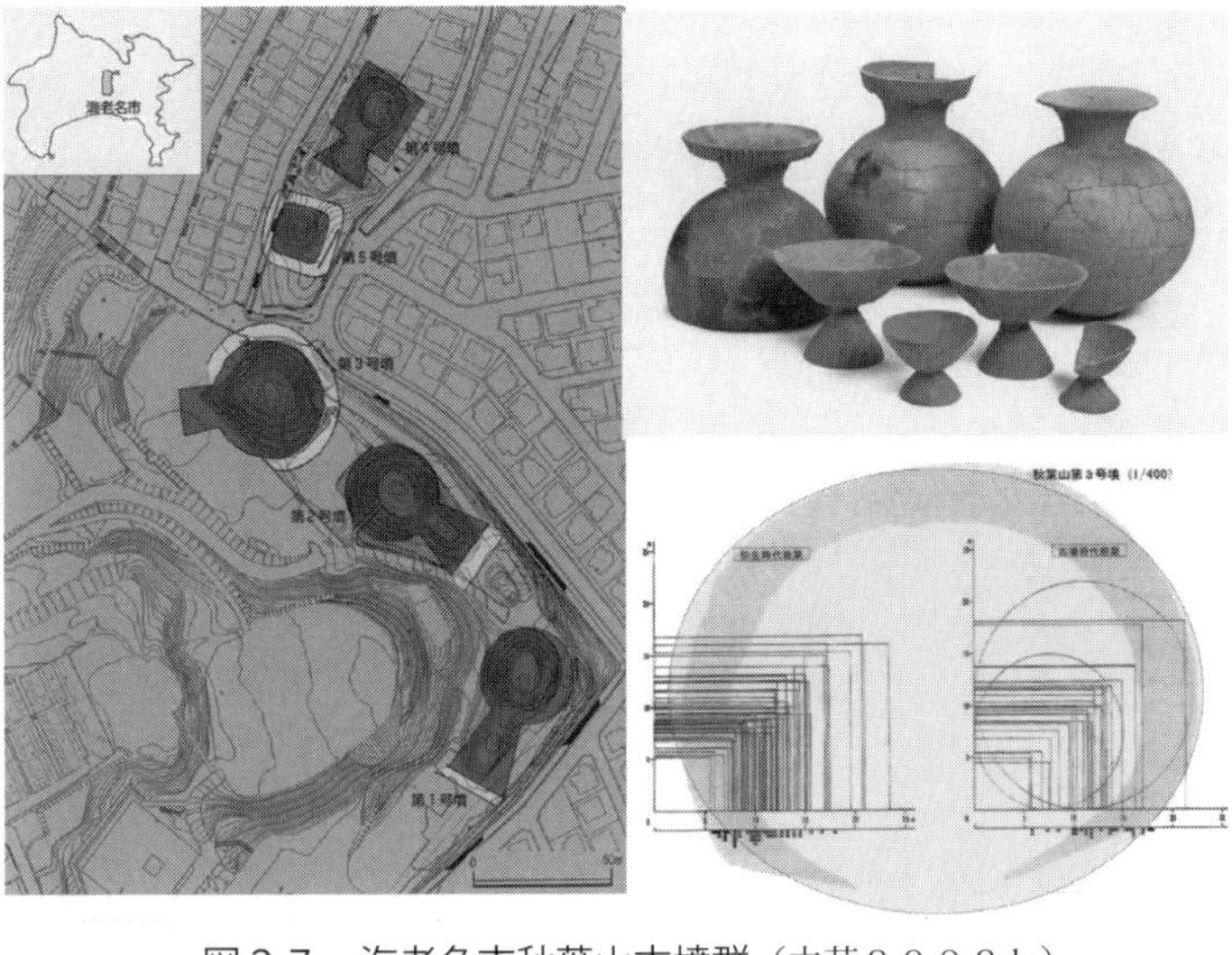

図２７　海老名市秋葉山古墳群（立花２００２ｂ）
＝右上写真：海老名市教育委員会提供＝

この時期の相模湾岸では、相模川水系に秋葉山古墳群、金目川水系の北金目台地には塚越古墳群内に突出部をもった特定墓（前方後方形方形周溝）が出現します。藤沢市域エリアにはなぜかこの時期に限らず、前半期の古墳がありません。既に壊されてしまったか、未発見なのか分かりませんが、論理的には「あるはず」だと思っています。それとも相模川水系の首長層の求心性はこのエリアまで及んでいたのでしょうか。このように水系ごとのまとまりのコアとなる高塚墳墓の造営が始まるのがこの段階です。

この段階には前段階とは異なったネットワークが顕在化します。提示した鉄剣の流通に関するモデル図は豊島直博さんが作成したものですが、前述のとおり弥生後期後半段階、鹿角製のＹ字グリップ鉄剣の広がりは、日本海側～中部高地にかけて分布を示していますが、次段階の古墳出現期の呑口形のタイプになると東海沿岸にその分布域が変化しています（豊島２０１０ほか）。このように古墳出現期には、弥生後期に形作られてきた地域社会の物資調達システムが大きな改変を被っているようです（図28）。この段階には伊勢湾岸や近畿地方に求心性が顕在化してくる様子がうかがえます。古墳時代前期にかけて、列島各地の集団関係が物流をテコにして再編されていると想定されます。

古墳出現期には関東地方各地の土器様式圏の差異性は急激に収斂し、共通性が目立つようになります。そして古墳前期には汎列島的な斉一性を備えた「土師器」が定着します。わたしは

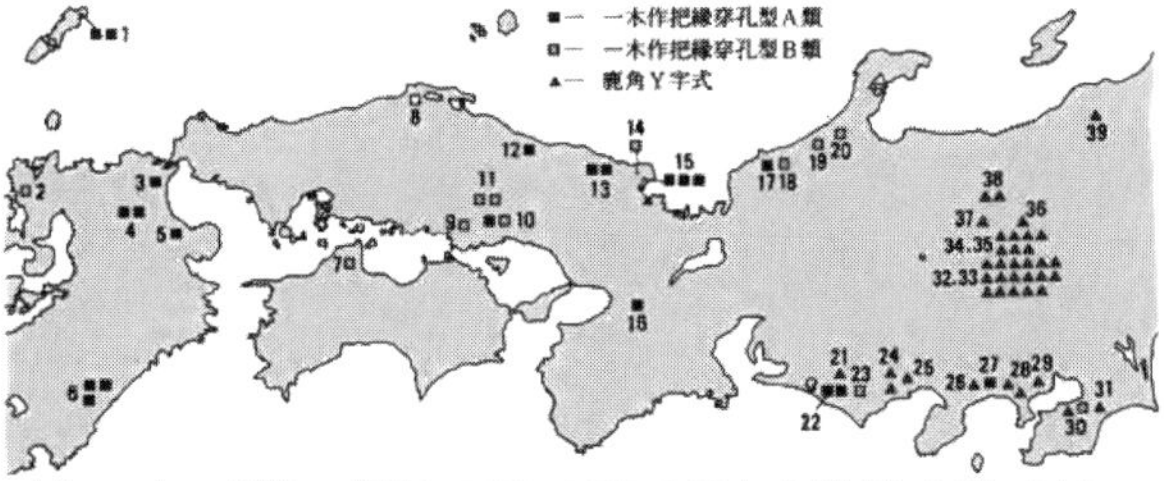

1．経隈　2．門前　3．高津尾　4．草場第二　5．川部　6．川床　7．蔵子台　8．西谷３号　9．楯築　10．津島
11．みそのお　12．青谷上寺地　13．妙楽寺　14．左坂１号下層　15．大風呂南１号　16．瓜生堂　17．小羽山30号
18．片山鳥越５号　19．白江梯川　20．西念・南新保　21．文殊堂　22．梵天　23．竹之内原１号　24．登呂　25．長崎
26．王子ノ台５号　27．真田・北金目　28．池子　29．三殿台　30．草刈　31．国府関　32．新保　33．新保田中村前　34．有馬
35．空沢　36．天神　37．石川条里　38．樹塚　39．八幡山

一木造り式把縁穿孔型、鹿角Ｙ字式把・鉄剣の分布

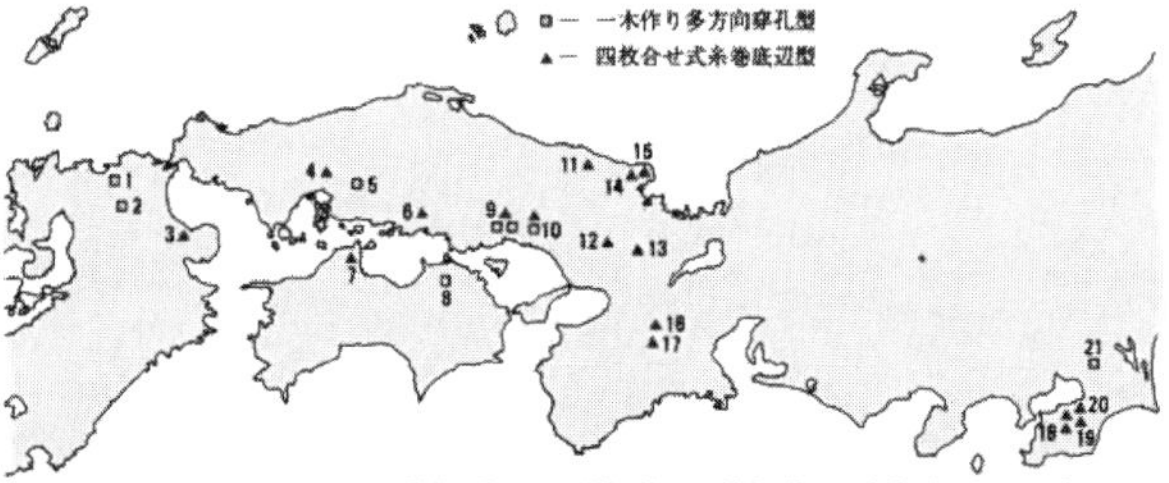

1．郷珂　2．領田高見　3．川部　4．弘住３号　5．国司池の内　6．長迫２号　7．高橋仏師１号　8．平尾２号
9．井の端７号　10．甕久山１号　11．妙楽寺　12．内場山　13．今林８号　14．浅後谷南　15．有明８号
16．中山大塚　17．ホケノ山　18．高部32号　19．椿３号　20．神門４号　21．石揚２号

一木造り式多方向穿孔型、四枚合わせ式糸巻底辺型把・鉄剣の分布

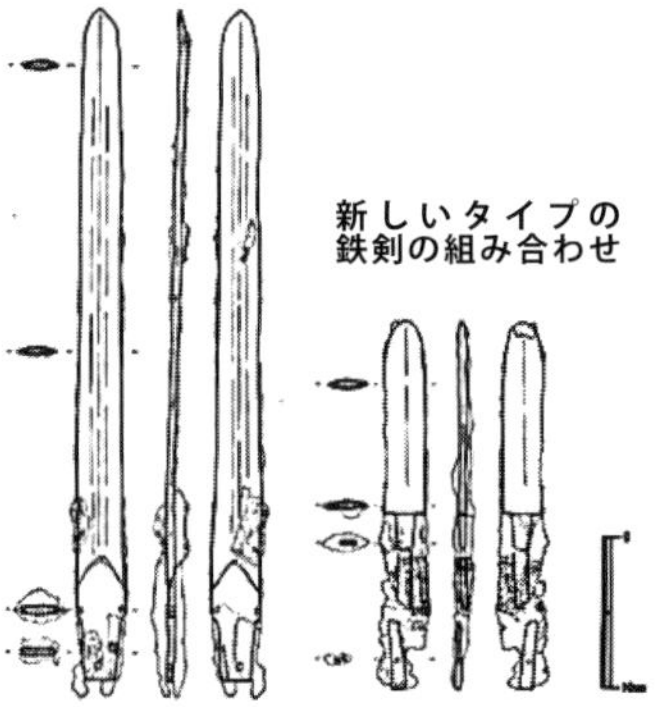

図２８　弥生後期の鉄剣流通と古墳出現期の新たな流通ルート
（豊島２０１０・杉山２０１３）

古墳時代前期の土師器の「極端な斉一性」こそ、むしろ再評価すべきであると考えています（西川２０１１ｃ）。

この間の地域間の関係をまとめた概念図を示してあります（図29）。関東地方を基点として見た時、西との交流が広がっていくということを示しています。そしてこの段階には、新たな地域関係として、関東系文物が南東北エリアに爆発的に広がっていることが注目されます（西川１９９５）。

このような社会の動態をモデル化すると、古墳時代的な成層的な階級的な社会に比べて、東日本というのは未だ「流動的な社会」でありえたと考えます（図30）。「東海系文物のトレース」という概念について、東日本に東海の人達が「進出してきた」と考えがちです。このような理解は提唱者の赤塚さんの本意ではないと思いますが、私は東

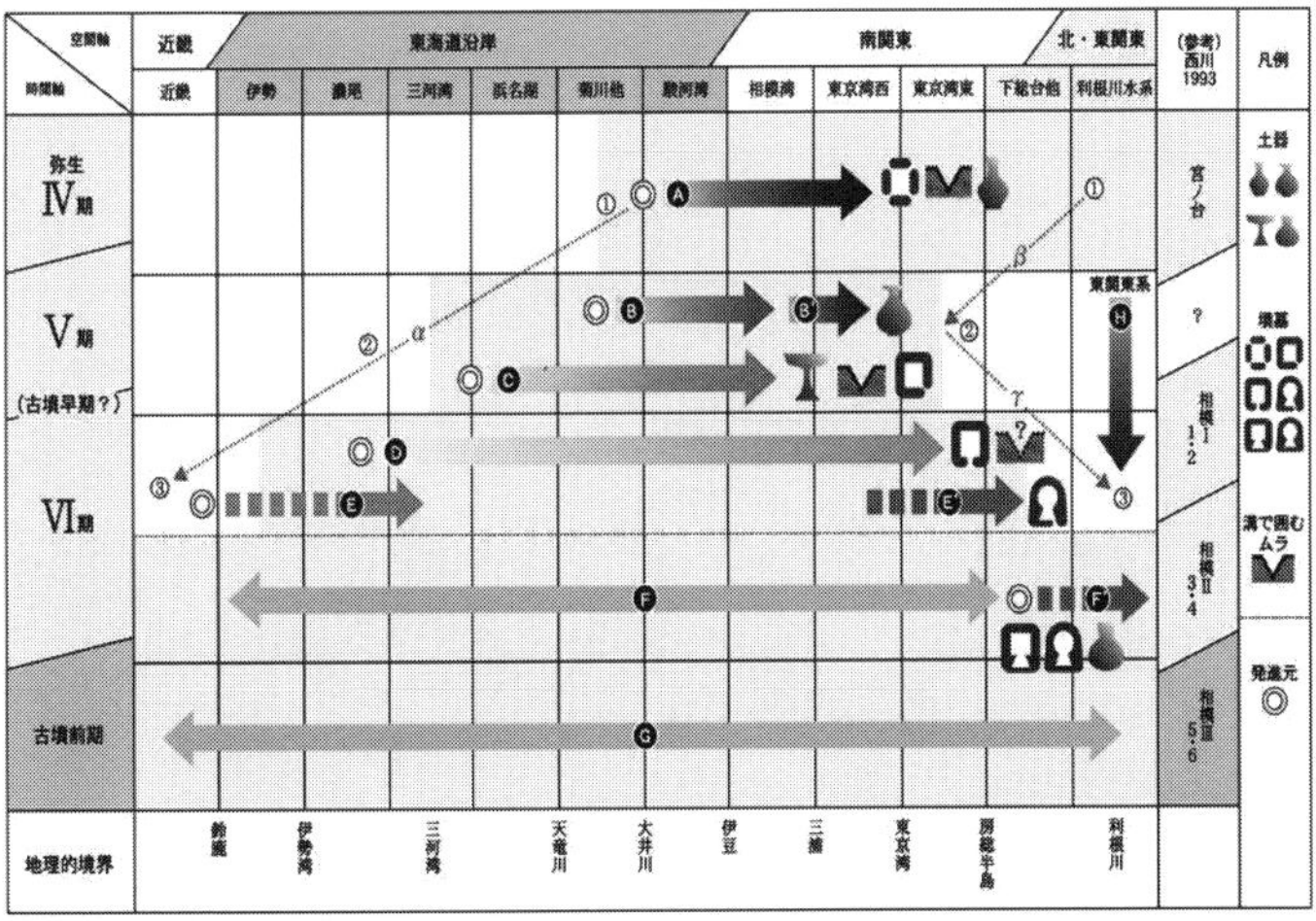

図２９　東日本社会の交流範囲の拡大

海系文物の列島東部への関与のあり方は、ある時はヒトの移動、ある時は文化的共鳴など多様なあり方が想定されるべきと思います。単に濃尾・伊勢湾岸の「勢力」が進出したなど単純化できるシロモノではありません。

一〇「東征史観」批判

ところで最初に触れたとおり、纒向遺跡には殆ど東日本からの土器は来ていません。また近畿系土器の列島東部への拡散も、それが「ヤマト勢力進出の物的痕跡の一端」とは言い難いと思っています。関東以東を僻遠の地だから関係性が希薄だったと切り捨てるのはたやすいと思います。ちなみに東日本は主体性の無い後進地または「切り取り放題」の地であり、古墳時代開始期に西日本

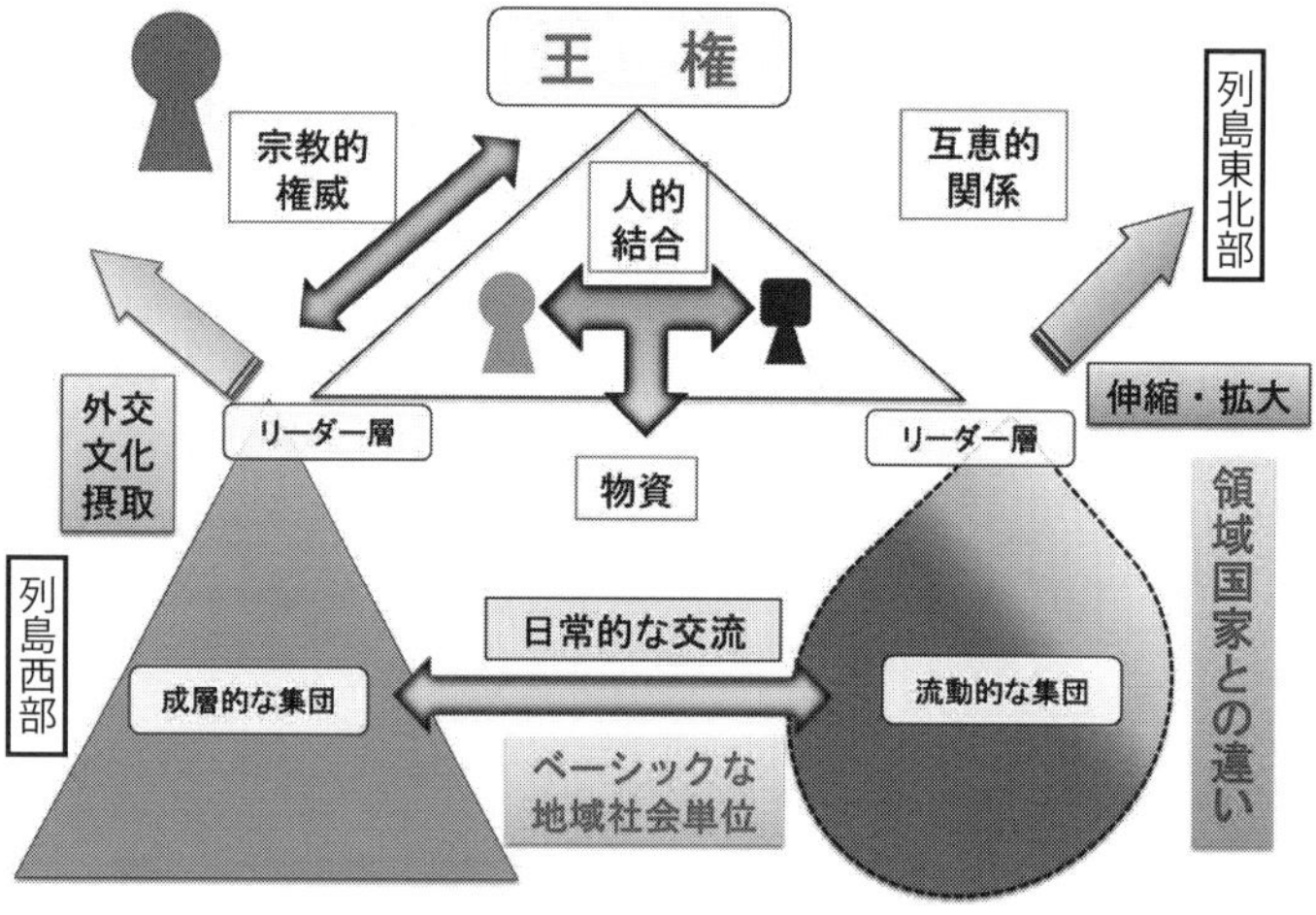

図３０　列島の東西における社会動態モデル

の勢力が政治的・軍事的な実態をもって「進出」してきたという考え方にはシンパシーを持っていません。ところで『記紀』においては、天皇家の祖先が列島各地を「討伐」し国土統一を達成したという歴史観で貫かれています。よく引き合い出されるのが、ヤマトタケル伝承です。悲劇のトリックスター、タケルは相模湾から東京湾を経由し、東北まで討伐していったというストーリーです。今日では、そのまま史実とする研究者はさすがにいないでしょうが、無意識か意識的かは分かりませんが、列島東部の歴史像に対する「語り」に多大な影響を与えています。たとえば5世紀の『宋書倭国伝』の言辞を埼玉・稲荷山古墳の鉄剣銘になど対応させ、史的事実としての「征伐」観を正当化する研究姿勢も地下水脈のように脈々と流れています（西川２０１３）。そうでなくても、列島西部が享受する先進文化たる弥生・古墳文化は同心円状に後進地である東日本に波及してくるという文化伝播論的な思考法は根強いものがあります。

考古学的な言説の形成には、現代の社会情勢や枠組みがかなり影響を与えています（田中１９８６など）。弥生時代は集団間の軋轢が高まり、戦乱に明け暮れていた時代と考える傾向があります。この弥生時代後期を通じ、このような戦乱を勝ち抜いて優勢に立ったヤマトが「国土を統一」したのが古墳時代であると考えている方も多いのではないでしょうか。しかし、ここまで述べてきたように東日本の古墳出現期の社会形成に、近畿地方が第一義的に関わってきた形跡を示す物的証拠は、皆無に近いのが実情です。

弥生時代が「戦乱の時代」という観点についても、じっくりと考えるべきと思います。西日本各地の「戦死傷者の遺体」なる考古資料が果たして列島全体の時代的な枠組みを規定すべき考古資料なのか未検討だと思います。有名な吉野ヶ里遺跡の「首なし人骨」も、異なった視点から評価をすれば、本当に広域な地域を覆う激しい「戦争」の物証なのかと思います。水稲耕作に付随した文化的情報の中に「戦争の概念」があった可能性は高いです。弥生人は格段に残忍性を増していると実感しています。しかし狩猟採集民の首狩りの民族事例などもよくよく参照すべきであると思います。

考古学史を改めて回顧すると、わが国が敗戦の痛手から立ち上がり新国家を築こうという意気込みに満ちあふれていた高度成長期、弥生時代の姿は「瑞穂のクニ・農民の国民性」＝平和を愛好する稲作民の社会として描かれていました。それが佐原真さんという偉大な研究者の影響が大きかったこともあり、「吉野ヶ里以来」大きく方向転換したと感じています。佐原さんは意識していたかは分かりませんが、その頃はちょうど世紀末20世紀の終わりで、あたかもミレニアムにふさわしいような出来事が続いていました。ベルリンの壁崩壊、阪神大震災、湾岸戦争、9・11テロ…等と様々なできごとの連鎖は不安な時代の到来にあまりにもマッチしていました。この時代の風潮が、新たな弥生時代像〈争乱と優勝劣敗〉の概念化に有形無形の影響を与えていたと推定しています。そうでなかったら、戦後に形成された弥生時代観がなぜ、こうも劇的に変化したのか理解できません。私たちの民族形成史観や国土観・領土観というものも、異なった地平から眺めてみたらどのように結像するのか再考する必要を感じます（西川2011b）。

いずれにしてもわが国の国家成立史に、どれだけ征伐史観がどれほど染み付いているか点検してみることが必要です。既に見てきたように、少なくとも東日本の古墳出現期の「物語り」からオリエタリズム的な征伐史観を払拭しなくてはいけないと思います。

一　ヤマタイ国問題と学校教育

ところでこのよう考えるのは、生徒児童が公教育で教わる歴史観について、色々な面で危機感を持っているからです。近年の歴史教育は「生徒が親しみやすいように…まずは人物を中心に教えましょう」と規定されています。そして「卑弥呼」とは義務教育において最初に出てくる「人物」です。人物を中心に歴史を解くという教育手法に対してここでは詳しく論ずる時間はありませんが、歴史の著述を人物の事績から教えるやり方は、物質文化・考古学資料から歴史を構築するという手法とはかなり違いますし、はっきり言って相容れないアプローチ方法だと思います。

既に論じた征伐史観と教科書問題は無縁ではありません。このたび改訂された小学校社会科教科書では縄文時代の記述が「復活」しましたが、その前のいわゆる「ゆとり世代」には記載が全く無かった時期がありました。ましてや旧石器時代は改訂された『新学習指導要領』でも言及されません。基本的に弥生時代の「コメ作りの社会」から、「唐突に叙述」が始まります。

こういった背景を踏まえた時、「最初の歴史上の人物・ヒミコ」とは、生徒児童からどんなイメージで捉えられるでしょうか。神話は必ず取り上げるべき事項とされ、ヤマトタケルは必須の「大スター」です。かたや「海幸・山幸」や「出雲神話」等は「何らかの作為」があるのかは不詳ですが、まず触れられることはありません。「日本の歴史」とは、あたかも最初から「民草を教導」するような「偉大なカリスマ指導者」がおり、そもそも「これがクニの始まり」なのだと児童生徒は考えないでしょうか。「人物を中心に教える」ということは、賛否両論あると思います。とはいえ私自身、ヤマトタケルのみならず、「因幡の白兎」や「飛梅」、「敦盛」や「安宅の関」まで自身の授業では「講釈」します。年配の方はまるで「國史」や「修身」では…、といぶかしく思われるかも知れません。わざわざ扱うのは神話や伝承・説話が私たちの「民族の心性」を知る上での大切な素養であると思っているからです。しかし歴史上の「偉績」としては決して扱いません。

やはり考古学に関わる者としては、人物事績を重視して無批判にナラティブする傾向には抵抗感が拭えません。歴史教育が「この列島の真の歴史」を追い求めているのではなく、何か違うものへと回帰しつつあるような気がします。危機感は杞憂でしょうか？　考古学や埋蔵文化財に携わる人々は、もっとこういった問題に対して敏感であるべきであると思いますし、ヤマタイ国の問題に高い関心を持っていらっしゃる会場の諸賢にもぜひとも知り、かつ興味をもってもらいたいと思い、紹介しました。

ヤマタイ国時代を研究するということは、こういった案件にも深く関わることであると自覚すべきです。ぜひともヤマトからの視点とは「逆の地平」から眺望したらどのような「列島史像」が結べるか一考してみて下さい。

最後に「本日の結論」として、まとめさせていただきます。弥生時代の東日本というのは、多様性をもった社会であったということ、古墳出現期への転換については、ネットワークの広域化が新たな社会関係を育んだ帰結と考えています。またヤマト政権の成立に関し、列島の周縁に向けて「征伐が進行したという考え方」に強く疑問を持っているという話で締めくくりました。

【引用・参考文献】

明石　新編　2001『相武国の古墳―相模川流域の古墳時代―』平塚市博物館

赤塚次郎　2006「古墳文化共鳴の風土」『愛知県埋蔵文化財センター 研究紀要』7

赤塚次郎　2012「3世紀の東海以東」『シンポジウム12 結集邪馬台国時代のクニグニ』香芝市二上山博物館友の会「ふたかみ史遊会」

赤塚次郎　2013「ヤマトと狗奴国」『纒向出現―纒向に卑弥呼がいたなら―』桜井市纒向学研究センター

安藤広道　1998「相模川流域における宮ノ台期の集落―その時空間的展開の素描―」『考古論叢　神奈河』7

安藤広道　2008「「移住」「移動」と社会の変化」『弥生時代の考古学』8集落から読む弥生社会同成社

安藤広道　2011「集落構成と社会」『講座 日本の考古学』6弥生時代下 青木書店

安藤広道　2013「南関東地方における弥生時代後期の超大型集落遺跡について」『弥生時代政治社会構造論柳田康雄古稀記念論文集』雄山閣

池田　治　2012「神奈川県海老名市河原口坊中遺跡の調査報告―平成22・23年度の弥生時代旧河道跡の調査を中心として―」『考古学研究会 第29回東京例会発表資料』考古学研究会東京例会

池谷信之　2012『高尾山古墳ガイドブック　スルガの王大いに塚を造る』沼津市教育委員会

石川日出志　2008『「弥生時代」の発見・弥生町遺跡』シリーズ「遺跡を学ぶ」050新泉社

押方みはる編　2002『シンポジウム 墳丘墓から古墳へ～秋葉山古墳群の築造～発表要旨』海老名市教育委員会

伊丹　徹・大島慎一・立花 実2002「相模地域」『弥生土器の様式と編年―東海編―』木耳社

臼居直之　2000「再生される銅釧―帯状円環型銅釧に関する一視点―」『紀要』8長野県埋蔵文化財センター

大賀克彦　2010「ルリを纏った貴人―連鎖なき遠距離交易と「首長」の誕生―」『小羽山墳墓群の研究』福井市立郷土歴史博物館。
大村　直　2004「久ヶ原・山田橋式の構成原理―東京湾岸地域後期弥生土器型式の特質と移住・物流―」『史館』33
大村　直　2007「山田橋式補遺」『西相模考古』16　西相模考古学会
岡本孝之　1974「東日本先史時代末期の評価①～⑤」『月刊考古学ジャーナル』No.97～102ニューサイエンス社
加納俊介　1997「廻間式か元屋敷式か―東国から見た弥生土器と土師器の境界―」『西相模考古』6
河合英夫　2008「中里遺跡の衝撃―南関東農耕形成期の集落―」『平成19年度考古学講座　新神奈川・新弥生論』神奈川県考古学会
栗田則久他　2012『時空を越えて―市原市ちはらの台発掘ものがたり―』平成24年度出土遺物巡回展図録　千葉県教育振興財団
黒沢　浩　2005「南関東における弥生時代後期土器群の動向―二ッ池式の検討を中心に―」『駿台史学』第124号
小池　聡他　2012『上ノ山遺跡群御茶屋通遺跡第3地点』盤古堂
小池　聡他　2013『酒匂北川端遺跡第V地点』盤古堂
小滝　勉・村上吉正　1992「神崎遺跡発掘調査報告書」『綾瀬市埋蔵文化財調査報告』2綾瀬市教育委員会
小林清隆他　2007「千原台ニュータウン17市原市草刈遺跡（K区）」『千葉県教育振興財団調査報告』第565集

杉山和徳　2008「東日本における鉄剣の受容とその展開」『古文化談叢』60九州古文化研究会
杉山浩平他　2009『東京都三宅島ココマ遺跡発掘調査報告書』島の考古学研究会研究報告1ココマ遺跡学術調査団
斎藤あや　2012「弥生時代におけるガラス玉の流入～関東地方とその周辺を中心として～」『西相模考古』21
佐原真編　1996『倭国乱る』朝日新聞社
白井久美子　2002『古墳から見た列島東縁世界の形成―総武・常総の内海をめぐる古墳文化の相剋―』平電子印刷
鈴木素行　1999「十王台のコメ―十王台式土器とともに検出された炭化種子Ⅱ―」『十王町民俗資料館紀要』8
立花　実　2001「相模の後期弥生土器～時間的変遷過程と地域差の意味～」『シンポジウム 弥生後期のヒトの移動～相模湾から広がる世界～ 資料集』西相模考古学研究会。
立花　実　2002a「土器の地域差とその意味―相模の後期弥生土器の可能性―」『日々の考古学』東海大学考古学研究室。
立花　実　2002b「土器から見る古墳時代の始まり―秋葉山古墳群をめぐる土器と墓―」『シンポジウム 墳丘墓から古墳へ～秋葉山古墳群の築造～発表要旨』海老名市教育委員会
立花　実　2010「神奈川県西部地域における弥生時代後期の土器様相と中部高地型櫛描文土器」『中部高地南における櫛描文土器の拡散』山梨県考古学協会。
立花　実　2012「遠隔地からの移住と融合」『古墳時代の考古学』7内外の交流と時代の潮流同成社
田中新史　2000『上総市原台の光芒―市原古墳群調査と上総国分寺台調査団―』市原古墳群刊行会

田中　琢　1986「総論―現代社会のなかの日本考古学―」『岩波講座 日本考古学』7現代と考古学岩波書店
土屋了介　2009「螺旋状鉄釧の基礎的研究」『日々の考古学2』東海大学考古学研究室
勅使河原彰　2005『歴史教科書は古代をどう描いてきたか』新日本出版社
寺澤　薫　2010「纏向型前方後円墳の成立と前方後方墳」『シンポジウム10　邪馬台国時代の東海と近畿』香芝市教育委員会
豊島直博　2010『鉄製武器の流通と初期国家形成』塙書房
中塚　武　2012「気候変動と歴史学」『環境の日本史』1日本史と環境―人と自然―吉川弘文館
贄元　洋他『高井遺跡』豊橋市埋蔵文化財調査報告書第26集
西川修一　1991「相模後期弥生社会の研究」『古代探叢』Ⅲ早稲田大学出版部
西川修一　1992「関東における畿内系の甕について」『庄内土器研究』Ⅱ庄内土器研究会
西川修一　1993「相模・多摩丘陵における弥生後期後半～古墳前期の土器と集落の様相」『シンポジウム2東日本における古墳出現過程の再検討』日本考古学協会新潟大会実行委員会。
西川修一　1995「東・北関東と南関東―南関東圏の拡大―」『古代探叢Ⅳ―滝口宏先生追悼論集―』早稲田大学出版部
西川修一　2001a「南関東における古墳成立前夜の社会情勢―神奈川県下の東海地方からの集団移住―」『日本歴史』638号吉川弘文館
西川修一　2001b「東海から相模へ～御屋敷添遺跡 その後～」『シンポジウム 弥生後期のヒトの移動～相模湾から広がる世界～資料集』西相模考古学研究会
西川修一　2002「南関東における古墳出現過程の評価」『月刊 文化財』470第一法規出版

西川修一　2003「関東地方における古墳出現期～前期の近畿系土器」『初期古墳と大和の考古学』学生社
西川修一　2007「相模の首長墓系列」『相模と武蔵の古墳』季刊考古学 別冊15 雄山閣
西川修一　2011a「神奈川県下の弥生時代研究この20年」『神奈川の考古学・最近の動向』神奈川県考古学会
西川修一　2011b「弥生時代から古墳時代へ 南関東からみた列島史―フロンティア拡大の視点から―」『シンポジウム 東日本からみた時代移行期の考古学予稿集』考古学研究会東京例会
西川修一　2011c「関東」『古墳時代の考古学』1古墳時代史の枠組み　同成社
西川修一　2013「列島東部の古墳出現に関する視角―高塚古墳の出現は発展・進歩か―」『西相模考古』22
西川修一編　1998「御屋敷添遺跡 第3地点（№1）」『かながわ考古学財団調査報告』33
西川修一編　2005『東日本における古墳の出現』考古学リーダー4 六一書房
野島　永、2009『初期国家形成過程の鉄器文化』雄山閣
比田井克仁　1997「定型化古墳出現前における濃尾，畿内と関東の確執」『考古学研究』44―2
比田井克仁　2003「三世紀における畿内の関東系土器―動かぬ関東・動く関東―」『初期古墳と大和の考古学』
比田井克仁　2004「古墳時代前期における関東土器圏の北上」『史館』33
福永伸哉　2010「青銅器から見た古墳成立期の太平洋岸ルート」『弥生・古墳時代における太平洋岸ルートの文物交流と地域間関係の研究』科学研究費補助金（基盤研究B）研究成果報告書高知大学人文社会科学系
藤原カムイ　2009『卑弥呼女王、倭国に立つ』週刊マンガ日本史01（朝日ジュニアシリーズ）朝日新聞出版
古屋紀之　2013「横浜市都筑区北川谷遺跡群における弥生時代後期～古墳時代前期の土器編年」『横浜市歴

史博物館紀要』17横浜市ふるさと歴史財団
松宮昌樹　2010「大和・河内出土の東海系土器」『シンポジウム10邪馬台国時代の東海と近畿資料集』
森岡秀人　2011「社会過渡期の小銅鐸」『勝部明先生喜寿記念論文集』同論文集刊行会
山口典子他　2013「千原台ニュータウンXX　市原市草刈遺跡（F区）」『千葉県教育振興財団調査報告』第695集
山口正憲　2003「相模湾岸の様相―海老名市秋葉山古墳群を中心に―」『シンポジウム　東日本における古墳出現期について　発表要旨』東北・関東前方後円墳研究会
山口正憲編　2012『シンポジウム東日本における前期古墳の立地・景観・ネットワーク』東北・関東前方後円墳研究会
横山太郎他　2003『佐島の丘遺跡群発掘調査報告書』同調査団
渡辺　誠　2011「社会科・歴史教科書等検討委員会報告」『会報』№173日本考古学協会

〔補記〕本稿執筆時には整理途上だった河原口坊中遺跡の報告書が近年刊行された。多大な成果があがっており、今後の研究の進展が期待される。

池田　治他　2015『河原口坊中遺跡　第2次調査』かながわ考古学財団調査報告307

4　外来土器から見た2・3世紀の関東

比田井　克仁

一　はじめに

こんにちは、よろしくお願いします。先ほどは西川さんから社会性あふれる話をお聞きしましたので、私は、事象面を中心にした包括的なお話をさせていただきたく思います。他の方々と意見の異なることもあるかもしれませんが、総復習という形でお聞きになって下さい。

二　細かな地域のアイデンティティー　2・3世紀の地域性

深澤さん、大村さん、西川さんからは、それぞれの地域の中での細かな地域性のことについてお話しを頂きました、ここでは総体的にまとめるところから始めたいと思います。（図1）をご覧ください。基本的に関東の後期弥生土器の違いというのは、中部高地の櫛描文の世界と、南関東の壺にみる縄文世界の二つがあります。縄文世界の壺は、房総半島では宮ノ台式から久ヶ原式へと変遷するのですが、相模の方では明確にそれが指摘できません。また、甕の場合にもいくつかの種類があります。刷毛調整という、全体に木の小口面で擦った筋が残されている甕、それから輪積み痕を残し、その上をきれいに撫でて仕上げられている甕があります。こう

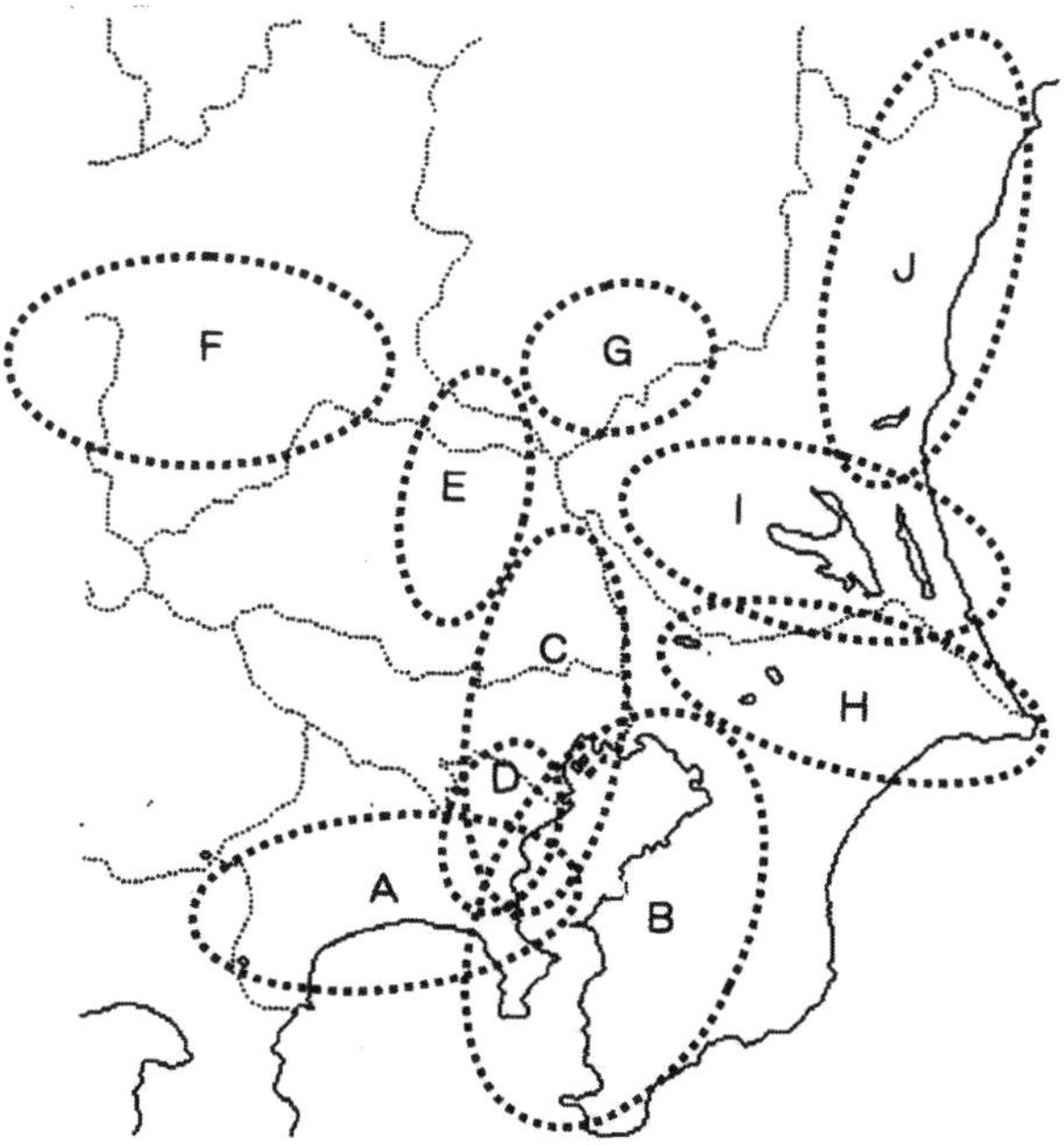

図1　関東地方の2世紀の地域性（比田井作成）

いった大きな違いがあります。それから櫛描文の世界では壺と甕が同じような形をしており、不明瞭であるというようなことがございます。また縄文ばかりが好きな地域もございます。

かいつまんで申し上げましたが、縄文を施す壺と刷毛調整が大好きな地域が、この（図1のA）の相模地域であります。それから縄文を施す壺と段々が残っている輪積みの甕が大好きなBの地域、甕に二種類ございますが、底が台になっているものと台が無いものですが、基本的に房総の方の甕には台がありません。反対側の東京湾西岸の南部に輪積みの甕が出てくるのでありますが、房総の南端から東京、横浜側には台が付くといったようなところがございます。これらをひっくるめてBの地域と表現しました。Cの地域は縄文、輪積み、刷毛調整もあるという地域でありまそれから櫛描文が好きな地域がD、J、Fであります。この地域は多分にして、壺と甕の区別がつき難い特色がございます。櫛描文と縄文を組み合わせる地域がGの地域であります。そして縄文が沢山使われているというE、H、Iの地域があります。大体このような具合に土器の文様が使われている地域が分かれております。

このような細かな地域性が出て来た段階というのは、弥生時代の後期を前、中、後と分けますと、中ごろのイメージになります。また、後期終末期は、大村さん、西川さんは畿内庄内式併行期と把握されていますが、私は畿内庄内式併行期を古墳時代初頭と考えております。このように細かな地域性が出てくるというのが、関東在地の様子であります。

三　外から人がやってきた―外来土器の展開

ここに外来土器が入ってくると考えるのか、それとも外来土器がこういう要素を促進させたのかというところは、まだまったく判りません。ただ、集落の数とか量的に多い土器からすると（図2）のようなバリエーションの土器を使う人々がベースに居たというところに外来土器が入ってきたと考えてよいと思います。

隣接地域間の交流というのは、原則的にどこの地域間でも認められます。例えばAの地域は、沼津の辺りで点線が切れていますが、実際は沼津の方との交流はありますね。Fの方の地域も恐らく中部高地との関係もあるかと思います。J、G、I、Eといった所には類例が極めて少ないのですが、東北の方とも隣接地として関係がみられると思います。A～Jの隣接地同士の間でもそれぞれの交流が見られると思いますが、ここでいう、外から来た人々というのは、はるかに地域を越えた所からというイメージで考えてみたいと思います。次に（図3～5）に話は移ります。

(1)2世紀に動く人々

邪馬台国の時代ということで2世紀に動く人々という風にしましたけれども厳密に限定しているわけではありません。かなり幅を持っていると考えてください。ただ2世紀の枠の中からは外

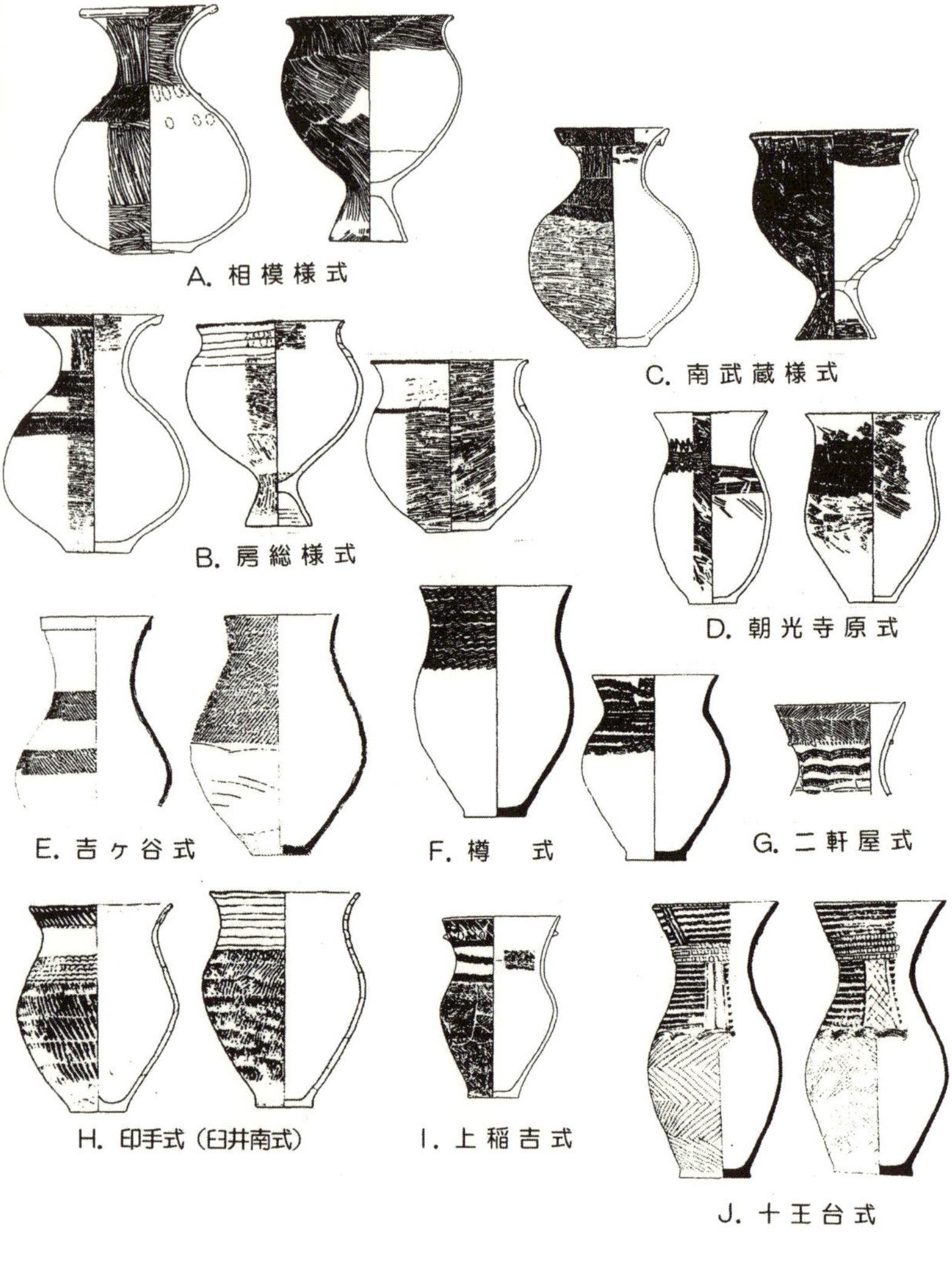

図２　関東地方の２世紀の地域性（比田井作成）

れていないという程度の2世紀です。（図３）は１９９７年時点の分布図で▲が東遠江菊川系なのですが、現在この点数がもっと増えております。また他の遺跡の数も増えておりますが、中心となる分布域の広がりは大体このような状態で大きな変更はありません。細かく申し上げますと相模川の西岸の▲は増えている、それ以外の範囲はそれほど大きな変動は無いという風に理解できるわけであります。かいつまんで申し上げますと、櫛を刺すという刺突文様を特色とする東遠江菊川式の人達が関東にやってくる。最近では、西川さんが重要と言われる平塚市真田北金目地域に類例が増えていますが、それ以外では東京23区、それから埼玉県南部の荒川の南側の沿岸地域にかなりの分布を広げております。それから、山中式、伊場式、寄道式と呼ばれます静岡県の西部から三河に

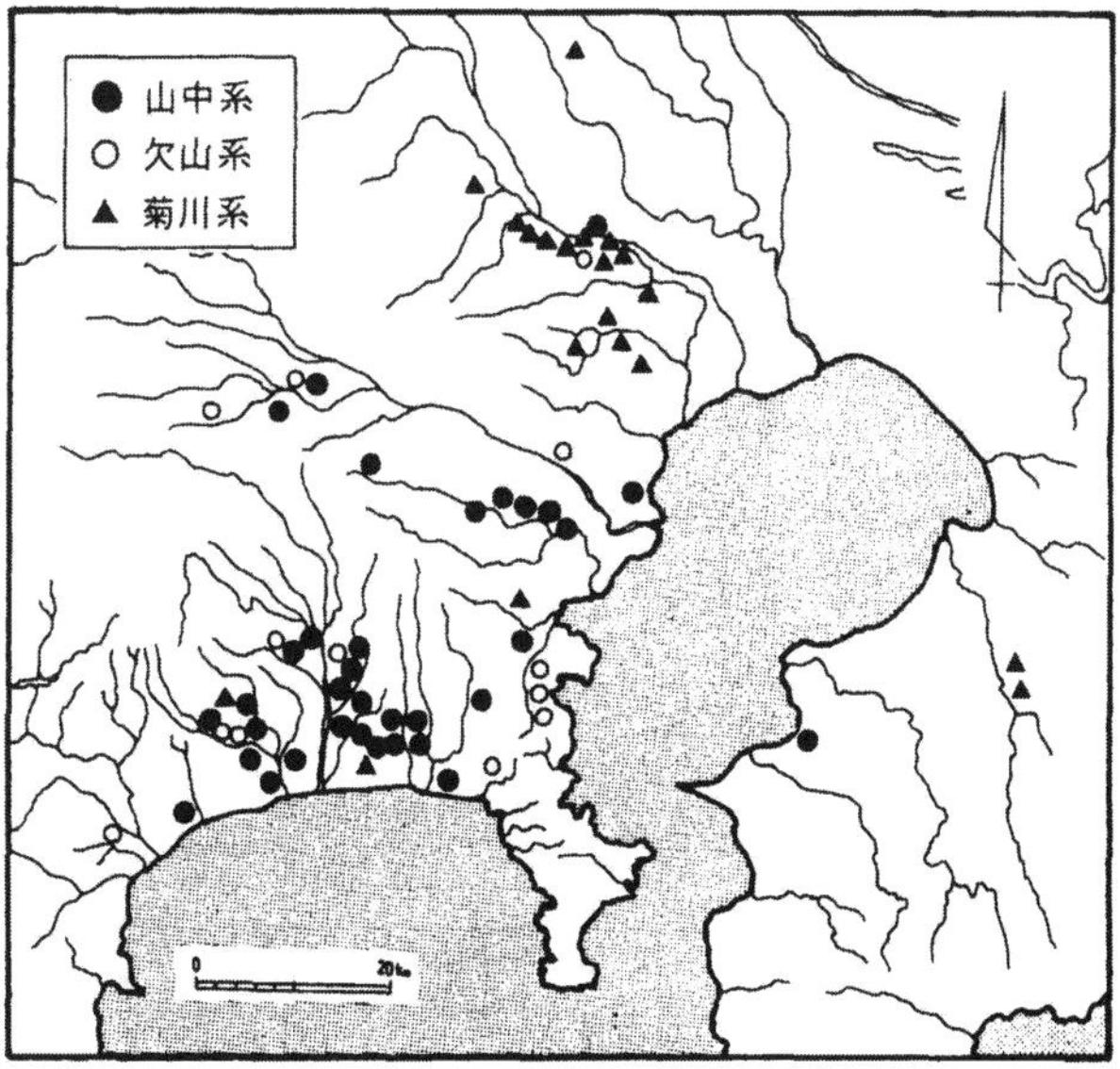

図３　山中式・菊川式の分布（比田井　１９９７）

一部入るような土器群が●の地点に出てくるということになります。残念ながらこの時点では房総側は、まだピンポイント的な入り方しかしていないということになります。沢山入って来る相模地域では、山中式の代表選手として神崎遺跡、宮の里遺跡、お屋敷遺跡、本郷遺跡のように、環濠集落としての成立が認められます。その中で最も山中式土器のシェアが多いのが綾瀬市の神崎遺跡です（図4）。一方、菊川系の土器は千代田区・文京区辺りにもっと中心たる集落が出てくるのでしょうけれども、現段階では新宿区の下戸塚遺跡が代表的な遺跡となります。これは早稲田大学の安倍球場の敷地です。神田川の流域なのですが、神田川の流域沿いには一回掘ると、必ず櫛をさした文様片が出てくるというように、菊川系の土器を持つ集落が杉並区の方まで密度細かく連続して発見されています（図5）。それから埼玉県の南部の和光市・志木市あたりでも、余り調査事例が明確に情報として入ってこないのですが、少しずつ増えている模様です。このように、集団として人がやってきた、先ほど家財道具一式を船に載せて行く人物のスケッチを拝見しましたけれども、恐らくそれに近いというようなことが、現実的にあったのだと思います。

やがてこの人たちは、それぞれの中に埋没してゆきます。出自の地の変化とは違う変化を示し、その土地の中に入ってしまう。或いは消えて行ってしまうといったような具合です。私は、埋没融合型等と面倒くさい言い方をいたしておりますが、そういう状態になっていくのは尾張廻間Ⅰ式併行期の段階と考えています。

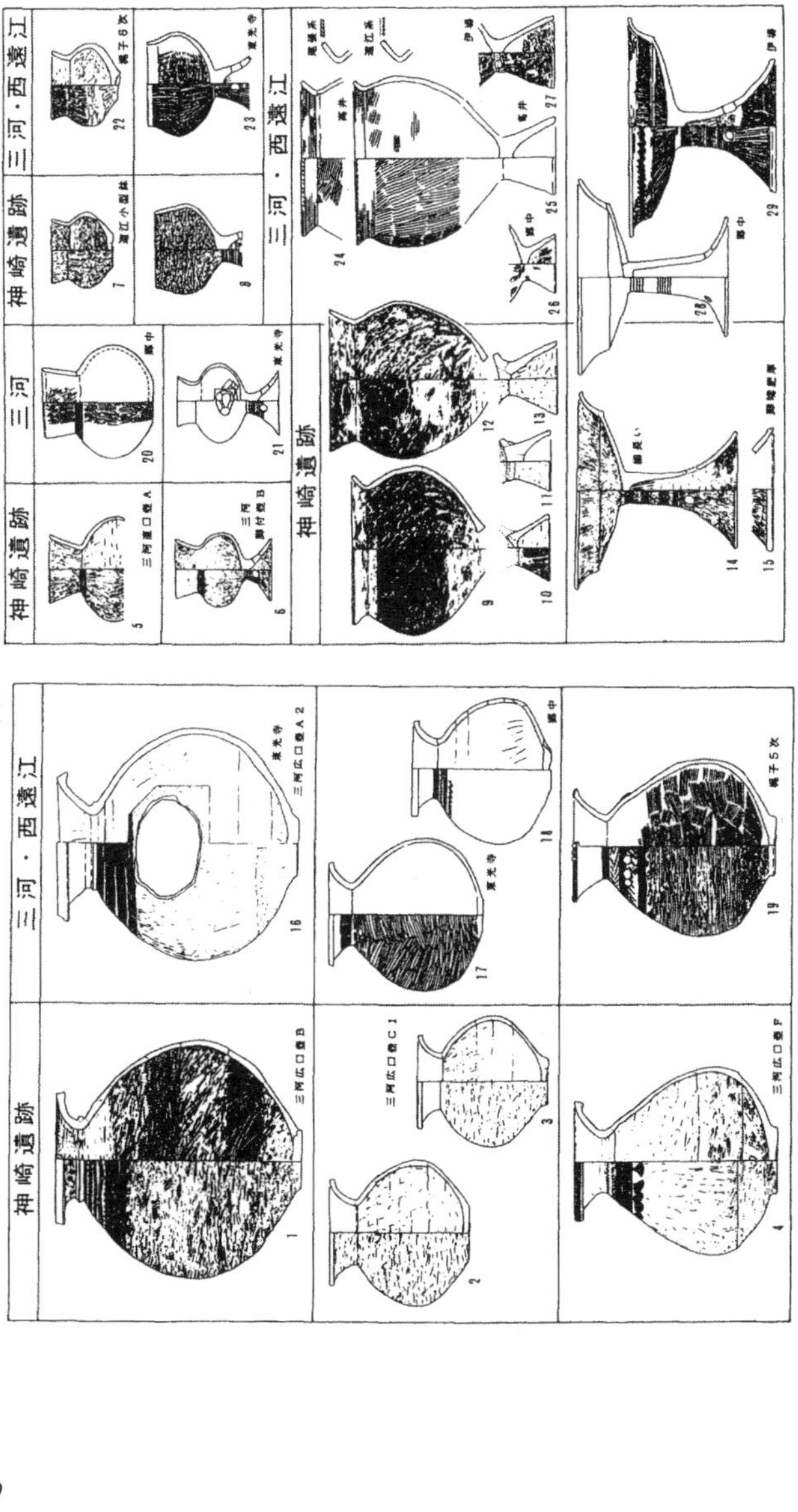

図４　神崎遺跡と東三河・遠江の比較（西相模考研２００２）

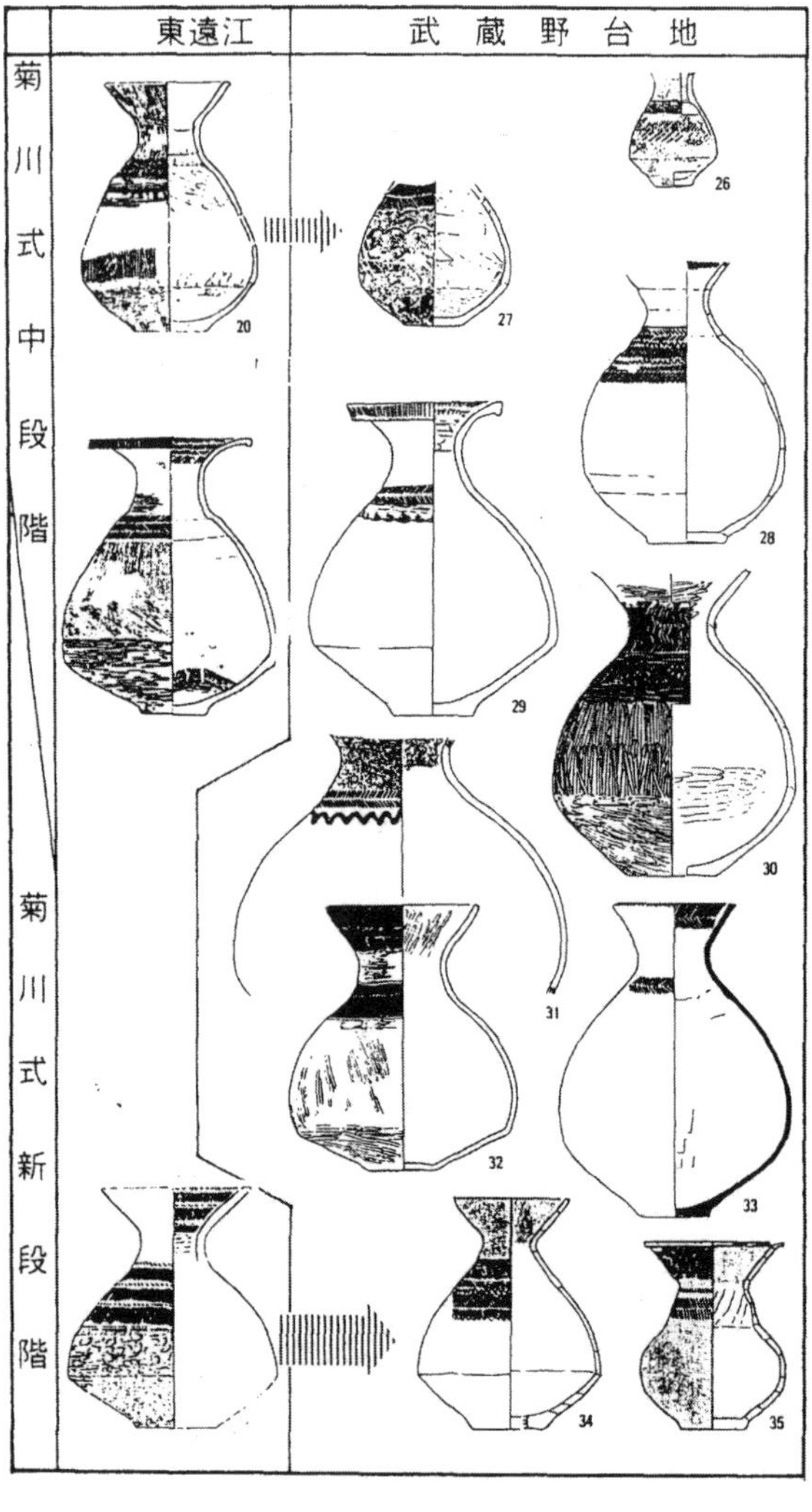

図５　菊川式の東遠江と関東の比較
（比田井　１９９３を改変）

(2) 3世紀に動く人々

そうして、３世紀になりますと（図６）の土器群が外来土器として登場してまいります。畿内系とものとしては1～4のような形の叩《たた》き甕が出てまいります。これらは第Ⅴ様式型叩き甕と呼ばれるものがほとんどを占め、河内の庄内式の類例は、確証が得られるものは一、二例しか関東にはございません。それに対して、布留式の甕は、布留0と呼ばれる段階から須恵器が顔を見せる直前頃までピンポイント的に、局地的ではありますが、出てくるということが言えます。

邪馬台国時代とすると、叩き調整の甕が何処から来たのかということが重要になってくると思います。叩き調整の甕が直接、纒向遺跡から来たということはなかなか考えづらいところがございまして、大方、関東の我々にとっては、愛知県矢作川から安城市周辺に注目しているというのが現実でございます。最近、沼津の辺りでも叩き甕が増えて参りまして、直接的に奈良盆地に行く前に東側から沼津・安城・伊勢・伊賀とかに叩き甕の波及中継点を認めるというイメージになります。そうすると、先ほど大村さんがおっしゃった神門古墳群に出てくる叩き甕というのは直に近畿というのはどうなのかなという疑問も、私も同じ様なニュアンスを抱いているということであります。

かといって、神門古墳群の墳形が纒向型前方後円墳であるということから近畿との直の関係を否定するわけでもありませんし、その辺は難しいというところであります。

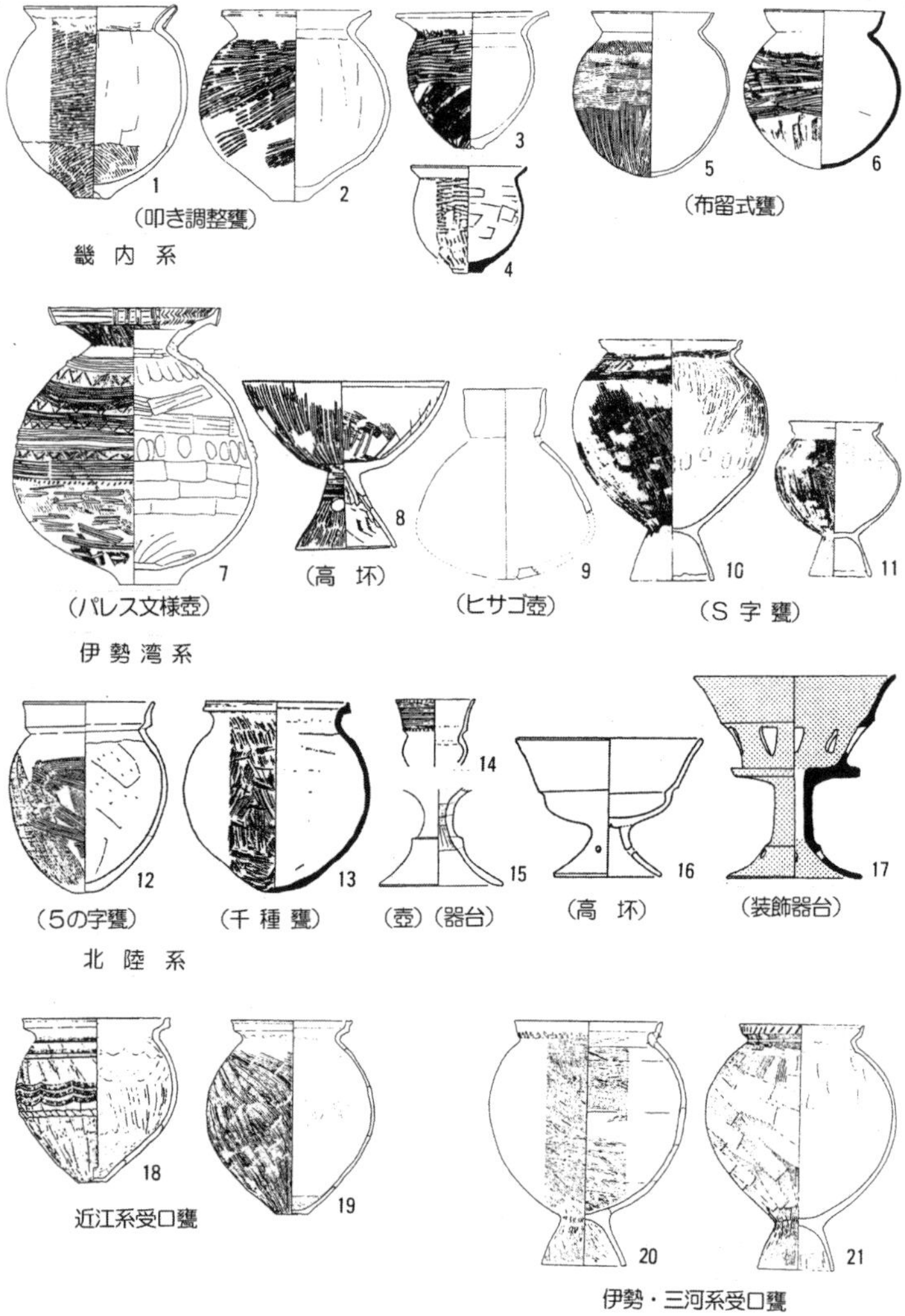

図6　3世紀の関東出土外来土器（比田井作成）

伊勢湾系のものとしては、7のパレス文様の壺、これは実際に関東から出ているものを表示しております。そして8の高坏は木更津市高部32号墳で、そして、9のヒサゴ壺は市原市神門3号墳のものです。

それからS字甕についてですが、赤塚分類のB類の段階以降は、関東では尾張とは違う変化を示しはじめます。S字のD類と呼ばれるものは、今のところ関東では見受けられないという状況であります。北関東ではある段階から独自の変化を示します、その独自の変化の瞬間というのはそれまで恒常的であった出自の地域との交流関係が、変質をきたしはじめている証拠というふうに見てよいと思います。その変質というのは、出自の地から人が来なくなったということを示していると思います。そのため、本家と違うものになってしまうという現象が、S字の場合顕著に出ているということであります。この変化したS字甕が、そのまま太平洋沿いに東北の仙台の方までいくという現象が起こります。後々までこの影響を残すのがS字甕であります。

そのほかに北陸系の甕12、通称5の字甕であります。それから13、千種甕としましたが、能登甕と呼ぶ方が良いのかもしれません。この口縁部の薄くなったものが新潟方面の甕です。

いずれにしましても日本海側の土器群で14、15、16、17という特殊なものも出てまいります。しかし、これは一過性で終わってしまいます。極端なことを言えば初代の人、次の人くらいで終ってしまう、S字甕のように長く後を引いていかないというもの、これが北陸系であります。もちろん、この傾向は叩き調整甕もパレス、ヒサゴ、高坏も後まであまり尾を引かないという点では同じであります。それから少数派として近江系の受け口甕、さらに、昔、上半部しか出てこないものですから近江系の受け口甕かどうかというのが取りざたされたのが、伊勢・三河系受け口甕というものであります。20・21のように最近、完形で出てきましたので近江ではないということが明確になっています。

このように、前代に比べて、駿河・遠江・尾張・琵琶湖近辺の辺りまでの地域に拡大して関係が認められるようにますが、畿内との関係がまだスキッとしていない現状があります。

四　2世紀の外来土器（集団）が与えた影響

さて、山中式や菊川式の人達が土地にどのような影響を与えたかということが極めて興味深いところでありますが、当初入ってきた人達は環濠の村を作ることは先ほど申し上げました。しかし、環濠の村が終った後にその地域に拡散をしてゆく。そしてやがて消えていくということであります。これは在地の人達と融合していると考えられるわけであります。従って、土地の人達は山中式や菊川式の土器を取り入れることによって、複数の系譜を持った住民で構成される村が登場するということになります。一方で、そういう複雑な動きをする中で厳然と伝統的な土器しかない集落もあります。平塚市原口遺跡、平塚市向原遺跡では、すぐ近所に菊川系の土器群を出す真田金目遺跡群があるのにかかわらず、他系統の人との交流はまったく無いという村もあります。

同じように、外来土器の影響も全然無いし、動きも無いという見え方をするのが、東京湾の多摩川の下流域の久ヶ原遺跡周辺、横浜市の諸遺跡、ここの遺跡は他所の地域と仲良くするような様子はなかなか見いだせない。これは、先ほどの分布図でいいますと、（図1）Bの範囲の輪積みの段々を付けてナデている台をつけた甕を使う人達、それから、朝光寺原式という変わった人達は単独で櫛描文のテリトリーを形成しているわけであります。

それに対して、多摩川を北に渡りますと東京の武蔵野台地と埼玉県の方に着きます。このあたりは、ばらばらの場所であります。外来的な要素は全く無い村もあるが、総じて見れば菊川式を出土する遺跡の方が多いという複雑な状況であります。そういう点では、その地域の中で色々と面白い物語が想像できるわけであります。

そして房総地域になりますと、土器の様相は山田橋式、房総様式そのもので何処を掘っても房総の様式を示します。もっと北に上がりますと、上野、下野、常陸になりますが、こちらは、樽式、二軒屋式、十王台式、すこし南の臼井南式印旛手賀沼系といった人たちは在地の社会を形成している。上野・下野、常陸地域の人達の所には、方形周溝墓はありません、ただし、樽式は少しございますが、そのほかの地域は、方形周溝墓が出てくるのは古墳時代であります。

それまでは、木棺墓、土坑墓等墓制の点でも下野、常陸の地域は他とは違います。墓制の点では、相模においては、他所からの人達が契機になり方形周溝墓が激増するのは間違いない事実で、しかも、海老名市の本郷遺跡では底部穿孔土器といいまして壺のそこに穴をあけるもので、これはこの人たちが来なければ伝わってこない葬送儀礼の土器の使い方であるというもので、私の考えとしては、西から来た人々によって地域の小首長が成長するというような世界が出てきているという風に言えるかもしれません。

同時に、武蔵野台地、菊川式が出土する辺りでも、方形周溝墓は大体同じようにそれを契機にしてドカッと増えて参ります。ですから、外来集団の移動というのは、地域の町会長レベルの成長というか、育成には大きな影響を与えていたということを見ることができます。

ただし、房総半島の場合は、よく判りません。房総半島の場合は、四隅を切っている方形周溝墓、これは中期の宮ノ台式に特色があるものなのですが、それがこの時代まで続いている、非常に伝統的な墓制がこちらの方には行われているということがございます。

このようにして、2世紀、弥生時代の終りを迎えます。

五　3世紀の外来土器（集団）が与えた影響

相模の方では、秋葉山古墳群が登場してまいります。相模という所はやはり先進的な所であると思うわけです。弥生時代後期、三河・西遠江の地域の人達が来たことが第1次にございます。その後に叩き甕とかの人たちとの交流が第2次にあります。関東の他の地域とは異なり早い時期から複数の他地域と非常に経験豊かな交流関係を持っていると考えるわけです。

そういった外交的経験の差というのは、それがそのまま、古墳時代になった時に叩き土器の扱いや伊勢湾系土器の扱いに反映していると考えます。千葉県市原市国分寺台にあちこちの人達が集まってきている、交易の中心、市《いち》の中心であるというのは現象から見ると正しいのだと思いますが、最初の段階が、新興住宅地的なイメージで見ることができるかもしれません。つい最近まで農家だった所が急に宅地化されたような感があろうかと思います。従って、一昔前に育成された土壌の違いで、受け入れ易い所と、受け入れ難い所というようなコントラストというのが、相模と他の地域に出てきているという可能性を考えなくてはいけないのではないかと思います。

そういう点で、上野というのは最初から住み分けをしているという点で、全く違います。先ほどの深澤さんの（図5）で、先住民と移民の人達が住んでいる場所が違うということを示されました。住んでいる所が違うということは生業のスタイルも違う、広い耕地を開拓して現代風の水田を作ろうとする外来グループと、比較的狭い土地の中で供給体制が満足できている在地グループが、同時に存在する土壌があったということは、上野、下野或いは常陸もその可能性を考えることができるかもしれません。ただ、上野の場合は、最終的には、富岡市の中高瀬観音山遺跡で戦があったということで、この遺跡が発見された時に、倭国大乱のイメージが東国にもあったという話が出て参りましたけれども、私は、そこまでの戦闘的なものではなく、むしろ双方柔軟な協調関係の中で進行していると言う方があり方としては正しいのではないかと、対抗的、戦闘的なことは局地的には当然あったと考えるのは自然でありますが、中高瀬観音山遺跡を以て外来グループが在地グループと戦闘態勢に入ったというような考えはしなくても良いのではないかと思っております。

このようにして、それぞれの受け止め方が微妙に違ってきているわけでありますが、それぞれの場所が具体的にどうだというほど検討とか研究が進んでおりませんし、それぞれの地域の中でもっと深く極める必要があると思いますが、そういうことで、（図1）にあるような弥生時代の細かな地域性、これをクニとは言いませんが、同じ交流圏内は同じつき合いをしているわけですから社会的な体制も似通ったものだと理解するのはいいのではないかと思いますので、そういった所から、実情に合わせて外来の人達をどう受け止めて行ったかというところで、非常に複雑怪奇であるということが示されているわけであります。ただ、一見したところでは、南関東の相模側、房総側、北の上野、下野、常陸という３つの相違だけは現段階で指摘できると思います。

六　金属器と外来土器―２つの流れ

外来土器の動きに加えて、金属製品についても今回のテーマとなっています。関東地方では資料的には豊富とはいえませんが、ある程度のお話はできるかと思いますので全体的な動向について触れてみたいと思います。

⑴青銅器について

銅製品は、弥生時代中期後半の宮ノ台式の時代から出てきているのですが、いわゆる断片ではなく製品として明確になって来るのは、後期中頃からだと認識しております。有鉤の銅釧、小銅鐸、鏡、帯状の銅釧、銅鏃等が出土しています。

有鉤銅釧についてはかなり難しく何とも言えない部分があります。最初に何時入ってきたかが判らないのです。廃絶の時期は、弥生時代の後期の後半から古墳時代の前期の間に廃絶されますが、上限が何時かが判らない。そういう点でなかなか難しい材料になります。元々、有鉤の銅釧は北陸の西山公園例が、後期の初頭もしくは中期まで遡るとされていますが、時期としてそのまま関東にあてはめることはできないと思います。現段階ではこれ以上のことは言えません。

小銅鐸については廃絶が遅い時期のものがあり、千葉県方面では明らかに布留式併行位まで下がるものがあります。その始まりは何処になるかという問題でありますが、例えば海老名市本郷遺跡で出土した小銅鐸は古墳時代の住居址でありますが、本郷遺跡自体は西遠江系の土器を大量に出すものでそれを契機にして成立した遺跡であります。それから新宿区高田馬場3丁目遺跡の例では、ちょうど神田川流域で、菊川式を出すエリアであります。その代表的な下戸塚遺跡からたいして離れていないという状況があります。周辺の状況証拠しかありませんが、後

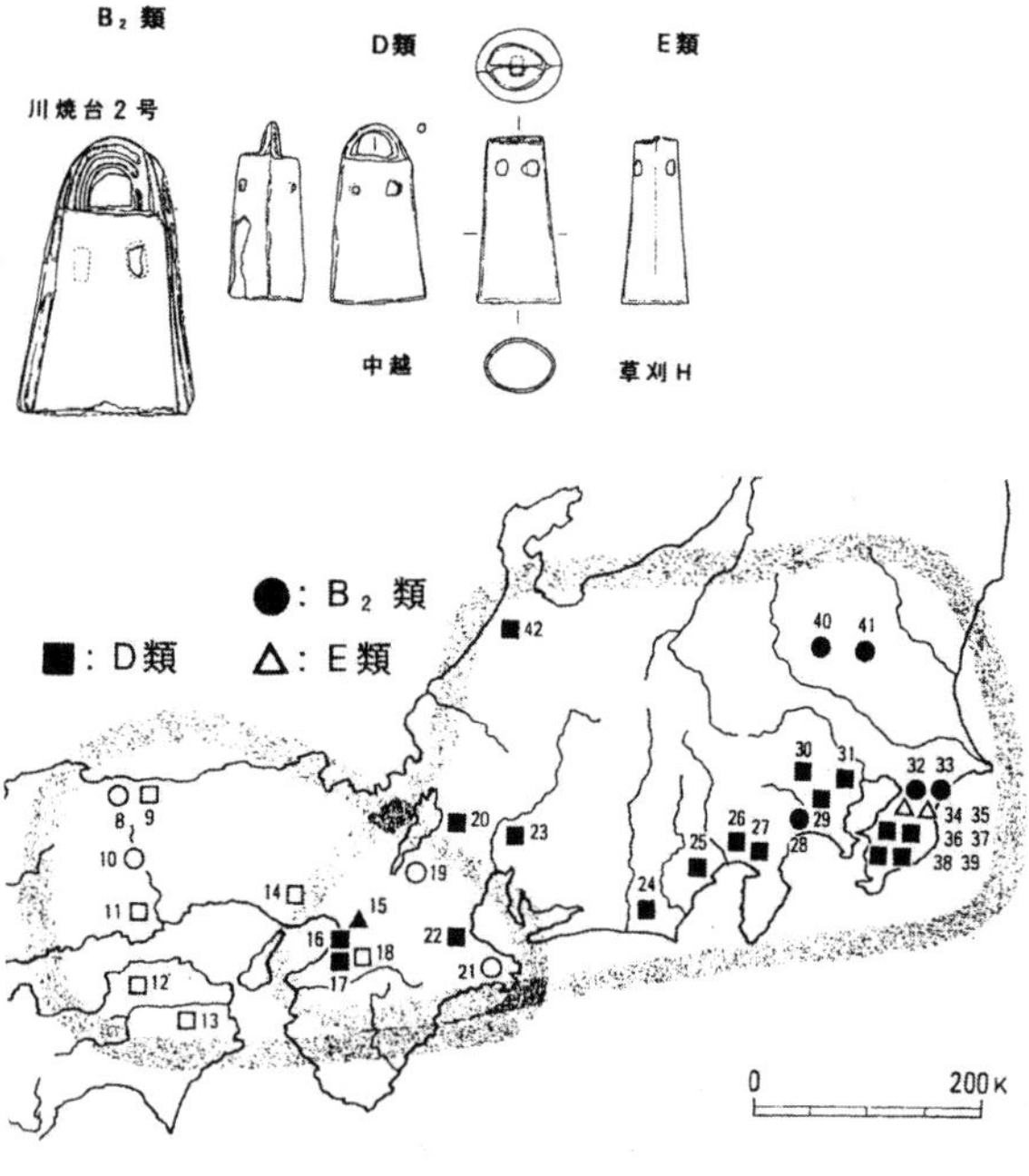

図7　小銅鐸分布図（比田井２００１）

期の中頃あたりをはじまりと考えておきたいと思います。それから小銅鐸の分布傾向を示す（図7）を出しております。関東地方にあるのは横にあるD類としました、断面が円形の吊り手を持つ5センチ程度の小銅鐸が沢山分布するのですが、終りは古墳時代まで続きます。この分布域は三遠式銅鐸分布圏の外側が中心になって参ります。三遠式銅鐸自体は関東には出ませんので、本物の銅鐸の周縁と小銅鐸の東への拡散というのは関連性があると言えるかもしれません。関連性があるとすると、静岡の埋蔵文化財センターの方が、東日本への山中式の東進と小銅鐸の東進は一緒だと書いた方がおられますが、それの可否はともかくとして、東日本側から見ると、そういう見方もあると思ったりもいたします。

つぎに銅鏡の場合、八王子市の宇津木向原遺跡、埼玉県の三崎台遺跡という所が廃絶時期が弥生時代の中で終わっているものの確実な例として認識しております。それ以外では古墳時代まで下がる物が多いわけであります。今のところ最古と思われるのが横浜市の大場第2遺跡の10号住居址に出てきております、高倉分類のⅡb式と呼ばれるものですが、二重線の連孤の部分が周囲全部に回っておりませんでして踏み返しの連続の結果、かなり文様が欠落した状態のものです。この鏡につきましては西遠山中式（伊場式）の新相の段階の高坏と南関東系の文様を施した壺を伴っておりますので、現在関東では一番古い例であろうという風に考えられるものであります。

(2)鉄製品について

さきほど、深澤さん、西川さんから剣の話が出てきておりましたが、この時代避けて通れないものとして、螺線状鉄釧という物がございます。（図8）、鉄のバネ状の腕輪であります。これは北区教育委員会の牛山さんの作成された図で少し古いものでありますが、さほど大きく傾向は変わっていません。そうしますと、長野県に沢山あって、群馬県にもある。間が空いておりますが、最近埼玉県にも出てきておりますので間が空いている所にも点が増えると思いますが、それに南側の方にも出てきている。南側の方の横浜市辺りでは、いわゆる朝光寺原式と呼ばれる、櫛描き波状文が大好きな中部高地系の系統を持つ集団の中に随分取りこまれている、ということが言えます。どうやら鉄釧は中部高地との関係、ただ、中部高地のその先が、何処に行くのか判りません

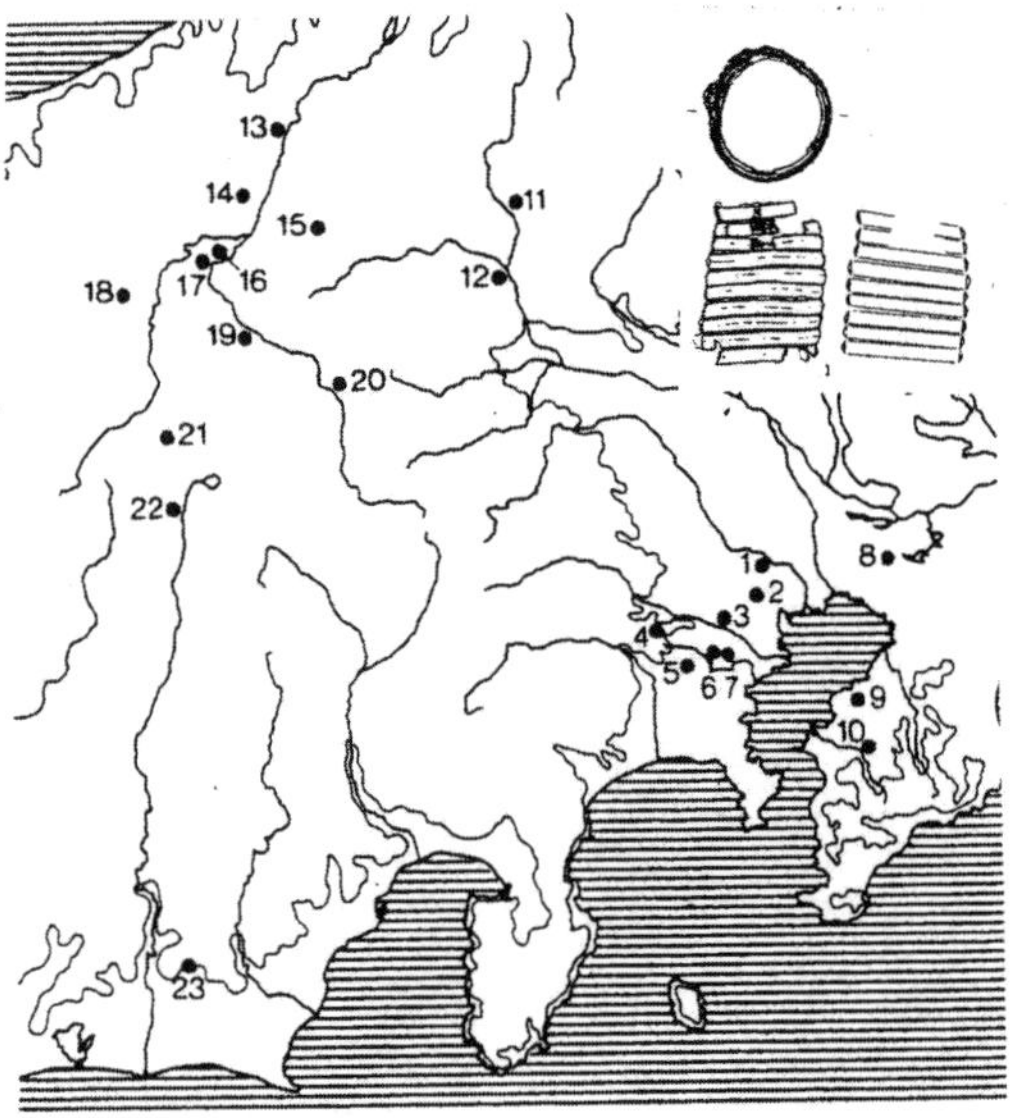

図8　鉄釧分布図（牛山１９９８を改変）

が、そのような関連性が見られる。これは時期的には2世紀の範囲に入ります。叩きの土器とか、パレス文様が来る段階ではありません。それより前の段階にやってきているということが言えます。その後、尾張の人達が押し寄せてくる段階に鉄の流通がどうなったのかというところが一つ問題点として出てくるのではないかと思います。

最後に、ほんのわずかな類例で申しわけありませんが、（図９）に鉄鏃を挙げました。一番上の列に畿内の弥生時代後期の中ごろから後半、おおよそ邪馬台国時代の時期の近畿の鉄鏃、真ん中の段が南関東地方のもの、一番下が北関東地方のものというふうに並べました。

単純に形態が似ているという程度の幼稚な

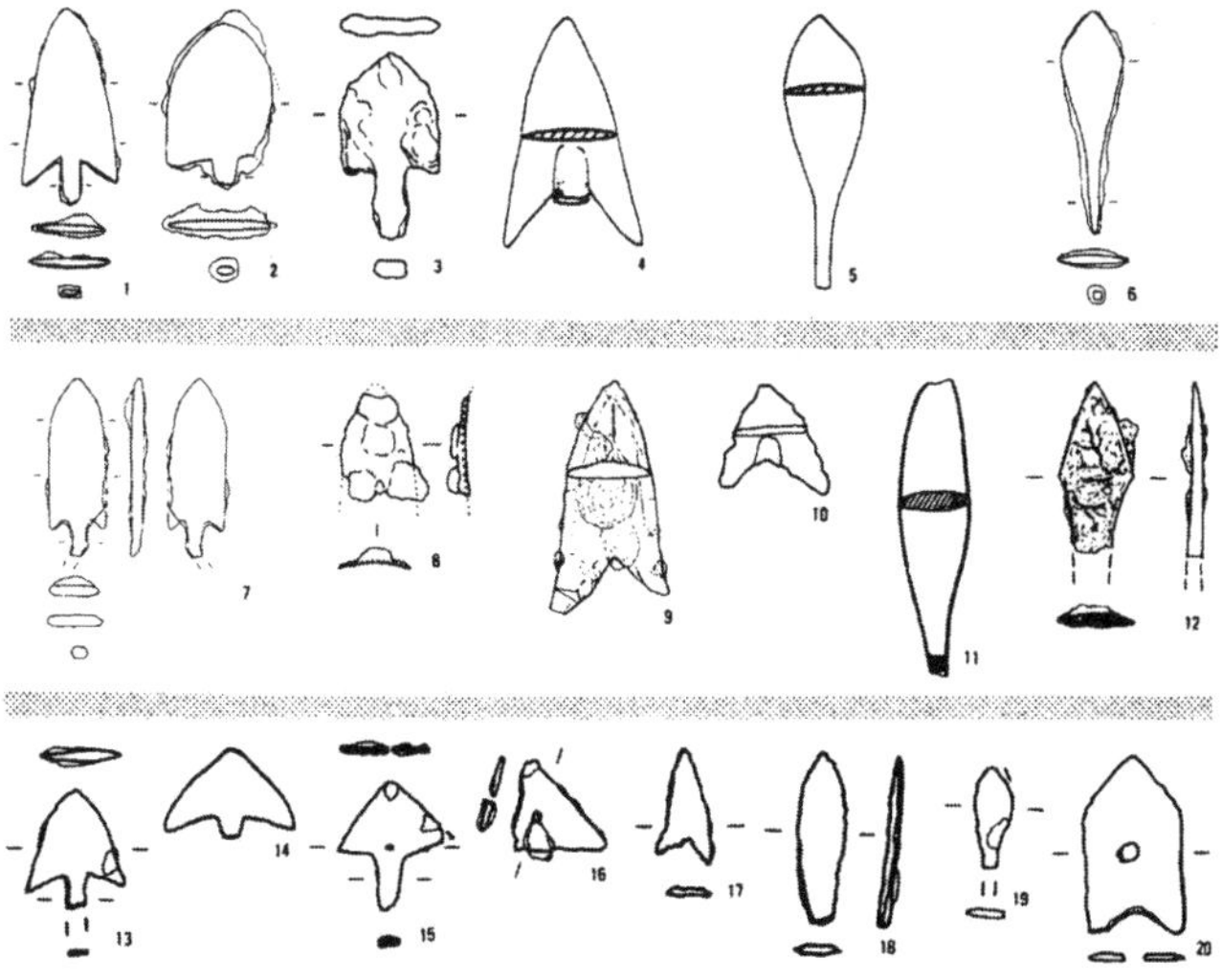

図９　弥生後期鉄鏃の畿内・南関東・北関東の比較
（比田井２００９）

話で恐縮なのですが、上二段の兄弟と一番下の段は、どう見ても親が違うようにしか見えません。こういうふうに見て行きますと螺線状の鉄釧と、南関東地方の鉄鏃のグループは、系譜が違うのではないかという推測が出来ます。螺線状鉄釧は北の方からやってきた、鉄鏃のグループというのは、近畿に接触している物が形態的に強いのではないだろうかというようなことが考えられます。あいまいな言い方で申し訳ありませんが、結論としては螺線状鉄釧は、中部高地から南下、鉄鏃は太平洋側を東進という二つ流れで見ることができそうであるということです。

七　まとめ

邪馬台国の時代、基本的に関東地方の人達はあまり外に出て行かないので、向こうから来るという受け手側の地域であります。出かける側の人達の目的は、新天地の開発であります。何故出かけてくるのかと言えば、出かける側、向こう側に何かが起っているということが考えられます。そうしないとこの論は成り立たないのであります。新天地の開拓、来たのは判りますが、来た人の出身地で何が起こったのという興味です。一般的には、人口圧ということが言われますが、どうも常識的に深刻な耕地不足を引き起こすような爆発的な人口増加が当時にあったというのは疑問があります。結局、物理的な理由でなければ、現段階で社会的な軋轢とか、そういったものを予測しておくのが無難かなと思っています。いずれの場合でも地域社会からの脱出せざるを得ない事情があったのだと思います。

来た先は南関東で、南関東では多種多様な受け入れ方をしているわけであります。大村さんも西川さんも言っているように排他的ではないのであります。ただ、房総地域にはあまり外来土器がなく、或いは甕に台が付いていないので、山中式・菊川式の人達も、台付き甕を使わない所は嫌ったのかということはありますけれども、基本的には排他していないということは、私も同感でございます。

それから3世紀になりますと、それとは違う目的で来るようになるのではないかと思います。言いますのは、そういった人達がそういった土器群を墳墓の主体部に供献したり、千葉県民では無い人達が高部古墳群に葬られている可能性が高いというようなことから畿内もしくは伊勢湾と関係を持った集団の中から指導者が出現する、こういうことが結論として見えてくるとすれば、3世紀に来た人たちの目的は2世紀の人達とはちょっと違うかなと、新天地の開発というよりもむしろ大村さんの言うように、交易的な物の中に、広瀬和雄さんが言う、交換互酬、交換の中に首長が成長していく、そういった考え方に接触をしていくというようなことが予測として言えるかもしれません。ご清聴ありがとうございました。

〈参考文献〉※紙面の都合上、個々の遺跡に関する調査報告書は省略させていただいた。

赤塚次郎　１９９０「考察」『廻間遺跡』（財）愛知県埋蔵文化財センター
浅利幸一　２００６「国分寺台出土の古墳出現期外来系土器」『第１回市原市遺跡発表会要旨』市原市教育委員会
牛山英昭　１９９８「七社神社前遺跡出土の鉄釧」『七社神社前遺跡Ⅱ』東京都北区教育委員会
加納俊介・石黒立人　２００２『弥生土器の様式と編年・東海編』木耳社
小林謙一・比田井克仁　２００９「関東地方弥生後期の年代研究」『中央大学文学部紀要』第54号　中央大学史学会
白石真理　２００７「常陸・南東北」『特集古墳出現期の土器交流　考古学ジャーナル』No.５５４ニューサイエンス社
杉山和徳　２００８「東日本における鉄剣の受容とその展開」『古文化談叢』第60集　九州古文化研究会
田中　裕　２００７「房総」『特集古墳出現期の土器交流　考古学ジャーナル』No.５５４　ニューサイエンス社
西川修一　１９９３「関東における布留式土器について」『庄内式土器研究』Ⅳ　庄内式土器研究会
西川修一　２００１「南関東における古墳成立前夜の社会情勢」『日本歴史』第６３８号　日本歴史学会
西川修一　２００７「南武蔵・相模」『特集古墳出現期の土器交流　考古学ジャーナル』No.５５４ニューサイエンス社
西相模考古学研究会　２００２『弥生時代のヒトの移動―相模湾から考える―』考古学リーダー１　六一書房
東北・関東前方後円墳研究会　１９９６『東北・関東における前方後円墳の編年と画期』第１回東北・関東前方後円墳研究会
東北・関東前方後円墳研究会　２００４『東日本における古墳の出現について』第９回東北・関東前方後円墳研究会

東北・関東前方後円墳研究会　2009『前期古墳の諸段階と大型古墳の出現』第14回東北・関東前方後円墳研究会
比田井克仁　1993「東国における外来土器の展開」『翔古論聚』久保哲三先生追悼論文集　真陽社
比田井克仁　1993「山中式・菊川式東進の意味すること」『転機』4号　転機刊行会
比田井克仁　1994「定型化古墳出現前における濃尾・畿内と関東の確執」『考古学研究』第44巻2号　考古学研究会
比田井克仁　1999「地域間交流（邪馬台国の時代）」『文化財の保護　特集　弥生時代の東京』第31号　東京都教育委員会
比田井克仁　2000「受け口状口縁甕考」『西相模考古』第9集　西相模考古学研究会
比田井克仁　2001a「関東における『小銅鐸』祭祀について」『考古学雑誌』第86巻第2号　日本考古学会
比田井克仁　2001b『関東における古墳出現期における変革』雄山閣
比田井克仁　2002「関東・東北の土器」『考古資料大観2　弥生・古墳時代　土器Ⅱ』小学館
比田井克仁　2003a「三世紀における畿内の関東系土器―動かぬ関東・動く関東」『初期古墳と大和の考古学』学生社
比田井克仁　2003b「土器移動の類型と原理―弥生後期から古墳時代前期の東日本を対象として―」『法政考古学』第30集　法政考古学会
比田井克仁　2004『古墳出現期の土器交流とその原理』雄山閣
比田井克仁　2004「地域政権と土器移動―古墳時代前期の関東圏の北上に関連して―」『古代』第116号　早稲田大学考古学会

比田井克仁　２００７「総論　土器交流と社会的背景」『考古学ジャーナル』№５５４ ニューサイエンス社
比田井克仁　２００９「広町遺跡の鉄鏃・鉄製品についてー弥生後期における鉄器受容と生産」『中野区広町遺跡発掘調査報告書』中野区教育委員会・東京都住宅供給公社・共和開発株式会社
比田井克仁　２０１０「弥生後期社会の系譜類型と古墳時代への移行」『古代』第１２３号　早稲田大学考古学会
深澤敦仁　２００７「北武蔵・上野・下野」『特集古墳出現期の土器交流　考古学ジャーナル』№５５４　ニューサイエンス社
若狭　徹　１９９８『第２回特別展　人が動く・土器も動く―古墳が成立する頃の土器の交流―』かみつけの里博物館
若狭　徹　２００２「古墳時代の地域経営―上毛野クルマ地域の３～５世紀」『考古学研究』第49巻第２号考古学研究会

〈第６図出典遺跡名〉

１．横浜市山王山81住、２･３．市原市神門４号墳、４．秦野市根丸島３１７住、５．八王子市神谷原ＳＢ85、６．東松山市五領13住、７．本庄市南志戸川４号墓、８．木更津市高部32号墳、９．市原市神門３号墳、10．高崎市新保１４１住、11．高崎市新保１２５住、12．市原市南中台14住、13．さいたま市平林寺11住、14．市原市神門５号墳、15．市原市南中台13住、16．市原市南中台57住、17．木更津市大堀、18．藤沢市若尾山祭祀遺構、19．川崎市野川東耕地３ｂ住、20．小田原市三ツ俣ＳＢ24、21．柏市一番割５住

5　2・3世紀の東海と関東　東海系トレース再論

赤塚　次郎

一　はじめに

おはようございます。ただいまご紹介にあずかりました、赤塚と申します。今回は残念ながら皆さんがご期待されている「狗奴国」の話ではなさそうなので、誠に申しわけありません。おそらくその物語への直前でお話は終わってしまいます。

さてお話に入る前に、一つだけ述べておきたいことがあります。それは「邪馬台国時代」の話題についてです。基本的に不思議でしょうがないのは、邪馬台国時代論をやりますと、殆ど北部九州の話、或いは畿内までで終わってしまいます。なかなか、関ヶ原とか鈴鹿の関を越えて、東の国々について言及することは殆どない。議論する地域としての遡上にも上ってこないのでありま す。それが私がもっとも懸念している点です。

私はよく狗奴国の話をさせていただきます。その主旨は、日本列島の2世紀、3世紀には多様な部族社会が存在し、その地域社会には，まことに様々で面白い文化や個性的なしきたり・風景が存在したはずなのに、それをほとんど無視して語られている。それはおかしいのではないか。逆に列島の様々な個性的な文化を評価したうえで、はじめて「魏志」倭人伝に書かれている邪馬台国とか狗奴国は何処であるかということを探っていけばいいのではないか、と思うのです。東の国々が全く出てこない、俎上に上がらないというのはいけないのではないかと思っております。今回のシンポジウムはその意味でも非常に、私としては期待をしております。その意味からしても昨日のご発表は実に面白く、大変良い勉強になりました。

二　2世紀というトレンド、ムラ攻めはほんとうか

今日の私のお話のタイトルは「東海系のトレース」ということです。実はその内容はすでに何年も前に発表させて頂きましたが、東海系の文化が、トレース、つまり動いていく軌跡、どういうふうに動いたのかということを書いた論文なのですけれども、それをもう一度ここで考え直し

てみたい，と思っております。まず本日のお話ですが，話は三つの内容で構成されております。まず，第一は，「2世紀のトレンド」ということであります。邪馬台国時代のお話は，おおむね女王卑弥呼が活躍する3世紀の前半段階が中心だと思います。が，弥生時代から古墳時代に移行する時代を考えるに当たって，むしろ3世紀は基本的な動きがおおむね決まってしまっている時代だと思ってます。その決まってしまっている邪馬台国時代をどうひもといていくかが問題です。それには，3世紀ではなくむしろ2世紀を真剣に考えなければなりません。私は，3世紀よりも2世紀が重要であろうと思っております。かつて弥生時代を佐原真先生が整理されて以降，何となく戦争のイメージが付きまとっております。縄文時代とはうって変わって，一旦お米作りを基本とする弥生文化が入ってくると，領域とか階層という概念が表面化し，何となく集落間・地域間がギクシャクしていく，というシナリオがある。それも最近はもっと極端で，戦国時代と見間違うような城攻めとか，ムラ攻めのような戦いのイメージが，いろんな教科書で見るようになっております。昨日の西川さんも指摘されておりましたが，私もあれはちょっと極端すぎるのではないかと思います。確かにそういう部分もあるのは否定しませんが，もう少し違う観点で，新たに2世紀という時代をとらえ直してもいいのではないかと思います。

具体的に見ていきましょう。これは，愛知県の朝日遺跡の乱杭・逆茂木と呼ばれるもので，発掘調査状況の写真です（図1）。杭が打たれていて，いかにもムラ攻め・戦闘イメージを強調する場面として、今でも市販の教科書から写真を貸してくれというご要望が一番多いシーンです。そうなんですね、この写真が最も人気があります。ですが、本当に朝日遺跡に何処かの部族社会が攻めて来たのか。その目的の防御策として、こうした仕組みを作ったのか。かなり怪しくなります。もう一度、現場から検証し直してみる必要があると思っております。例えば従来までは、時に環濠集落そのものが他の部族社会が戦争を仕掛けてくるための防御施設というイメージで語られる場合があった。本当にそうなのか。一つ一つ地域の中でその遺跡をもう一度見直して、正当な評価をする時期にきているのではないかと考えております。

私が考える朝日遺跡の乱杭については、気象変動に伴う大洪水対策用の専用施設だと考えております。そして気象変動が起因する流行り病などの思わぬ事態が勃発し、その状況下で環濠集落は危機に直面していた、というようなシナリオを想定しております。何故ならば、確かに乱杭施

図１　朝日遺跡の乱杭
（公益財団法人愛知県教育・スポーツ振興財団愛知県埋蔵文化財センター提供）

設そのものは、環濠集落の外側に位置する大きな谷状の凹みに設置されています。また逆茂木という、木のバリケード施設もある。それは確かに戦争という緊張状態を想定した施設であると、一見考えられないこともない。しかしよくよく現場を見てみると、これらの諸施設は全て短期間の一過性の施設である点。加えて特定の場所だけの施設である。しかもその所属時期が明らかに弥生後期、今回の邪馬台国時代に所属する施設ではありえない。実は弥生時代中期末に作られてことがわかっており、ほんの短い時期にだけ、特定の場所に作られたというのが事実です。まずは邪馬台国時代とは無縁な施設です。つまり弥生後期の戦闘とは時代が根本的に異なる。そしてさらにこれらの施設は多くは大量の「洪水性の砂」によって埋め尽くされているという事実があります。結論から言いますと、私は洪水対策用の諸施設ではないかと考えるようになっておりまます。

次に北九州での甕棺墓、特に首の無い人骨について考えてみたいと思います。これは象徴的な絵でありますが、まさにムラ攻め、戦争を思わせる（図2）。ここに葬られた人物はどういう人なのだろうか。他の部族社会が戦争を仕掛ける。英雄的な死、部族社会を守った英雄、或いは矢を打ち込まれた状況で埋葬されているので、部族の英雄の墓というような評価も一部にはあります。しかし本当にそうなのか、これまたよくよく現場を観察していく必要があります。近年では別の視点から評価が出て参りました。その一つに気象変動に伴う大洪水や特異な病の流行などに起因とするものではないか。こうした現状によって死亡した者達を「異常な死」と評価し、当時の人達は受け止め、そこに特別な埋葬方法を行った。「異常な死」に伴う特異な行為が結果として、首なし人骨や矢を射られたヒトが埋葬された。あるいは鳥取県の青谷上寺地遺跡の殺傷人骨等は，むしろ特別な埋葬を継続的に行った痕跡の可能性があるのではないか、という視点です。

沢山の人骨が出て来て、そこに異常なキズがある、これはムラ攻め、戦争による犠牲者、また倭国大乱というようなイメージが付きまとう。しかしそうではなくて、流行り病、例えば結核などの痕跡が見られる。このような視点、見方も含めて再検討する必要があるのではないかと思います。確かに考古学的な手法では、なかなかこのような痕跡を見いだすことは難しいのですが、可能性を否定する必要はないと考えてます。流行病であるとか、風土病等と

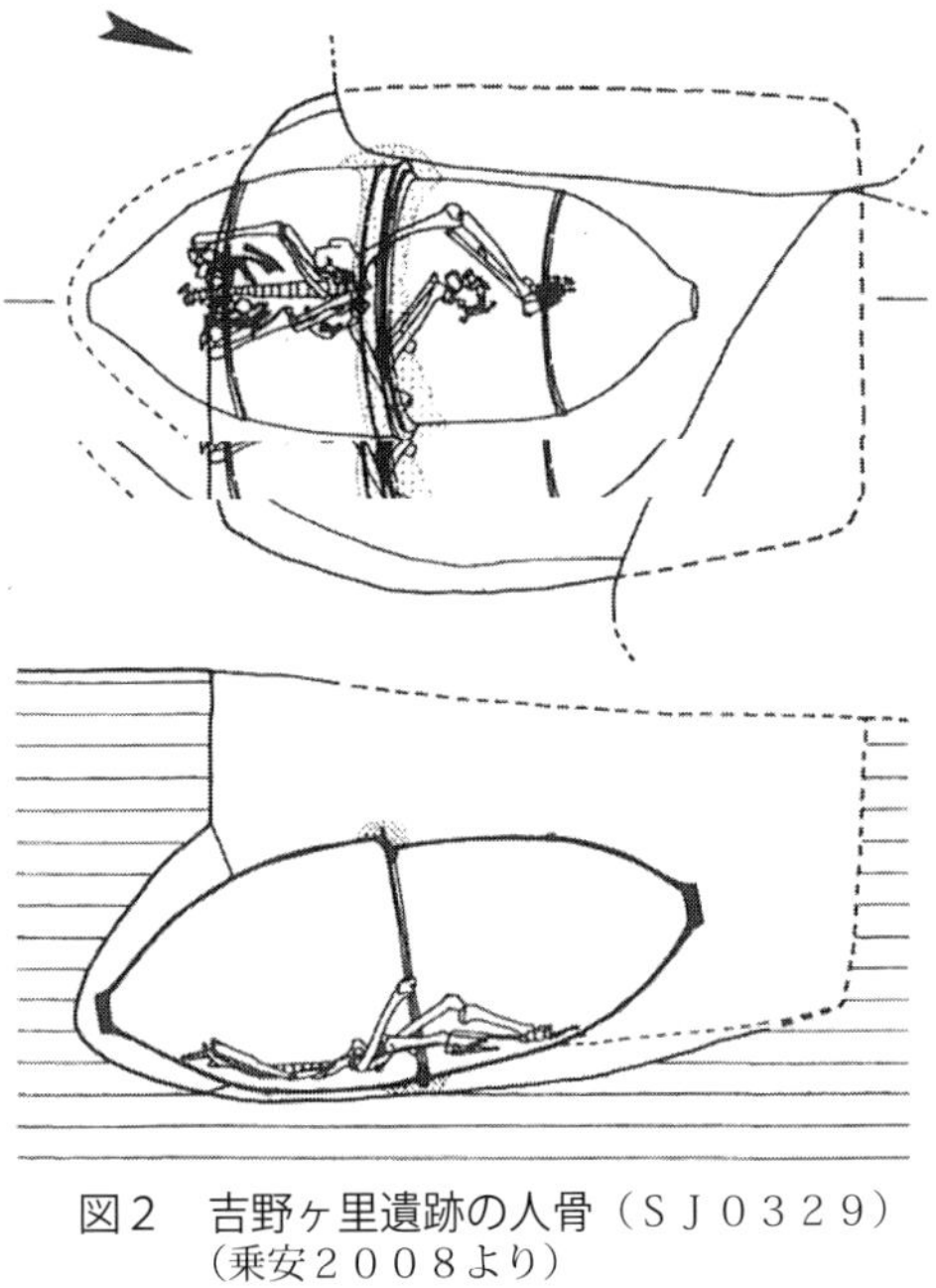

図２　吉野ヶ里遺跡の人骨（ＳＪ０３２９）
（乗安２００８より）

いうものが蔓延する環境。そうした事態に陥った時に、村は壊滅的な事態になる事は想像に難くありません。次々に不思議な現象でヒトが倒れて行く。あっと言う間に集落が崩壊する。なす術もなく人びとは逃げ惑う。異常な死という視点も重要であると思われます。したがって、短絡的にムラ攻め、戦争状態だけを考えるよりも、ある種，多様な考え方を前提として、もう一度遺構・遺物などを検証しながら、様々な角度から考えなおしていったらよいのではないかと考えております。

三　廻間編年、気象変動と英雄の登場

さて、次に私が考えております編年でございまして、図の左側に、上から山中式、廻間《はさま》Ⅰ式・Ⅱ式という、濃尾平野低地部での土器編年がまとめてあります（図3）。その左端に100年、200年と書いてあるのが私なりの暦年代であります。異常に古すぎるというご批判もありますので、適宜読み直してみていただければと思います。ここでは2世紀というのは、編年的に山中式期の終りから廻間Ⅰ式期の間という時代であるということになります。

ではその2世紀の最初の段階に何が起きているのかと言いますと、まずは皆さんがよくご存知の「銅鐸」、その祭スタイルが終わってゆく。愛知県の巨大遺跡である朝日遺跡でも銅鐸を作っ

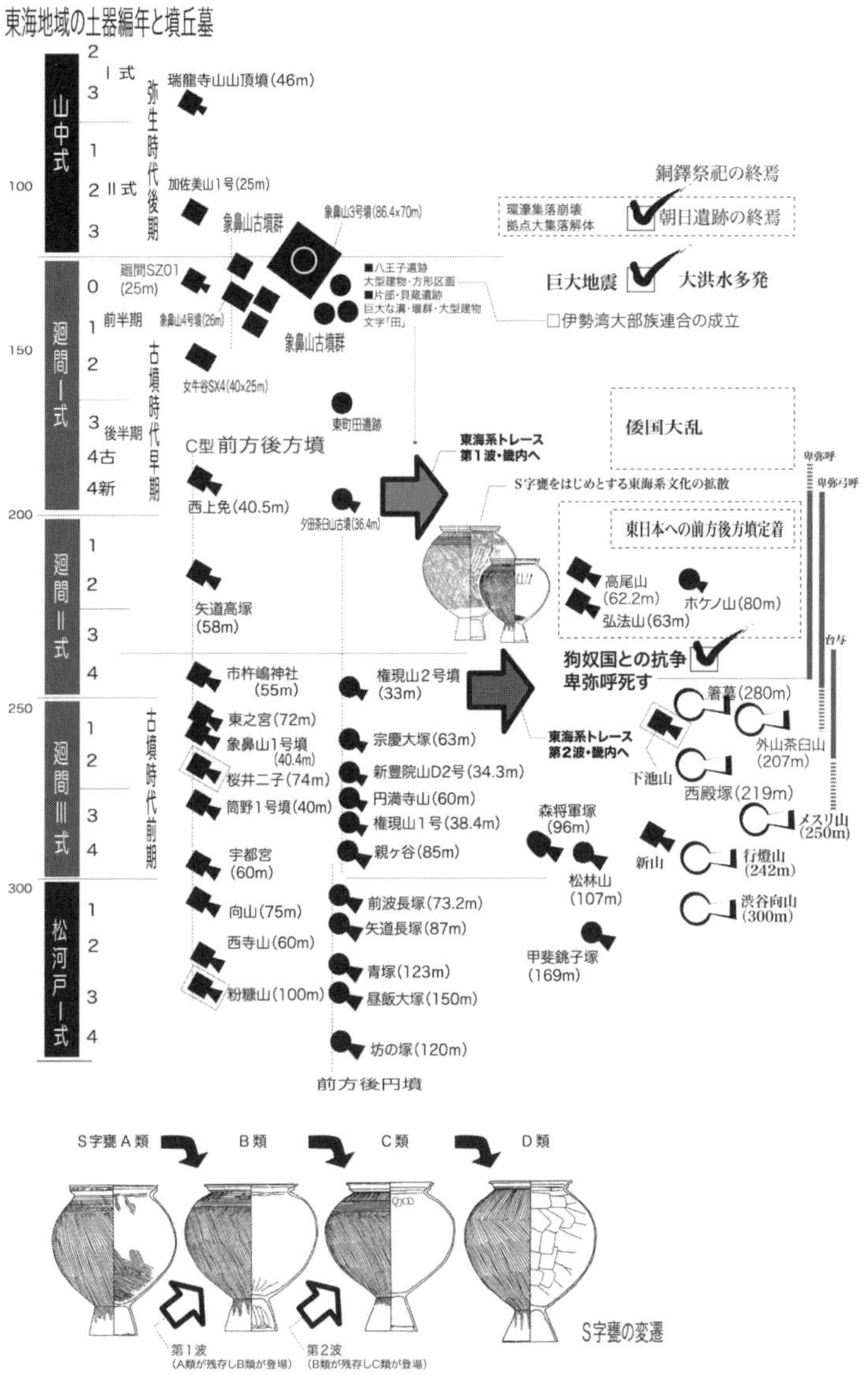

図3　東海地域の土器編年

ていた可能性が指摘されておりますが、そういう弥生時代以来の祭風景、そしてそこに登場する神々が意味をなくしていく。加えて特徴的な事実として、巨大集落、環濠集落そのものが消滅していく、といった現象が西暦100年前後に起こっているようです。これは朝日遺跡だけではなくてほぼ、日本列島広範囲に起きている現象だと思っております。ではこの現象は一体何なのか、どうして弥生時代の風景が一気に音を立てて崩れて行くのか。そして弥生時代以来の銅鐸のお祭りが、そこに登場したであろう神々が消されていくのか。それをきちんと説明しなければいけないと思います。

そこで、いま一度あらためて考古学的な調査成果などを再検討していくと、この時期を中心に巨大地震や洪水・大災害が多発していることがわかってまいりました。そうです、2世紀前半段階にあちこちで起きているのではないかという証拠が幾つか見え始めております。私はこれを、2世紀前半の気象変動に起因する現象ではないかと考えております。確かに後で述べますような養老町象鼻山古墳群での巨大地震は、断層起因ですので一概に気象変動と密接な関係とは言えないと思いますが、世の風潮に暗い影を落とす極めて重要な要因である点は変わらないと考えます。いずれにしても少なくとも大規模な地震・災害の痕跡が、濃尾平野では確認されております。

ところでこうした降雨量や気象変動について研究を進めていられる中塚武さんによりますと、木の年輪中にあるセルロースの酸素同位体比を計ることにより、毎年どれくらいの雨量があったのかが判るということだそうです。そしてその変動パターンがほぼ出来上がりつつあるとお聞きしております。またこれを基にして年輪年代法と同様な、酸素同位体比変動パターンに資料を照合する事により、遺跡から出土したさまざまな木材資料から伐採年代が推定できる、判るという画期的な研究が進められております。期待したいものです。

さて、弥生時代の終りから古墳時代にかけては徐々に寒冷化していくというのが大方の見解で、古墳寒冷期という言葉もあります。すると古墳時代、邪馬台国時代を含めまして少し寒くなってきている、しかも2世紀はさきほどの中塚さんのご研究では長周期変動と言われる時期に突入している可能性が指摘されてきました。長周期変動は一番恐ろしい時代に入ったということになり、よく文明の趨勢そのものに関与する現象として評価されてきた。その現象が、まさにこの列島では弥生時代から古墳時代に変わっていくその狭間にあたる時期に存在した。あるいはこうした気象変動が，弥生時代の終焉と次の古墳時代の幕開けの一つの要因であるのではないかとも考えられます。公表されている資料の中でも，紀元前1世紀から紀元3世紀の中で一番大きく落ち込む時期、それがどうやら120年付近にありそうだ。まさに廻間様式誕生の時期、弥生時代終焉の時期に相当することになります。はたしてどうでしょうか。

神々に祈れば豊かな実りがやってくる仕来りや、川に魚がやってくる時期を見極める慣習など、すべてがことごとく無意味化する。今までの神々やその祭のカタチがリセットされ、祭りをすれば山の恵みや川の恵みがやってくるサイクルが全く見えなくなる。今まで祈っていた神々が我々の言うことを聞いてくれなくなった。流行り病が次々に集落を襲う。作物を荒らす奇妙な虫たちが一気に増え、これまでに経験したことがないような怪奇現象がムラを襲う。そうなりますと人々は今までのシステムでは駄目である、部族社会を守るにはどうしたらよいのだろうかと議論になる。大混乱の時代がやってくる。そしてやがて、ムラや地域の再生を目指し、その中から新しいプロジェクトやそのリーダーたちが登場する。こうした風景が邪馬台国時代直前に起こっていたのではないかと思っております。

弥生時代以来の拠点的な環濠集落や銅鐸の祭が終焉していく意味は、そこに住まうはずの神々が、祈りを聞かなくなり意味をなくしたこと。このような現象が隠されているのではないかと考えております。気象変動によって地域の環境がおかしくなる。これをどういうふうに立て直し、地域を守って行くか、まさに新しい地域社会を作りだすミッションが生まれて、そのミッションを施行する力強いリーダーが必要とされ、選ばれてゆく。２世紀とは、まさにそうした英雄たちが生まれ、その地域を新たに活性化しようとした画期的な時代であると評価したい。それが同時に国々の誕生やそれをたばねる個人的カリスマ王、そしてあるいは女王、邪馬台国時代に繋がっていくのではないかと考えております。言って見れば地域再生プロジェクトがはじまる。気象変動や災害が多発し、弥生社会を変え、それを乗り越えるために英雄が登場し活躍する。２世紀、

３世紀の墳丘墓に埋葬された人物は、こうした時代を生抜き活躍したリーダーたちではないかと、私は思っております。

四　東海系トレース第１幕

次に、第二話の東海系のトレースのお話に入りたいと思います。さて実は東海系のトレースには一つの波ありまして、第二の波、つまり第２幕については、狗奴国問題と直接連動する話でありまして、本日は言及できないかもしれません。特に最初の第一波をお話ししたいと思います。キーワードは「部族社会」であります。

まず最初に、東海地域の話を致します。ご存じのように東海地域は広い平野部が拓けておりまして、北に向かって左手には山脈である養老山系がございます。その山並みに向かって揖斐川、長良川、木曽川が流れおちます。これを我々は「木曽三川」と呼んでおりまして、そこに流れおちる川と扇状地と三角州によって形成される広大な平野部を抱えているわけです。伊勢湾に流れ込み、東海地域の中心部を形成しております。現在の名古屋市は、図では茶色い部分が名古屋台地となっておりますが、それがまさに名古屋市の中心部分であり、台地の上に立地しております。その北側には庄内川が流れております。現在はかなり低地部が埋め立てられており、おそらく弥生時代の海岸部は台地の近くまで深く入り込んでいたと思われます。

海が奥深くまで入り込んできている状況ですね。そこには、当然のように洪水と塩害という宿命的な状況が生まれ、それを乗り越える様々な技術がこの空域で生みだされていたと考えられます。清須市にあります朝日遺跡を中心とした図面を見ていただけると（図４）、図下の台地の北端に、ちょうど名古屋城がある場所です。そこからすぐ海岸になりまして、まさに海岸沿いに朝日遺跡があるということがわかっていただけると思います。川は西から流れてくる。そして低地部で海と出会い伊勢湾に注ぐ状況でございます。ここで集落を維持するためにはそれなりの技術が生み出され受け継がれてきたということは想像に難くないでしょう。しかも2世

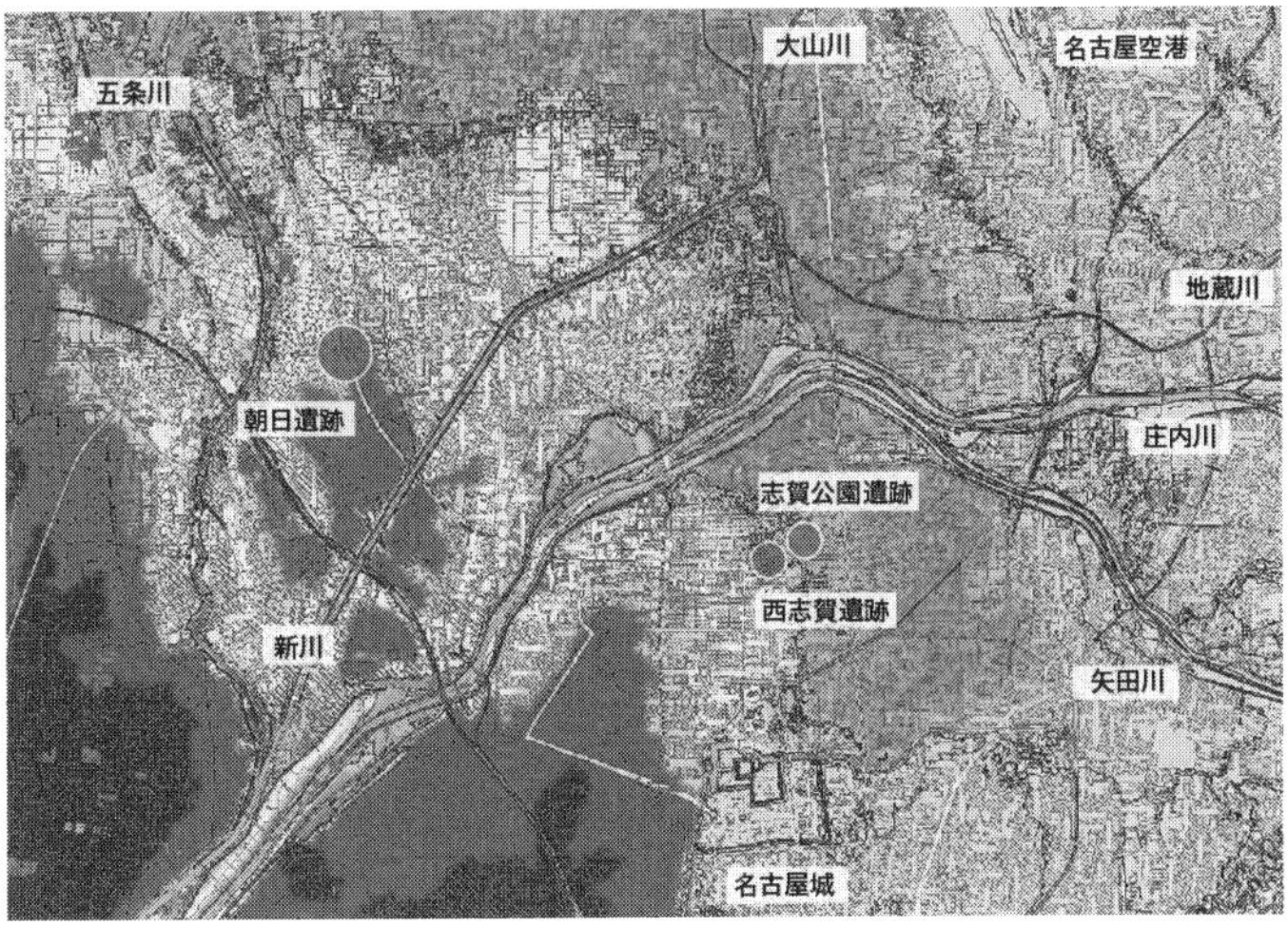

図４　「朝日遺跡」位置図

紀になると洪水が多発し、集落維持のために様々な技術革新が行われたに違いないと思われます。ついでに一宮市の八王子遺跡を見ていただきたい。集落そのものを動かしたであろう、洪水の痕跡が色濃く残っています。

さて、そのような状況の中で、2世紀の初めになると濃尾平野では画期的な出来事が起きてきます。それは、伊勢湾全体をまとめるような部族社会を纏める仕組みが出来てくることであります。具体的に見ていくと、まずS字甕と呼んでいるとても軽い台付甕が登場します。そしてそこに一つの物語が埋め込まれて，伊勢湾岸部の部族社会に一気に受け入れられ始めます。その物語とはS字甕の誕生にまつわるものだと考えておりますが、現象として特殊な「砂粒」を混和剤として使用しなければならない鉄の掟が存在します。また小型精製土器、お祭の土器が誕生して、祭の仕方が変わっていく。さらに「人面文」という、入れ墨をモチーフとする文様が、一つの部族社会の象徴として取り入れられてゆく。加えて各地域の部族長のお墓が、出入り口が中央にある四角いお墓を中心として広まっていく。後の前方後方墳に発展する形そのものです。そして重要な点は、その仕組みを共有する儀式の場である特殊な場・劇場空間が新たに誕生することです。

具体的には、一宮市八王子遺跡の長方形区画、或いは養老町象鼻山古墳群の方形壇、さらに松阪市片部貝蔵遺跡の特殊な建物と溝・堰群などと考えてます。いずれにしろ今まで見たことのなかったような大規模な、かつ一過性の祭場が誕生した。私は特殊な劇場空間だと考えております。

ではこれらの特殊な施設はどういう目的なのかといいますと、そこで濃尾平野を含め広く伊勢湾沿岸部全体を一つの大きな部族社会に纏めるための様々な仕掛け、すなわち式典や行事が執り行われたと考えています。またそれはある出来事性に起因し、部族社会が一つにまとまる機運を造り上げていた。それは前述したような気象変動・長周期変動期に陥った直後の物語として読み取れるのではないかと考えます。それまでの習慣や仕来りがほとんど機能しなくなるような事態が勃発する。そこにあらたなミッションを掲げ地域社会の再生を誓う物語が生み出された。しかし、お話はここで終らない。

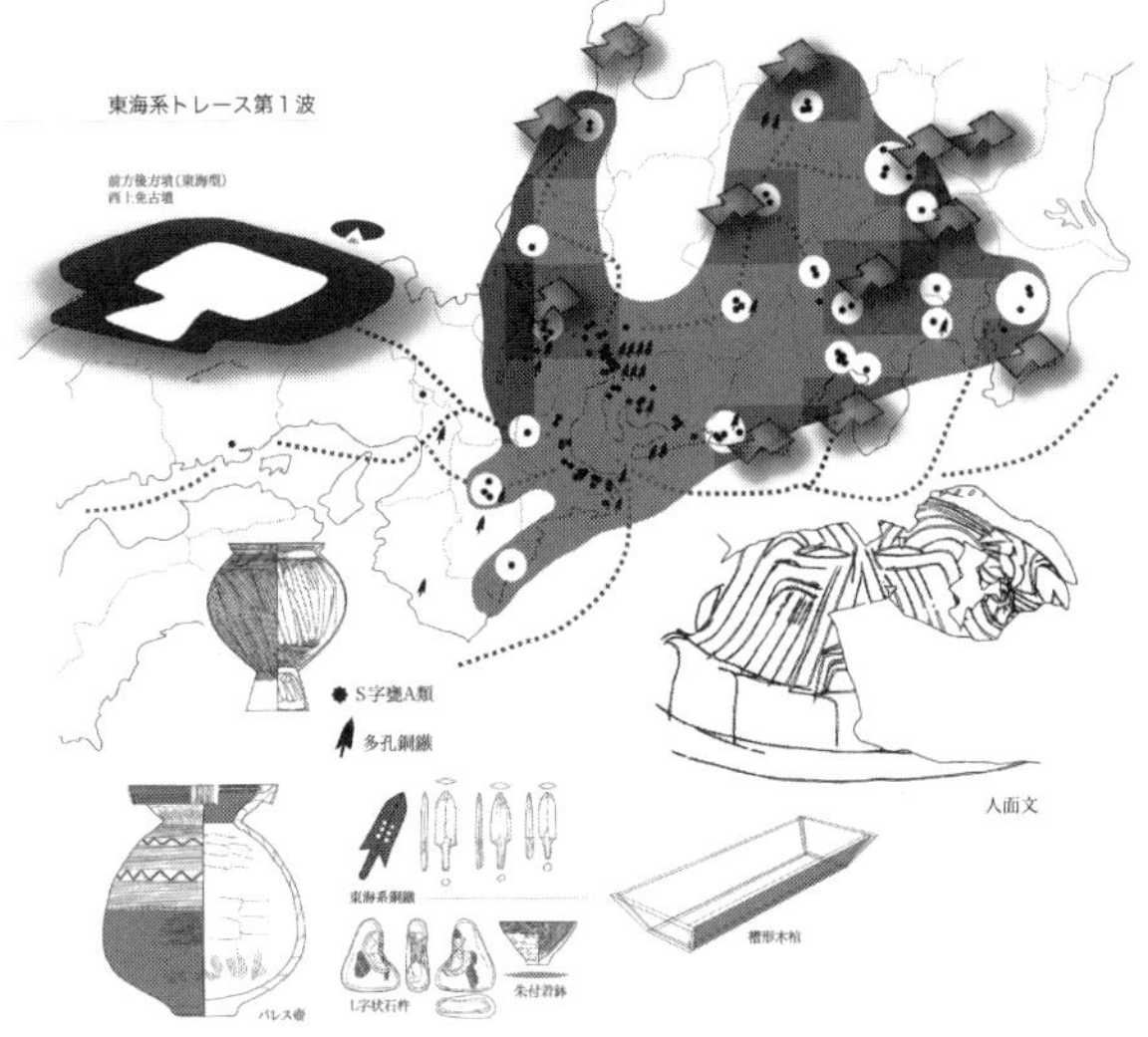

図５　東海系のトレース第１波

さてその後、２世紀の終りぐらいになりますと、東海系の文化が、東海地域から東に向かって動いていく現象が見られます。例えばS字甕の出土地をプロットしたものを見ていただきますと（図5）、北陸、中部高地、昨日のお話の関東低地部、関東北部へ大きくS字甕の分布が広がっていくことがわかります。もちろんS字甕だけが動くわけではありません、人や物が東海地域から東の国々にもたらされていく。言って見れば東海系文化そのものが広く受けいれられていくという見方が正しいと思います。さらに重要なのは、きわめて広範囲に、一気に広がるという点です。

　すると面白い現象が各地で認められるようになる。例えば埼玉県吉見町の三ノ耕地遺跡、長野県松本市の弘法山古墳、千葉県木更津市の高部古墳群、さらには最近発見されました静岡県の沼津市高尾山古墳などなどに象徴される。今までその地に無かったような大型墳丘墓が登場していきます。特に前方後方墳です。すなわち東海系文化といっしょに東海の墓制が伝えられていった。これが東海系トレース、第一波と呼んでいる現象です。なおその直前の時期には、一宮市西上免古墳のような40《メートル》クラスの前方後方墳が、濃尾平野の一般的な集落遺跡でも誕生している点も留意していただきたい。つまり東海系文化が動くということは、そうした四角いお墓・前方後方墳とか、東海系銅鏃、東海系の木製道具。或いは「人面文」という風習、そして東海系土器の数々が総体としてセットとなって受け入れられてゆくのです。総じて東海の文化が受け入れられてゆくことだと思います。これが東海系文化の最大の特色でございまして、他の地域の拡散現象と比べて著しく異なる点だと思っております。

では、次にそれはどういうことなのかを考えてみたいと思います。一言で言いますと、なぜ東海系文化が受け入れられたのか、が問題です。まず一つには、新しい環境への対応策として東海系文化を受け入れていくのではないかと考えております。これは、２世紀の初めの環境変動、今まで弥生時代から続いた伝統的な地域社会の仕来りや習わしでは立ち行かなくなった。では、地域社会はそのまま滅びて行くのかといった時に、一つは、新しい場所、新たなフロンティアを求めて先祖代々の場所を離れて旅立って行くという選択肢もあります。がもう一つは、先祖以来祀られている神々とともにこの地域を、もう一度再生し、厳しい時代を乗り越えるために頑張ろうという前向き志向もあるだろう。その時にこの変動を乗り越えるためには、新たな技術革新が必要になります。大雨や大洪水が多発し、寒冷化によって大きな干潟が出来、広大な敷地が目の前に広がって来る。そこに乗り出して行きたいのだが、開拓する術がないし、洪水が多発する。その目的のためには、そこに新たな技術を呼び込み、新しい環境を作り、新しい集落景観を作っていくような動きが必要となってくる。そしてそれを動かす智恵が必要となる。克服する技術、或いは智恵を、或いは指導力を東海文化の中に求めていったのではないかと考えております。

次にその興味深い事例を一つだけ見てみます。場面は駿河の愛鷹山山麓です。駿河湾と伊豆半島の国々。伊豆は元来は駿河国で、そこには豊かな自然の恵みがあり、愛鷹山の南山麓には独特な浮島沼という環境がある。愛鷹山の北には富士山がそびえ立つ。今の沼津市周辺は黄瀬川、狩野川の流域でございまして、そこには弥生時代以来の大きな集落遺跡が存在した。例えば御幸町遺跡など、その他最近では恵ヶ後遺跡と呼ばれている建物群などが発見されている興味深い遺跡がございます。さらに重要な遺跡群が近年見つかってきてます。ビックリするのは愛鷹山山麓、標高100メートルの非常に高い所に遺跡が密集してくるという異様な現象があります。足立尾ノ上遺跡群と呼ばれております。どうしてそんな高所に、ある時期に遺跡が集中していくかのか不思議です。そしてこういった空域に突如、あの前方後方墳である高尾山古墳が出現する。いままで沼津市域には無かったような大型前方後方墳が作られます。

私は、高尾山古墳は3世紀前半期の古墳だと見ておりまして、そこから東海系土器なども出土しております。狩野川、黄瀬川流域には弥生社会を支えた海の民がいる。一方で愛鷹山麓の高所には山の民が集まってくる。その両者が、ある時この空域に何らかの理由により集まってきた、と考えます。それはおおよそ2世紀のお話です。さらに高尾山古墳が造営された直下の地層には新規コリアと呼ばれる、富士山火山の堆積層が見つかっている。どうやら高尾山古墳造営直前の時代に富士山が噴火・爆発したようです。なにか、そういった大きな環境変動、災害、地域社会の大きな変化が勃発していたのではないか。そこに苦悩する様々な民が結集し、新しい技術を取り入れながら、叡智を集めこの地を再び活力ある場面に切り替えようと試みた。そうした物語を描いております。まさに今、スルガという場面を作り上げた。駿河国駿河郡駿河郷が沼津の地域でございます。その嚆矢が高尾山古墳の造営ではなかったかと思います。そしてその物語に東海系文化が関わった。2世紀後半から3世紀前半段階に活躍した人物だと思っていますが、地域社会の新しいプロジェクトに東海系文化を利用し、大きなプロジェクトを立ち上げた。その証こそが高尾山古墳として現在まで奉られている場面なのではないかと思っております。このように東海系トレース第一波は、東海系文化が東方の地に入り込み、それぞれの地域社会を再活性化するための技術を地域の人達と一緒に立ちあげて行った現象ではないかと思っております。それは西暦200年前後でよいのではないかと考えております。

五　円形のお墓と方形のお墓

さてそれでは今回のお話の最後になります第三話に移ります。円形墓の話です。邪馬台国時代から古墳時代前期にかけては東海地域は前方後方墳が一般的であり、円形とは無縁の世界であるというイメージがあります。しかし実は近年、濃尾平野でも円形墓がいくつか見つかってきております。例えばその代表的な遺跡をあげますと、まず岐阜県大垣市に所在している、東町田《ひがしちょうだ》遺跡があります。昼飯大塚《ひるいおおつか》古墳という美濃最大の前方後円墳の近くに位置する遺跡でございます。現在も盛り土が確認できるほどの墳丘が残存しています。当初は四角い墳丘墓が存在すると思っておりましたが、最近の発掘調査で判ったことは、方形の墳墓ではなく、実は円形墓であって、その周りに方形の墳墓が群集するという面白い状況がわかってきました。また区画溝も認められ、集落と墓域などの関係が今後明らかになってくると大変興味深いと思います。なお墳丘墓から土器が見つかっており，おおむね廻間I式期の中に収まるものが主体を占めるようです。

ここで注目したいのは、この場面では円形墳丘墓が主で、その周りに方形墳丘墓が取り憑くような配置が見られる（図6）。この状況はどこかで見た風景です。そうです東日本

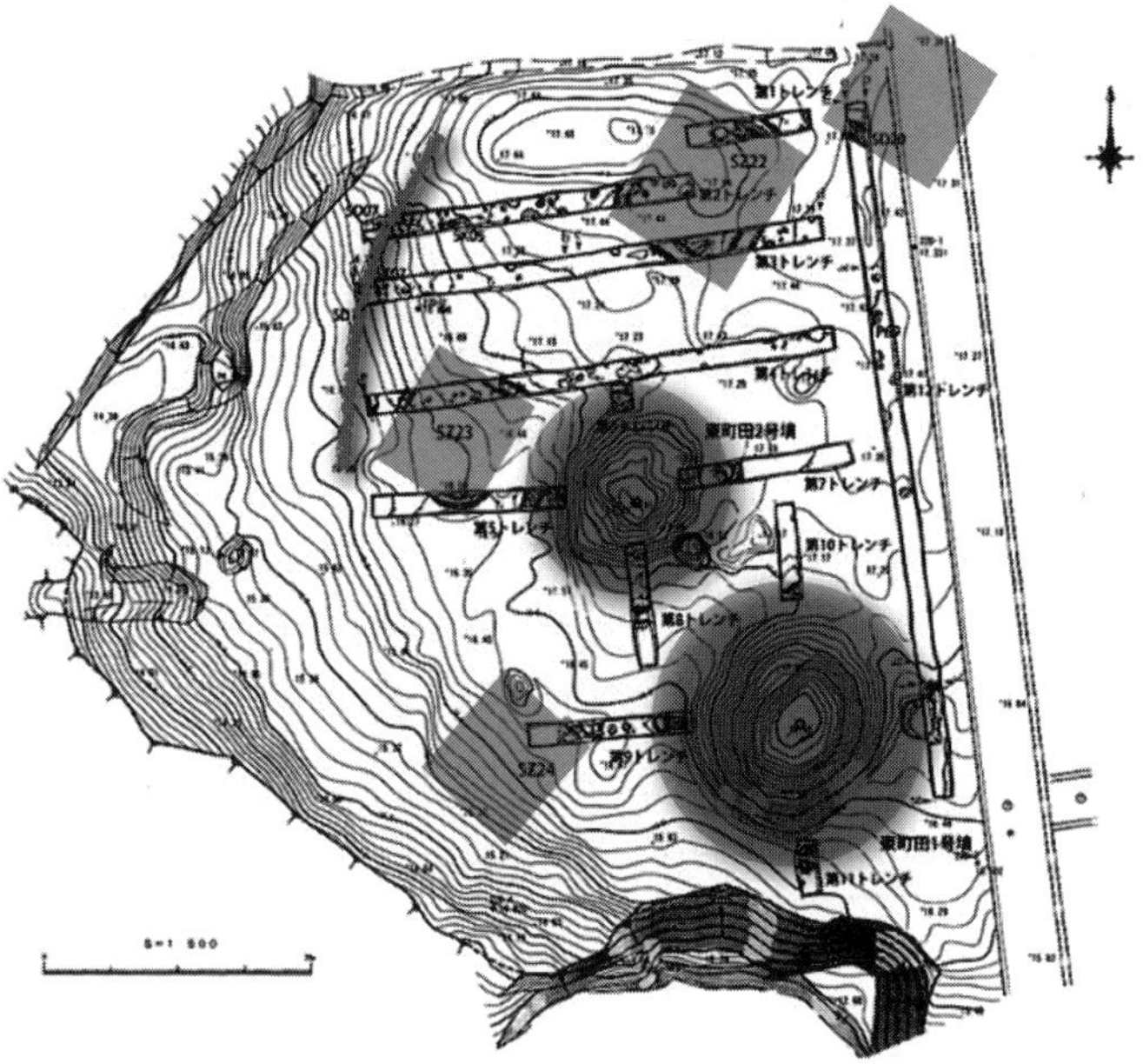

図6　岐阜県大垣市東町田遺跡

の各地でよく見かける墳丘墓配置です。関東地域から東北南部に多々見られる配置です。このことを少し覚えていただいた上で、話を進めます。まず東町田遺跡の墳丘墓、あるいは突出部が取り付く可能性も残っているのですが、現状では20メートルクラスの比較的大きな墳丘墓です。今も盛土が明瞭に残っております。これが2世紀の前半段階の墳丘墓であると考えられます。おそらく円形と方形が混在し、円形主体の墓域が設定された古い事例であると評価できるのではないかと考えてます。さらに興味深い資料として、墳丘墓から物語が描かれた壺が見つかっています。当地域に見られます「人面文」のパーツを含む面白い絵が描かれておりまして、口縁部の内側にもヒトが描かれております。実は以前にもこの東町田遺跡では、前方後方型の墳丘墓が調査されておりまして、パレススタイル土器や石臼なども見つかっています。これらは3世紀前半期を中心としている。

　さて同じような時期として注目したいのが、養老町の象鼻山古墳群であります。これも方形と円形の墳墓が混在しているということが判ってきております。１４０メートルの山頂の尾根線上には方形墓が並びますが、その周囲にはいくつかの円形の墳丘墓も混在するようです。ここには2世紀前半期に起ったであろう巨大地震の地割れ痕跡も見つかっております。この象鼻山古墳群は、実は60メートル規模の巨大な方形壇を先ず最初に築き、その周りに20メートルを越す方形の墳丘墓を次々に造営しているという極めて特異な遺跡である。その中に2世紀の円形墓が混在する。先ほどの東町田遺跡では円形墳丘墓が主体で、その周りに方形の墳丘墓が配置されておりました。一方こちらは、方形の墳丘墓が主体で、その周りに円形の墳丘墓が点在するようである。これも二世紀前半段階に所属する墓域です。

さて、実はその後、岐阜県富加町で近年新しい成果が発表されました。夕田茶臼山古墳の存在です。丘陵の先端部に築かれた古墳で、今回の調査成果に基づきますと、実は前方後円形であるということが判りました。そしてその全面には区画溝がある。墳丘規模はおおむね約40メートルほどと想定されています。墓坑内から見つかりました土器が面白くて、手のひらより少し大きな壺でございます。短頸壺で、頸部に穴があいております。周りは赤く塗られた精製の壺でよいかと思います。おそらく蓋とセットになり、蓋は土器の場合と木製の場合がございますが、ここでは木製だったと思います。この土器の特徴からみますと、やはり廻間・式期までは下がらない。どうやら2世紀の後半段階まで遡れるものではないかと考えてます。すると前方後円形としては東海地域最古の墳丘墓ということになります。

ところで円形の墳丘墓につきましては、先行研究にて備讃瀬戸、播磨、近畿、大阪付近に弥生時代の円形周溝墓が点在することがわかってきてます。そして円形の墳丘墓が列島各地へどうも拡散する時期があるようです。おそらく山中式の末段階、弥生時代最終段階で、何らかの現象で円形墓が広がっていくのではないかと思います。その一つに長野県木島平村の根塚遺跡がある。

また今回ご紹介できました岐阜県養老町の象鼻山古墳群や、岐阜県大垣市の東町田遺跡を加えることができる。円を原理とする墳丘墓が散在的に造られていく。特に根塚遺跡については東日本最古の前方後円形の墳丘墓で、しかも特徴的な貼石を持つ。貼石を使うという視点からは、その拡散の震源地をまずは大阪湾沿岸部というより、播磨北部域から北近畿を含めて考えていく必要があるのではないかと思います。大阪湾沿岸部というよりも、別な第三局からの円形周溝墓の拡散を考えたい。そして注目しておきたいのは、この時期こそが、前述しました長周期変動期と重なる可能性が高いと思っております。

六　まとめにかえて

そろそろ時間の関係でまとめに入ります。私の製作した編年案を横目で見ながらさまざまな現象を整理しておきたい。まず2世紀の前半段階に洪水が多発する気象変動が起こった。そうして地域再生プロジェクトが各地に起こって来る。弥生時代から続いた様々な仕組みがうまく機能しなくなる。例えば雨が降ればあの神様に祈れば来年は豊かな恵みが来るといった従来の風習、そういうことが全く上手くいかなくなるような時代に突入した。長周期変動期に入り、未曾有の洪水や酷い旱魃が起きてくる。各地の地域社会はこうした現象にどのように対処したらよいか、悩んでいた。このような現象が日本列島各地で起きていたのではないか。しかも、次第に寒冷化し、海が退がって、広大な干潟が出来、そこに大きな草原、湿原が生まれてくる。洪水という恐怖と裏腹に。そしてそこに新たな新天地を夢み、乗り出して活躍する英雄たちが出てくる。ただし、そのためには新しい技術・技術革新が必要となる。

こうした激動の時代を経て邪馬台国時代に突入するわけであります。卑弥呼が共立されていく。女王国の誕生。その前後に東海の文化がその前半段階にある日突然、東に向かって動き始める。これが東海系トレースの第一波でありまして、おおむね西暦200年前後と考えてます。では何故に東の国々では東海系文化を佳しとして受け入れたのか。かなりの数の人が伊勢湾沿岸部から移動したのは間違いないようです。しかしながら地域の人達と混ざりながら、受け入れられながら新しい文化をつくり上げていく点も、又事実であります。そこに今までになかったような大きな墳丘墓、古墳を造営する技術や文化を根付かせていった。東日本の地域社会は、東海系文化の中に、未曾有の変革を乗り切る手立てを見いだし、それを求めたのではないか。地域再生プロジェクトという目的を達成する過程で、地域社会が東海系文化を佳しとして受け入れていった可能性があるのではないかと考えております。

さて、話はやや飛躍しますが、その後の経緯を少しだけ。さらに列島を巻き込んだ動きがおこります。東海系トレース第一波が200年前後に起こった。すると一気に東日本各地に東海文化が拡散して行き、弥生時代を終焉させ新しい時代の扉を開けた。そこから約50年後に、次に手のひらを返したように西に向かって東海地域の土器が動いて行く現象が見られます。これが東海系トレース第二波であります。時期は250年前後と見ています。ちょうど邪馬台国と狗奴国が抗争する時期に相当するようです。目を疑うようにあれよっと日本列島には、初めての広域的な政治勢力と評価された倭王権が誕生する。はたしてそこに東海系文化がどのように関与していったのか。今一番興味をもっているところです。そしてその間の時代こそが二極化と呼んだ、つまり東と西の世界、前方後円墳と前方後方墳がまとまる東西という二極が生み出された。そこに対立軸が起こり狗奴国と邪馬台国の抗争が勃発するではないかと考えております。ここから狗奴国の話になるのですが、今日はここで終わりたいと思います。本日はご清聴ありがとうございました。

〈参考文献〉

赤塚次郎　２００９ａ『幻の王国　狗奴国を旅する』風媒社
赤塚次郎　２００９ｂ「朝日遺跡としての集落景観の変遷」『朝日遺跡Ⅷ』総集編　愛知県埋蔵文化財センター調査報告書　第１５４集
赤塚次郎　２０１２「高尾山古墳から見えてくる東海系文化」『高尾山古墳発掘調査報告書』沼津市文化財調査報告書　第１０４集
赤塚次郎　２０１３「ヤマトと狗奴国」『纏向出現』桜井市纏向学研究センター設立記念東京フォーラム
中島和哉編　２０１０『象鼻山古墳群発掘調査報告書』養老町埋蔵文化財調査報告書　第6集
中塚　武　２０１０「気候と社会の歴史を診る」『安定同位体というメガネ』地球研叢書
中塚　武　２０１２「気候変動と歴史学」『環境の日本史1』吉川弘文館
乗安和二三　２００８「弥生時代における頭部離断埋葬」『陶？』第21号
乗安和二三　２０１０「弥生時代のおける遺棄葬」『陶？』第23号
鈴木元・高田康成　２０１２『大垣市埋蔵文化財調査概要　平成二三年度』大垣市埋蔵文化財調査報告書　第49集

6　2・3世紀の近畿から見た関東

森岡　秀人

一　はじめに

日本考古学協会理事の森岡と申します。私は第1回目からこの二上山博物館の邪馬台国シンポジウムに出席しております。6～7回は登壇してお話しをしております。登壇しない時もありますので、その時は観客席から参加しておりまして、資料集には10回以上の出場となっておりますが、拝聴のみも合算しますと、13回全部出席しております。よほど関心が深いのか、よほど時間が有り余っているか、どちらかでございます。

最近、宮内庁との交渉で、陵墓の中に立入ることを6年間で6回行いまして、箸墓古墳、西殿塚古墳なども今年立ち入らせて頂きました。来年、さらに飛躍的に国民の皆さまが陵墓の中に入れる前段階として、少なくとも最大限の研究者が入り、それが１００人くらいになり、そして国民の皆さまが５００人ほど並んで、説明会のように陵墓の中に入っていけるというような日がやがてやってくることを目指しております。それが、30年先に、或いは50年先になるのか判りませんが、少なくとも、この運動が35年続きまして、箸墓古墳にも正式に１３０年ぶりに入ることができました。その成果は様々な機会に紹介したいと思います。

本日は、与えられたテーマが「2・3世紀の近畿から見た関東」というテーマであります。前々回は南九州、宮崎、鹿児島のあたりを舞台とするテーマを頂きまして調査に行ったことなどを話しました。関東にもよく行きますが、関東に地盤を置いて研究しているわけではありませんので、近畿から見た関東に、ヒントになりそうなものがあればという話をしたいと思います。今日の講演の内容を含めて、いま、吉川弘文館の歴史文化ライブラリーというシリーズものに、箸墓の築造前後と古墳出現期の社会を描写した、『箸墓前夜』という本を書いております。その中に本日話題とする内容も一部反映されると思います。

二　弥生列島コンプレックスと関東

さて、私と関東地方の出会いというのはかなり古くにさかのぼりまして、何度か神門古墳群の発掘中に現地に参りまして、2時間くらい神門の3・4・5号の出土土器を見せてもらいました。当時、関東に行きますと、叩きの土器が、金庫のような場所から出てきたり、非常に重要な資料として特別な棚の上から数点の欠片が出てくるという、叩きの土器が想像以上に大事にされていまして、関東では貴重品扱いであったことを思い出します。それから東京湾岸の新宿区の下戸塚遺跡などの現場で直接発掘中にガラス関係の物が出てきているところも見せていただきました。昨日の話にも出ました神奈川県小田原市の中里遺跡では、現場に行きますと、大きな掘立柱建物が出ている真最中に遺物をたくさん見せていただきました。その中に明石川水系の、私から見ますと神戸市の兵庫区辺りから西の方の加古川までは行かない範囲の地域で作られた土器、兵庫南部の第Ⅲ様式の土器が目につくように存在しておりました。それにもまして、明石川水系特有の砂岩製の石包丁がそこには存在しまして、第Ⅲ様式の段階ですでに太平洋回りですごい距離の人々の移動があったと思いました。当時、南関東の須和田式等に触れ合う凹線文普及以前の段階に人々がどうも大挙動いておりまして、びっくりしました。関東でも西寄りではそういう思い出がございます。

レジュメにも書きましたが、私は弥生文化全体を弥生時代の日本列島という枠組みで考える感覚は全く無くて、常に「考古文化」としてヨーロッパ的な感覚で、少なくとも地域ブロックを地域性と呼ばずに、考古文化がどのようにひしめき合っているのか、昨日の関東地方のご発表も、考古文化の塊というものがどの程度に広がり、どの程度大きいのか小さいのか、いくつぐらいあるのかというふうに考えながら聞いておりました。少しむつかしい言い方をしますと、列島は弥生コンプレックスの状況にあるということになる。私たち現代日本人が、国民国家的な意味で日本列島に住み着いていますので、どうしても弥生時代を一つの文化に見立てておりますが、当時暮らしていた弥生人はとても一つにはなり切れていない。従って、こういう弥生コンプレックスという複合状況を大事にしなければいけない。それを地域性があるということだけで済ませる

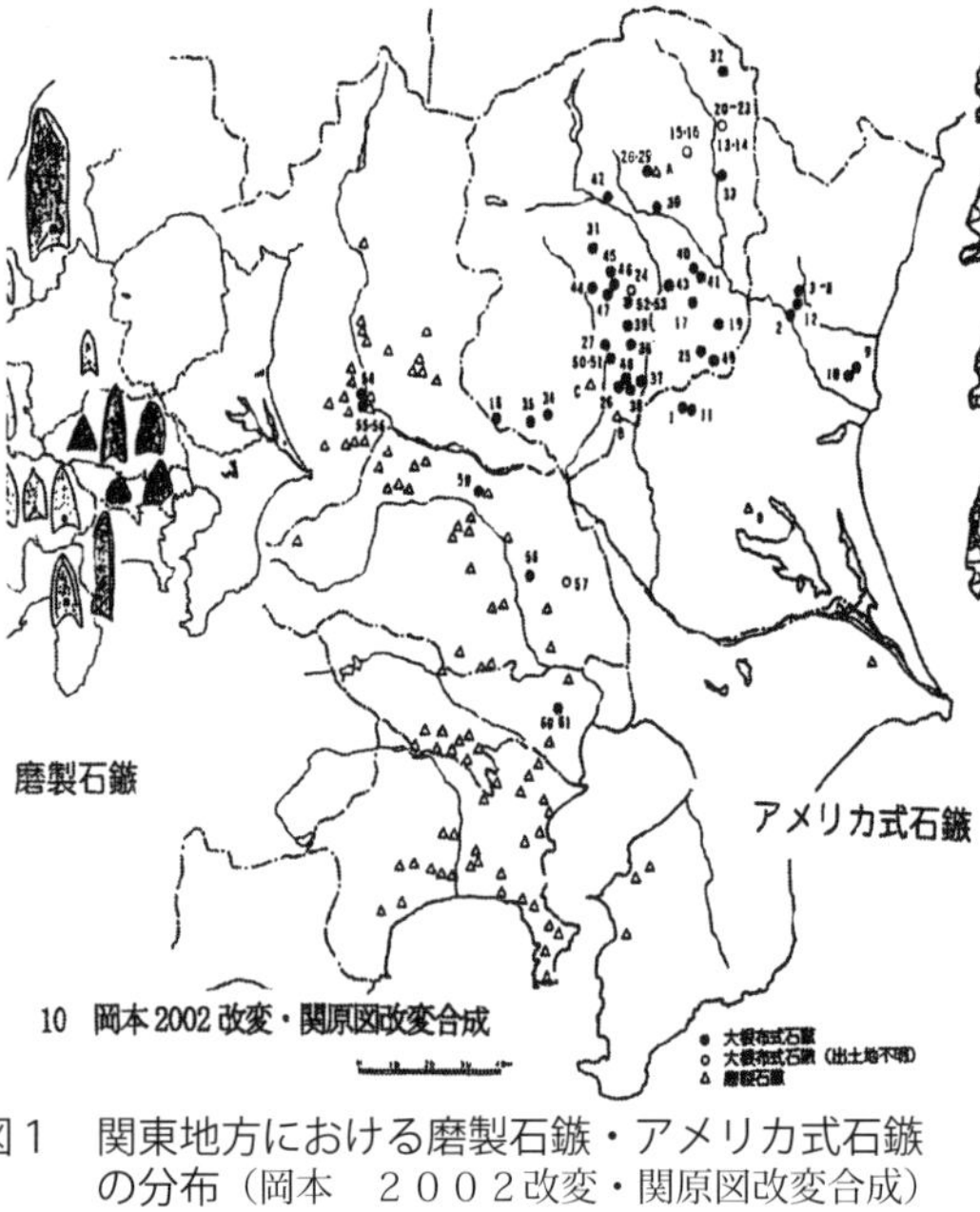

図１　関東地方における磨製石鏃・アメリカ式石鏃の分布（岡本　２００２改変・関原図改変合成）

と、また一つの括りとしての弥生文化に戻ってしまうと思います。

そういう点では、誠に恐縮ですけれども、とても弥生文化に入れたくないなと思う地域も関東地方にありまして、例えば（図1）、これは10年くらい前の慶応大学の岡本孝之さんが集められた図面に追加したり、削除したものでありますが、弥生後期の前段階にはアメリカ式石鏃が、利根川流域以北、茨城県或いは栃木県辺りに濃密に分布しておりますけれども、一歩そこを離れますと関西的な磨製石鏃、関西と言いましても中部の地域色のある有孔の磨製石鏃が広く分布しています。この図では△と●で表しておりますが、アメリカ式石鏃が●になっております。これは、関東の状況から言いますと，弥生後期の状況ではありませんが、明らかに考古文化としては接触がありながら、大きな違いが北関東ではなくて、茨城、栃木を含めた地域に対して、群馬、埼玉以西の違いが、やや西日本的な状況にあることを表したものであります。こういう顔つきの違いをうまくかつ丹念に重ねていきますと、弥生時代の後期、方形周溝墓が後期段階では利根川流域を基本的には越さないのでありますが、古墳時代前期になりますと，どんどん北の方に入って参ります。利根川はたびたび流域を変えておりますけれども、現状の利根川が境界のようでありま す。

三　古墳時代の始まりと銅鏡配付・土器祭祀の系譜

話は年代問題に移りますが、私は、庄内式段階を古墳時代として取り扱うように考えておりまして、２００６年に『古式土師器の年代学』という本で、西日本を中心に各地の土器の併行関係を纏めております。都出比呂志さんの布留式からが古墳時代という考えに対して、多くの方が庄内式併行段階を古墳早期、或いは古墳時代初頭に改めているということで、近年、私も認識が変わってきております。

その一つの理由は、画文帯神獣鏡、三角縁神獣鏡の分布論にも表れておりまして、特に画文帯神獣鏡は弥生の遺跡からはけっして出ません。庄内式併行期の墳墓或いは古墳からは出ます。ある程度、前半期の環状乳神獣鏡の段階というのは、私の考えでは山陰地方も瀬戸内海地方でも個別的な流入があって、恐らく大きな差配の下に配られたものは少ないだろうと思いますけれど、後半期段階からは三角縁神獣鏡の配り方とよく似た動きが始まるのではないかと、更に三角縁の前段を考えますと、青龍三年方格規矩四神鏡という西暦２３５年製の鏡がありますので、私はその段階に中国鏡としては、日本向けの中国の紀年を入れた鏡を配り始めている。特に２３５年は魏・蜀の抗争の中で、懸案であった西方戦線対策が終りまして、東方世界での魏の軍事行動が始まる年でありますので、倭向けに魏の青龍三年に作られた鏡が、日本列島に流入したと考えています。それが現在、京都府京丹後市太田南5号墳や大阪府高槻市の安満宮山古墳などで出ているものに該当します。全国で計3面あると思います。私は、大陸からの銅鏡授受の助走は画文帯から青龍三年鏡の流れ，そういうところから始めたらよいのではないかと思います。これは古墳時代に入っているということではなくて、送る側としてその鏡を差配する人物の登場というのは、少なくとも中国の235年を上限として古くはならないという考えを持っております。

四　墓坑のありようと古墳

それからもう一つは、生存中に墓坑を築く埋葬施設の萌芽。常識的に考えますと、地山そのものに墓坑を掘って造る古墳というのは極めて少なくて、基本的には盛土をこしらえて墓坑を造ります。高さを要求されるものでありますから、削られますと埋葬施設は殆ど出てこないのです。昔は墓坑が地山ベースから出てきますと弥生墳丘墓、盛土中に消えてしまうものは、高さのある前方後円墳、前方後方墳というような見方をしたことがあります。これはまたこれで、定義自体は生きているのではないかと考えます。つまり「高塚式」というのは、言葉ではなくて、墓坑が何処に作られているかということは、古墳を考えるときに重要でありますので、注目しなければなりません。

それから、古墳祭祀につながる小型器種類。これは完形品としては，布留式の中で把握できる小形丸底壺、小形器台、小形有段口縁鉢とかありますけれども、その萌芽をたどりますと、弥生の中にあります大きな筒状器台ではなくて、不定形な小形器台の登場にあります。私は庄内甕を重要視しますけれども、小形器台が登場する段階の甕に注目しますと、常に庄内の土器への胎動が見えますので、小形器台の出現というのは、古墳時代の象徴的な、日常的な祭祀活動の始まりの一つであるという考え方に立っているということになります。

五　弥生大形青銅器群と弥生系小形青銅器群

弥生後期末から庄内式期にかけて、古墳時代の始まりにかけての大きな変化は、突線鈕式銅鐸の生産行為が止まることです。弥生後期の終りでありまして、庄内式というのは42例ほどあります銅鐸の破片の多くが目立ち、およそこの時期を中心に、破砕行為か、或いはリサイクル用と思われる破片が出てまいります。これも考慮に入れますと、社会変化の有意な線引きが可能であります。ここで全国的に弥生大形青銅器群がなくなってまいります。

私はそれ以降の小形の青銅器類が沢山あることに注目しておりまして、昨日から話題になっております銅鐶、帯状銅釧、小銅鐸、巴型銅器、そういったものを一括して近年、「弥生系小形青銅器群」と呼んでおります。何故、「系」を付けるかと申しますと、その生産年代とか廃絶年代が恐らく古墳時代前期に入っているだろう、とても弥生時代の青銅器として分かりよい形では括ることが出来ないという考えに立ちまして、あえて「弥生系」としております。これは、小野忠凞さんが古墳時代前期の高地性集落を多分に意識して「弥生系高地性集落」と呼称するのとよく似た考えでありますので、従っていただけるのではないかと思います。この点については、日本考古学協会の２０１０年度兵庫大会の時に発表し、詳しく述べましたので、その資料集に譲り、本日は詳しくは述べません。

六　倭国の本来の活動領域　青銅器原料や土器様式の再考から

さて、大風呂敷きを広げることになりますが、弥生時代の後期段階の状況を、寺澤薫さんは「イト倭国」、「新生倭国」という表現を用いて、北部九州と近畿の倭国の体質を変動させながら新旧考える学説を出しておられますが、私はもう少し素直に、日本列島の西日本を通して倭国の拡大領域を考えておりまして、その親密な状況は縁辺部に行くほど結束を要求するものに変わってきているという考え方を持っております。

その一端は、昨日から話題になっております天竜川と信濃川、千曲川のライン、これが東日本と西日本の様相の差違として大きな特色があります。先ほど発表されました赤塚さんは狗奴国の想定域を伊勢湾沿岸部、特に尾張を中心とする所に考えておられますが、私は、三遠式、近畿式銅鐸を含む地域は卑弥呼の東方共立圏ということで、東方域の共立圏があってこそ、卑弥呼が飛躍的に登場出来たというふうに考えております。その点では赤塚ラインより東方での非常に重要な線引きであります。

もう一つ根拠になるのが、鉛同位体比による青銅器の前漢画一原料，スモールａ領域という、いわゆるインゴットが大陸から入ってまいりますが、これらは広形銅矛、近畿式銅鐸、三遠式銅鐸、さらに帯状銅釧などを含める小型の青銅器、小銅鐸、小形仿製鏡、筒形銅製品などに使われておりまして、その範囲が近畿一円を越えて東海地方、北陸地方にも入ってきておりますので、最大公約数的な下辺ベースによります金属原料については狗奴国の領域などを度外視して広く西日本から東日本に入ってきておりますので、この二大領域は敵対関係にはなく、弥生後期の段階の青銅器生産は、その基盤の中で小さなものを作る、一方は大きな銅鐸、銅矛を作り、止めるという違いがあるにせよ、青銅器の生産基盤、原料流通はおそらく一緒ではないかと思います。つまり原料の入手という点では、再生原料を含めて列島を広く行き渡るという考えを取っております。

もう一つ重要な土器文化の見方に関することでありますが、近畿から関東地方を含めて眺めますと、今まで、土器の様式の個々をかなり単一的に一方向的に見過ぎていたところがあります。

叩きの甕、受口の甕、S字甕、これらは土器文化としては、それぞれ確かに異質で大きな甕文化としての明瞭な枠組みでありますけれども、まず一つは、受口と叩きは甕という器種を除きますと、基本的な壺、高坏、器台といったものが、近畿様式の大枠の中で比較的ベーシックなものとして安定しております。私たちは甕を見ると、直ちにフォームやタイプとしてやたらに区分しますけれど、それほど敵対的な、排他的な分布状態ではありません。

特に近江の甕は「く」の字口縁の叩きの甕以上に広く伝播しておりまして、土着性を帯びるのが早い。つまり入りました地域で根付くのが早いわけであります。一例を申し上げますと、丹波盆地、亀岡の盆地、北河内、乙訓の地域、京都盆地北東部や山科盆地、越前、このあたりの分散的な領域は一見近江系甕に席巻されるように見えますが、私の土器の観察では、近江の土器の影響力がありながら、そこで土着化して叩きの甕を作りながら受口の甕も作るというのが実態であります。そういうふうに考えた方が理に即していると思われます。

もう一つ重要なことは、最近の活発な土器研究を踏まえますと、近江の土器には、文様とか製作態様以外に底部に大きな特色があります。外見からは分かりにくいことなのですが、上げ底風にする。深く或いは浅く、というふうに上げ底を意識したり平底にしたりしております。関東とか東海地方の研究者から見ると、一見目立たない、詳しい視点にならないところであります。

図の中には手焙り形土器を出しておりますが、実際には、手焙り形土器というのは小さな鉢、鉢形土器からの起源を考えないといけないものでありまして、現状、畿内様式の中でこれを見ていきますと、近畿様式の中では、高橋一夫さんなんかはB類と呼んでいる近江タイプのもの、A類と呼んでいる河内タイプのものがありますけれども、これは、「く」の字状の口縁に覆いを付けたりするか、或いは受口口縁に付けるかという区分指標というものがありまして、古いものを見ていきますと、山城辺りでは手焙りになりかける起源になる土器、器形変化部に突帯を貼り付けたような鉢が出ておりまして、おそらく河内と非常に近い時期にAもBも始まっているだろうという認識であります。

一方その分布状態を見ますと、(図2)の方をご覧ください。上に近畿地方、関東地方の図があって、A類と呼んでおります●印、B類と呼んでいる■印を見ていきますと、大阪府を中心とする河内タイプの例は基本的に大阪湾岸に多くて、近江に入りますとBタイプが主流になっておりまして、古いものは山城、近江南部に多いということが判ります。一方、関東地方を見ますと、静岡県の矢崎という遺跡に最古型式のものがありまして、これは近江系のタイプが入っております。恐らく赤塚さんの地域でありますす尾張を経て変容はしていると思われますが、基本的には薄い上げ底で、近江の様相、加飾をかなりしている土器であります。また耳飾りを付けるというようなこともありますし、河内とは違う要素がみられます。関東地方の河内タイプのものは近江の影響も受けているようで、かなり有文化するということもあります。従って、A類・B類の変化期を

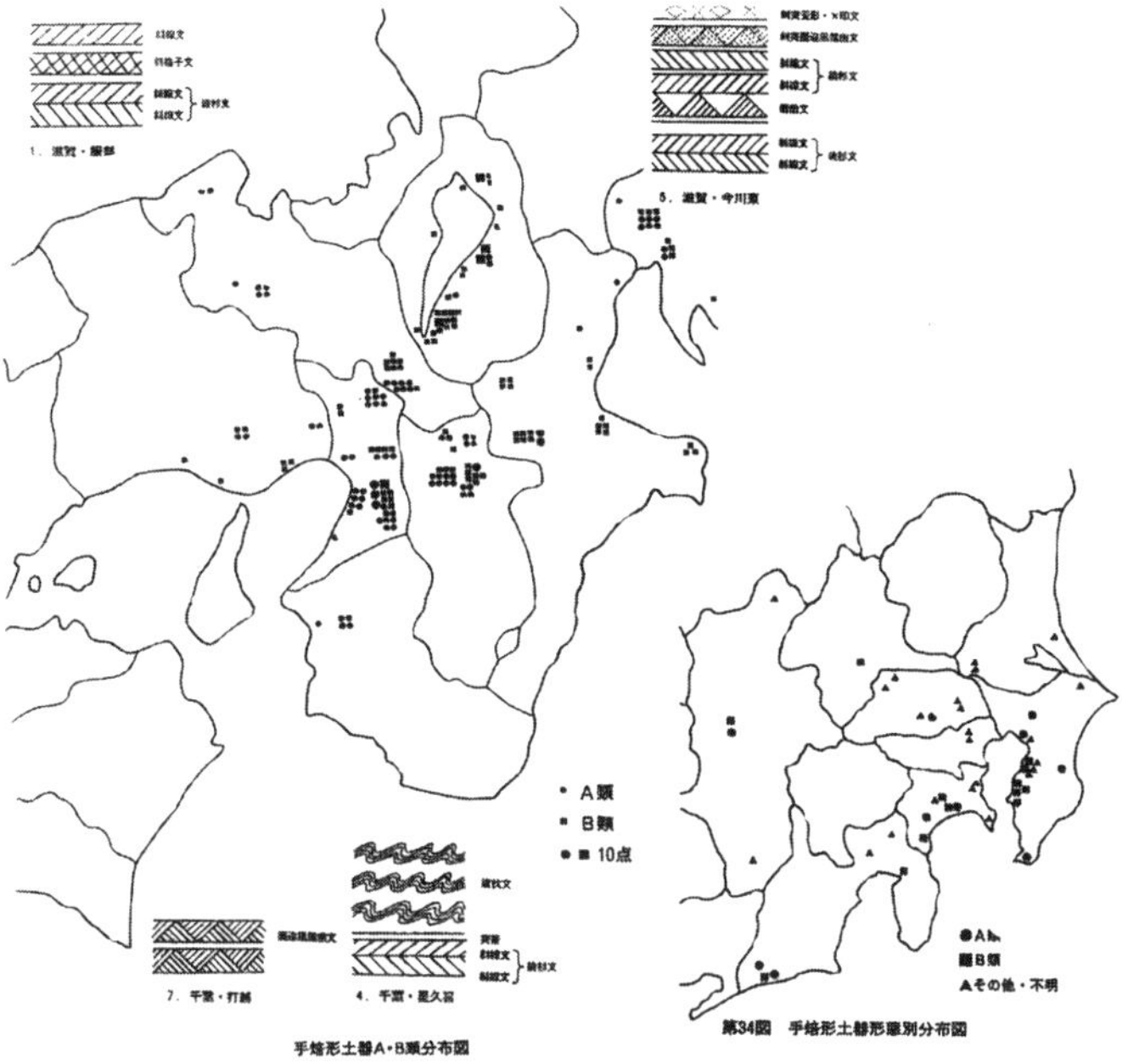

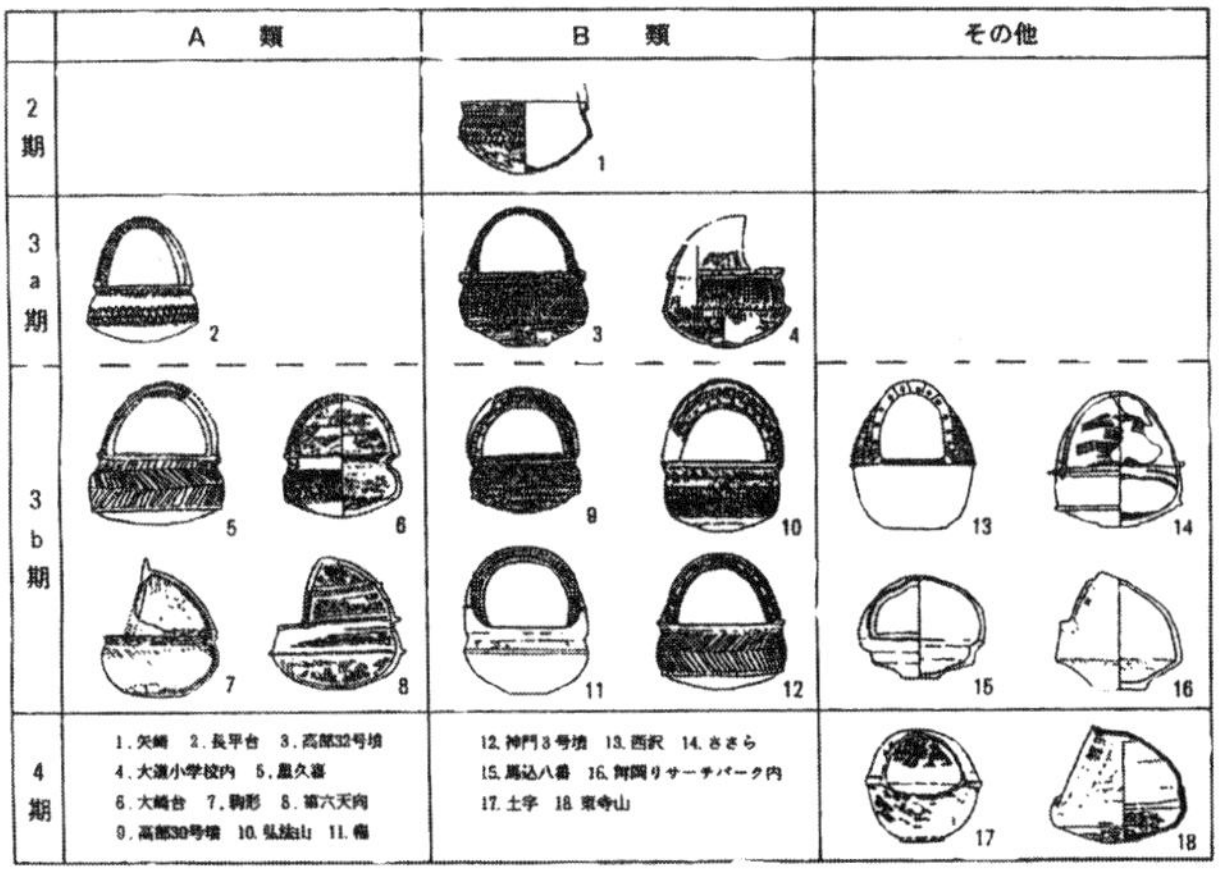

図2　近畿と関東 手焙形土器A・B類の分布と編年図（高橋　1998改変）

見ていきますと、近畿地方の河内のタイプよりもはるかに文様の施文率が高くなるといった傾向があります。注意すべきは、出現期古墳の時期に重要になってきます神門の3号、これはB3類と呼ばれるもので、やはり近江をベースとする土器であるということです。それから高部の32号、これもやはりB3類に入って、近江をベースにしている。さらに高部の30号もB4類という類型に入りまして，やはりBの系列に属し、近畿の目から見ますと、ベースは近江にあって大阪湾沿岸の影響はほとんど見られません。ただ、アレンジとして東海の伊勢湾沿岸部で、どの程度の影響を受けているか、このあたりは赤塚さんのご指摘を受けねばなりませんが、そういう傾向が認められます。

七　関東から近畿への土器移動はあるのか

さて、この時期に関東からの搬入品があるのかという話になりますが、関東地方直輸入の土器があるかどうか、これは器形よりも色調や胎土に表れます。大阪平野の中には一部赤っぽい、赤黒っぽい土器で、大阪近辺には出ないと思われる関東タイプの物がありました。幾つかあるのですが、有名なところでは、纒向遺跡とか、天理市の布留遺跡にそれっぽい土器があります。研究史的には古くなりますが、大阪府吹田市の垂水南遺跡にも南関東的なものがあります。久宝寺遺跡、奈良県では御所市で藤田和尊さん、木許守さんに見せていただいた資料の中にもありました。棚原遺跡です。

そういうもののパーセンテージを見るために纒向の報告書、(図3) のグラフを見ていただきますと、関東系の土器は、纒向の外来系土器の50パーセントを東海が占める中で関東系土器は僅か5パーセント程であります。関東というのは、現在の目で見ますと南関東、北関東の土器ではなく、恐らく伊豆半島を東に越えない地域の土器であると私は想定しておりまして、昨日、比田井さんや大村さんが発表された地域の土器が直接近畿地方に入って来る、いわゆる集成図を作って提示するほどの物が無いのです。つまり作る必要がないくらい少ないのです。ただ、(図4) には、関東の目から見た近畿的な土器の中の関東地方の土器の混ざり具合が掲げられておりまして、関東の人の方がより一層、詳細に関東チックなものを選ぼうとしておりますが、私の目から見ますと、関東そのものというよりも、関東の物を幾つかモデルにして御当地で作るとこんなふうになる。それを私は「臨地製土器」というふうに呼んでおきたいと思います。

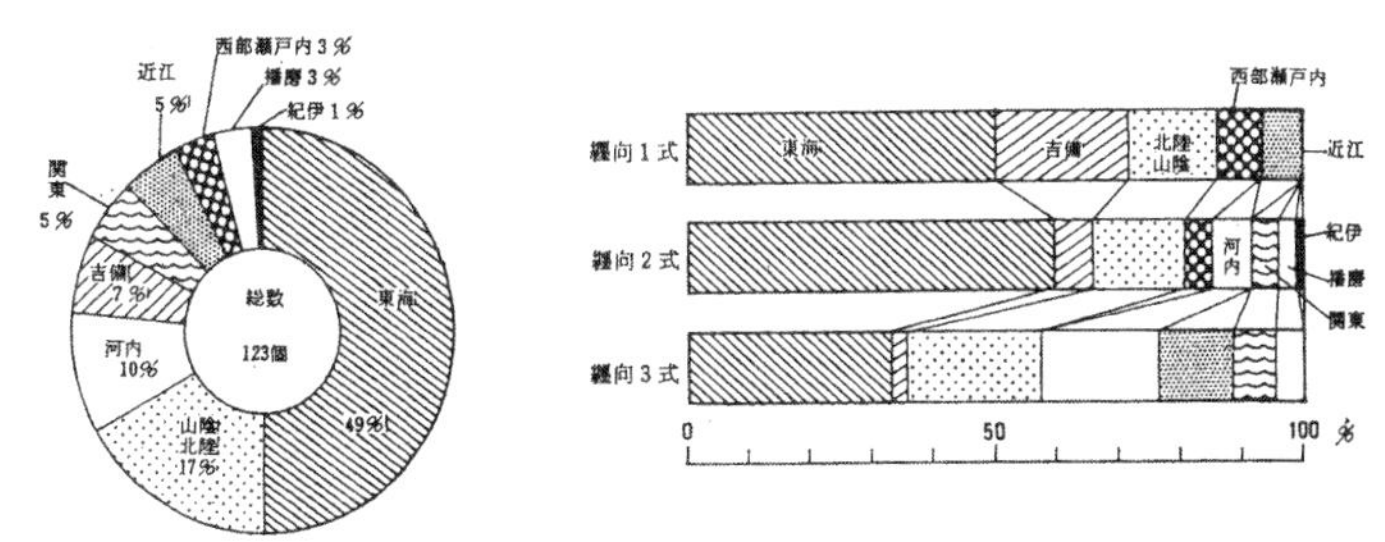

図3　纒向遺跡の外来系土器の割合と地域の変遷
(石野・関川　1976)

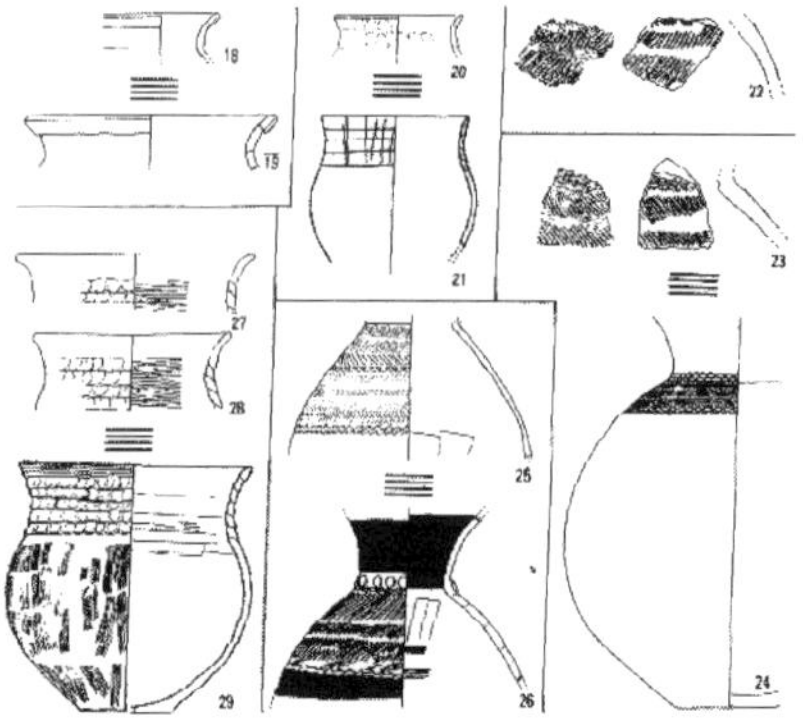

A－1　伊勢湾・中部高地の関東系土器とそのモデル

（下が関東の土器）

比田井克仁　2003　「3世紀における畿内の関東系土器」『初期古墳と大和の考古学』学生社

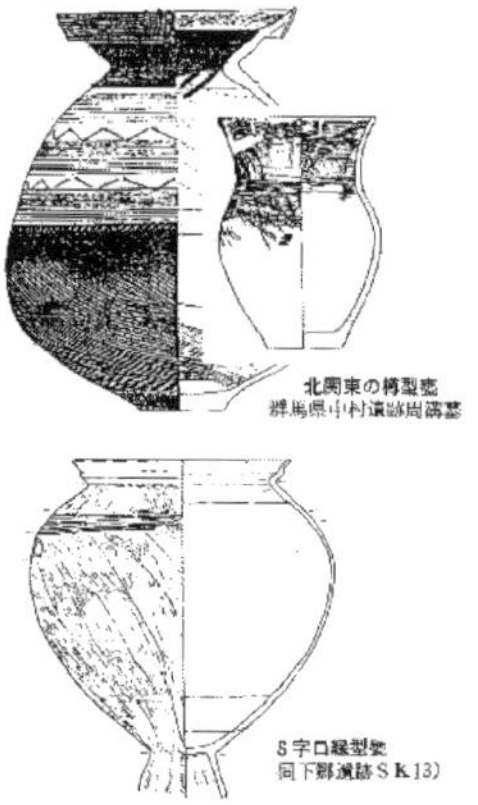

A－2　北関東の東海系土器と樽型甕

石野博信　1990『古墳時代史』雄山閣

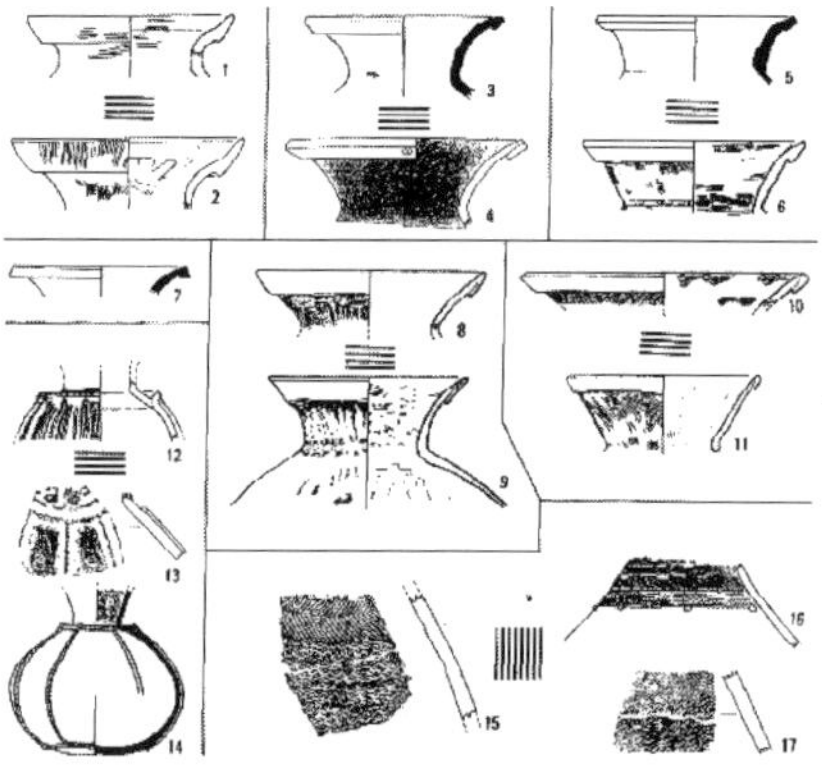

図1　畿内出土の関東系土器とそのモデル（下・右が関東の土器）縮尺1/6（拓本約1/5）

A－3　畿内出土の関東系土器とそのモデル

（下・右が関東の土器）

比田井克仁　2003　「3世紀における畿内の関東系土器」『初期古墳と大和の考古学』学生社

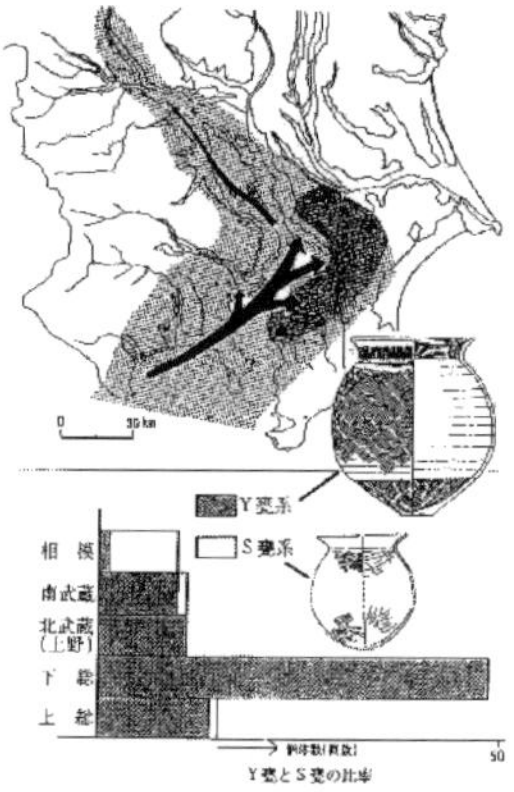

図42　関東のタタキ甕波及ルート（西川 1991）

A－4　関東のタタキ甕波及ルート

（西川修一　1991）

図4　伊勢湾・中部高地・畿内の関東系土器、北関東の東海系土器、関東のタタキ甕波及ルート

これは明らかに新しい土地に人間が赴いて、土は現地の粘土を使って本場出身地の作り方で土器を作るというものであります。

次に（図5）をご覧ください。これらの土器は、籠状の突帯が胴部一帯にありまして、見るからに近畿の土器ではないなというものであります。その1は、京都府京丹後市の赤坂今井墳丘墓から出たもので、丹後地方は庄内式期の前半くらいから北近畿系の土器が動き始めます。その後に北陸が動いて、山陰が布留式段階に動きます。早い時期に東西交流がある地域であります。その中で気になる土器があります。（図5）の8の神奈川県山王山遺跡の土器、9の群馬県稲荷森遺跡の土器などは関東地方の土器なのか、関東地方で作られた土器なのか、或いはそれに近い物が近畿の赤坂今井で出始めたのか、そういうことが気になる土器でありますが、点数が極め

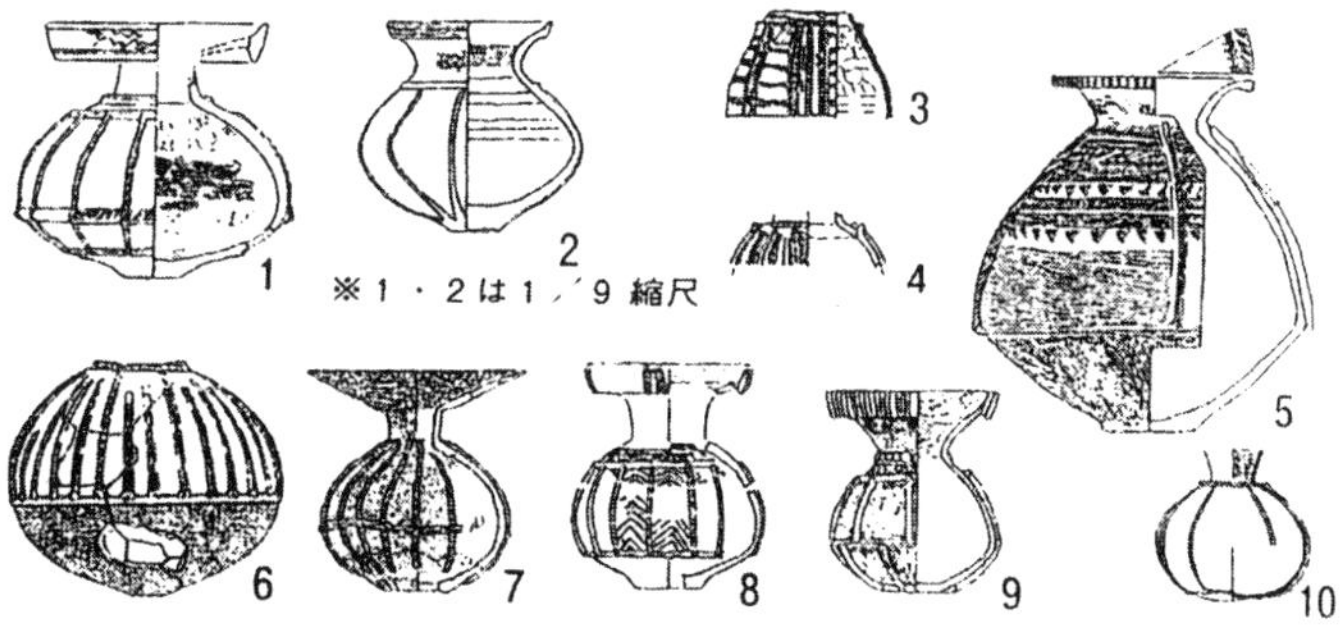

1．京都府赤坂今井墳丘墓　2．京都府岩谷1号墓　3．滋賀県高野遺跡
4．大阪府溝咋遺跡　5．静岡県伊場遺跡　6．石川県新保町西遺跡
7．山梨県榎田遺跡　8．神奈川県山王山遺跡　9．群馬県稲荷森遺跡
10．神奈川県

図5　赤坂今井墳丘墓出土の特殊な突帯壷と各地の被籠状突帯壷
（高野　2011）

て少ない、しかもそれぞれに個性がありまして、細かな型式分類がなかなかできないぐらい強い個性的なものがありますし、大小の違いもあります。しかし、こういう土器は近畿の中央である大和や河内を介さずに、むしろ話題になっております日本海沿岸部のルートを通って群馬あたりまで連なっている可能性がありますので、太平洋回りではなく、日本海ルートの中で少数の特殊土器が、交流し合っていなければ生まれてこないと思われます。

こういうふうに土器文化の中には気になるものもありますが、近江系の土器は非常に重要な存在でありまして、その後S字甕と一体化する、S字甕の母体となりますが、むしろ近江の土器はS字台付甕と伊勢湾岸で結託するという動向があります。私から見ますと、近畿の叩き甕の研究、近江の受口甕の研究、東海のS字甕の研究というふうに地域的に分離しすぎたなと思います。むしろこの三者は同化させて考える方が、東日本への動き、働きかけが判り易い。何故かと申しますと、三河地方や伊勢湾西岸部の土器文化を見てみますと、こういうものがミックスされております。移動するときにそれぞれが個別に動いているように見えますが、中には叩きと受口が組んだ形で、初期のS字と受口が組んだ形で、こういうセットとして見直すべき土器の移動類型がありますので、極端に言いますと、西三河辺りですと、叩きと受口とS字が一緒になって南関東地方に動く可能性もあります。その間の東海地方にも中継地として根を下ろしますと、静岡県沼津の高尾山古墳のような土器の配色も出来るということもあり得ますので、今現在考えておりますのは尾張と大和という中核部の土器の動きに気を留める動き方は一旦横に置いて、周辺部の動きのありようが大事であるのと、今言った三者が敵対関係、対峙関係にあるのではなく、土器様式として纏まった形で影響し合うことがあるのではないかなということを考えております。

八　大和盆地の前方後方形墓・前方後方墳

あと、前方後方墳の問題と関連しまして、纏向遺跡には、中央部に非常に古い、しかも箸墓古墳の10分の1クラスの前方後方形の周溝墓があります。（図6）のメクリ1号墳です。これは平面プランから見ても古墳ではないと思いますが、私の編年上から言えば古墳にしなければならないのかもしれません。ちょうど東側半分を欠いております。復元しますと、全長28メートル、箸墓の約10分の1、後方部の一辺が21メートル前後の大きさで、纏向遺跡の真ん中にこういうものがあります。これが前方後方墳の発達に影響を与えているのか、本格

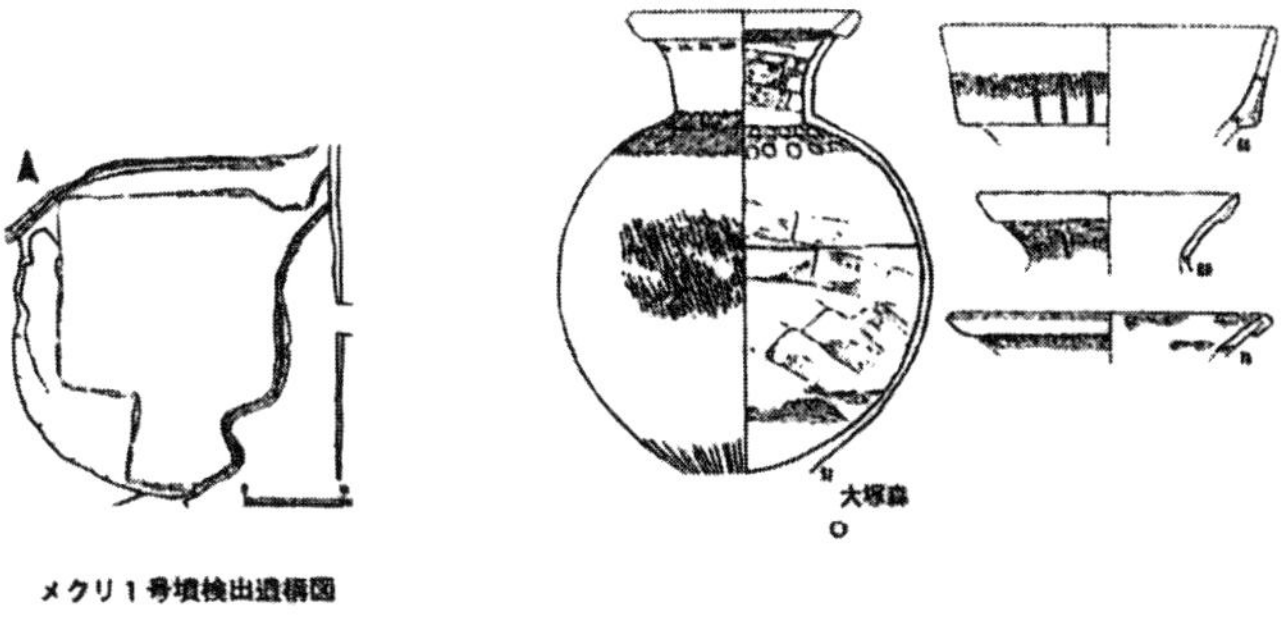

図６　メクリ１号墳検出遺構図と参考関東系の土器
（石野編　２００５）

的なものに影響を与えているのかということは、非常に重要なことでありますが、現実にそういうものが存在するのが纒向遺跡の実態であります。基本的には円の世界でありますけれども、方の世界が展開しています。

しかし、レジュメの中に書きましたように、大和古墳群中にも前方後方墳があります。ヒエ塚、墳丘長は１２５メートルあります。それと前方後方墳のノムギ古墳という63メートルのものがありまして、二つの古墳が一つの支群中に、萱生支群に入りますが、大和古墳群中において階層的関係にあるのがとても気になります。東の方の影響力が強い古墳かもしれません。その他も見ますと、波多子塚、マバカ西、

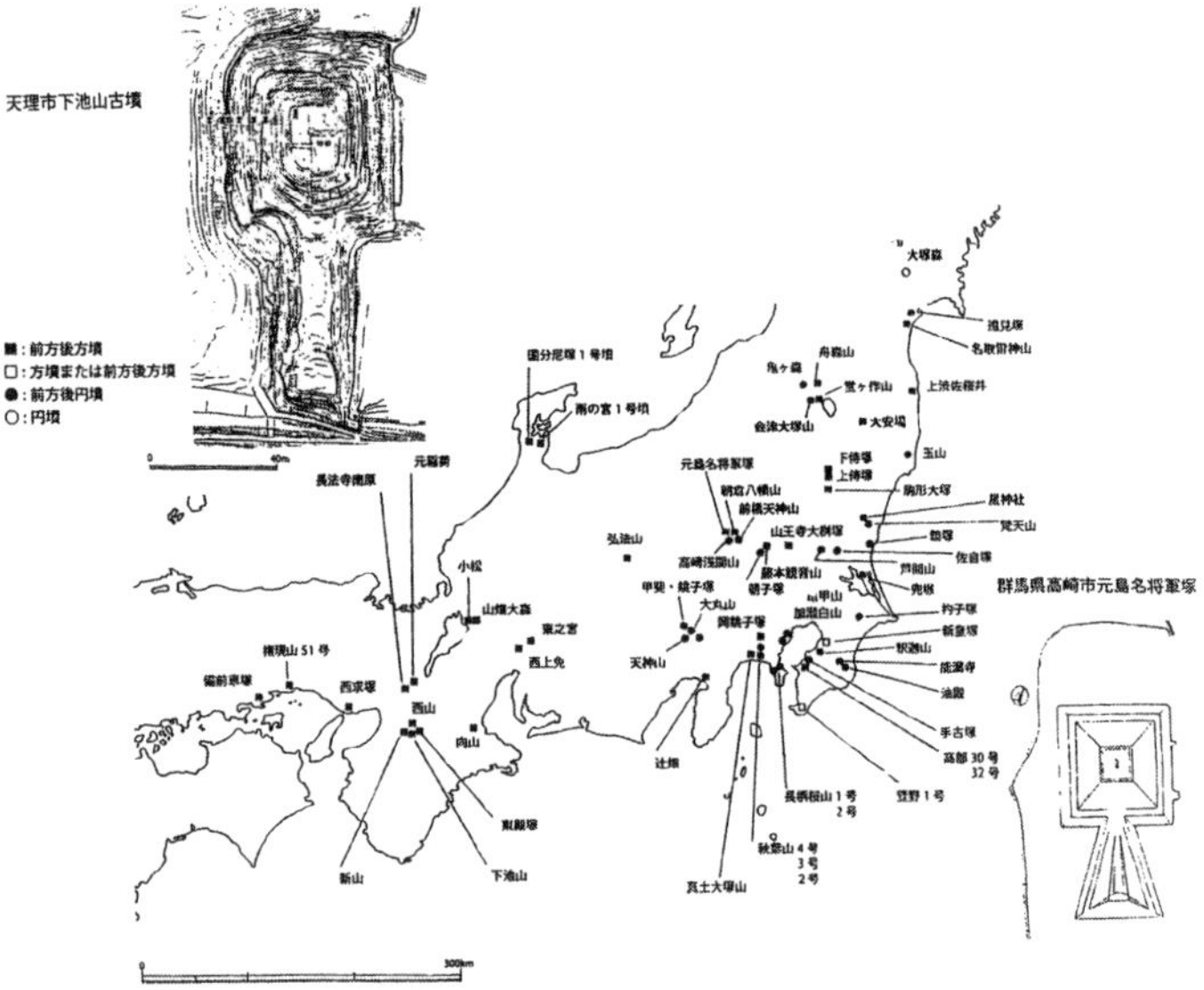

図７　ヤマト政権中枢域の大型前方後方墳と東国の前期主要古墳
（１２　白井　２０１２改変）

下池山（図7）、フサギ塚、矢矧塚と前方後方墳が数墳あります。時間的な関係はかなり近接するものがあるかもしれませんが、一定築造の有力者が逐次順番に築造しているものが定期的に存在はします。これを一体どう見るか。土器を検討しますと、案外東海系の物が目立ったりします。さすがに関東のものはありませんが、東海的なものが多いので私は気になっています。ヤマト王権の中で、どういうヒエラルキーの編成でこのような一群が生まれたのだろうか。一方では、箸墓、西殿塚という前方後円墳の大型墓系列がしっかりありながら、この一帯にこのようなものがあるということは要注意の古墳系列であります。

九　二重口縁壺形土器の中の伊勢型と関東

もう一つ気になることは、東殿塚古墳に出ております、伊勢型の二重口縁の壺形土器であります。これは顕著に近畿地方全体に分布するのではなくて、むしろ伊勢湾岸から北関東〜東海地方に分布しますけれども、この形態は、朝顔形埴輪の起源になると考える方もおられます。私は、その祖形説に賛同して言っているのではなくて、この二重口縁の壺も古い物がどちらにあるのかという点に関し、伊勢湾西岸部と大和の比較論としては重要な事でありますし、それがどのくらいの時間で東日本全体の前方後円墳に三々五々定着するのかというような過程も重要な過程であると思います。こういうふうな状況の中で、大和盆地全体を見渡しても関東地方の土器は少なくて外来品中に占めて5パーセントといいますが、その中で本格的なものはほとんどないという実情であります。

いま一つ気になる動態は、纒向遺跡の全体像の中で、東海地方系の土器が外来系の土器の約半分というような有力な数を占めておりますが、報告書の中には箸墓古墳の周辺で、顕著に東海系の土器を出さない所があります。不思議なくらい少ないところがありまして、そういう所の土器を検討しますと、逆に、吉備、讃岐、阿波、播磨が多いのであります。東海系と離反する動きでして、比率を上げているところは、東瀬戸内の地域であります。しかも纒向遺跡の南部地域では、そういう傾向を示す発掘地点がいくつかあるということは、要注意でありまして、特に箸墓古墳の周辺でありますと、そういった傾向が一段と強いということが判っております。南関東の土器は全くその中に含まれておりませんし、駿河の土器も

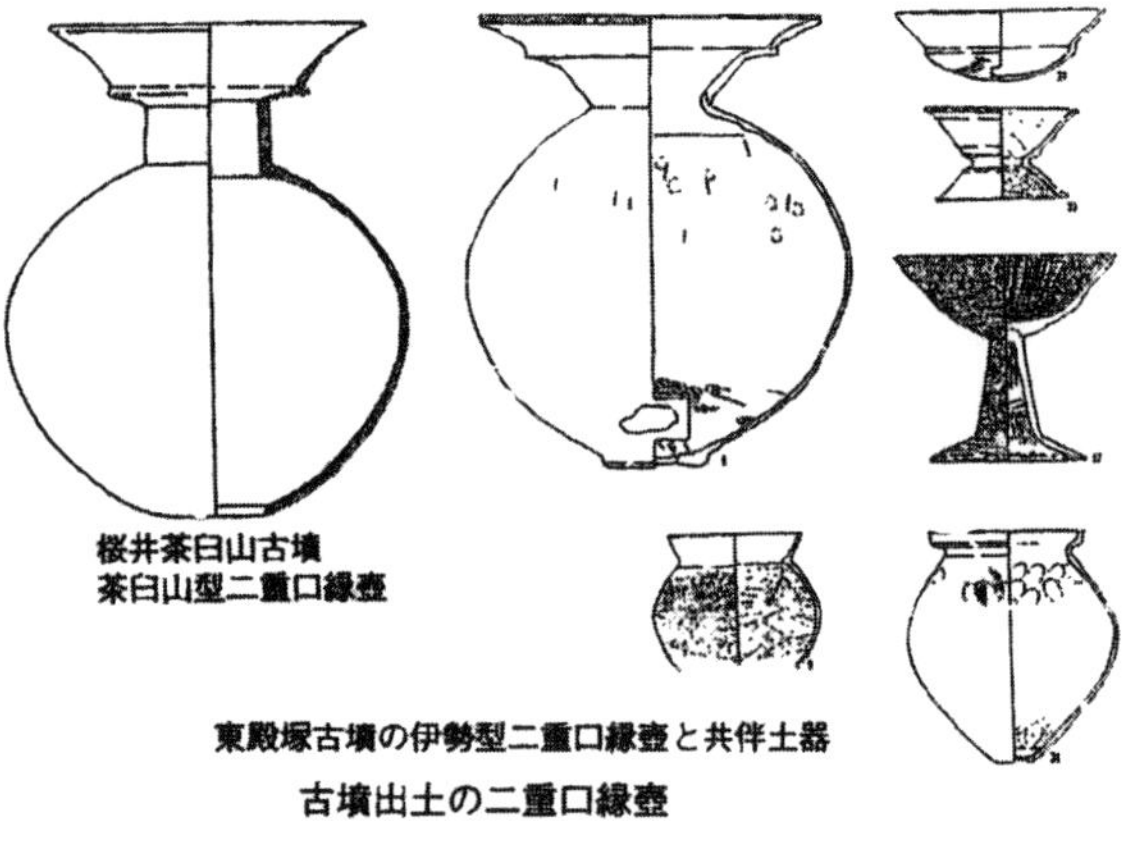

図８　東殿塚古墳出土の二重口縁壺と桜井茶臼山古墳出土の二重口縁壺比較（小池２００２から抽出）

ありません。箸墓古墳を纒向遺跡の一部として一枚岩の様相で考えるよりも、むしろ地域別地区別に細かく、今後は見ていくべきではないかと思います。

先ほど言い忘れましたが、伊勢湾型の二重口縁壺は（図8）の東殿塚古墳で、小池香津子さんが抽出・選択をして頂いておりますけれども、伊勢型二重口縁壺とそれに伴っている山陰系の土器があります。桜井茶臼山古墳の有名な二重口縁土器と形態など随分違うことがわかります。

一〇　鉄器生産体制の確立とその東伝

ところで、鉄器生産用具の中で、鞴《ふいご》の羽口がよく話題にのぼります。古墳出現期の段階において注目されている羽口形態には、先端部がカマボコ形を呈しているものがあります。福岡県の博多遺跡群の出土例、こちらでは桜井市の勝山古墳の周濠関係の調査で似たものが出ておりまして、村上恭通さんは高温精錬鍛冶，鉄素材作りがかなり急速に東に伝播しているとされています。この時期は、最近話題をもたらしている兵庫県の淡路島の五斗長垣内《ごっさかいと》遺跡の工房操業年代よりも新しいのです。五斗長垣内遺跡の土器は、伊藤宏幸さんからの依頼を受け、8時間程かけて詳細確認にあたりましたが、後期の初頭くらいから後期の最末期まで、庄内式期に一部懸る時期までありまして、鉄器工房は多いのですが、時間的段階的に工房跡が3～4段階に分かれております。

作られている鉄器は、鞴を伴うような高温精錬鍛冶はしていないレベルでありまして、非常に浅い土坑、或いは平地で竪穴住居の床面を利用して鍛錬、鍛打工程の鉄器を作っております。

そういうものの延長線上に纒向遺跡の工程を示すものが出現するのかという問題はあるのですが、これを東の方で見てみますと、良く似たものは神奈川県の小田原市の数遺跡の中に確認されておりまして、現状では長距離的に工人が動いているような可能性も考えざるを得ないのでありますけれども、最近神奈川県近辺では、板状の分厚い韓国の良洞里遺跡出土資料などと関連付けられる大きな大陸系鉄斧状素材が出ておりますので、こういうものの位置づけを考える際に、中継地があるのかどうかという問題を含めて、やはり神奈川という相模の地域は捨て置けない場所であることを痛感いたします。定着の様相が小田原の中里遺跡以来、第Ⅲ様式、第Ⅳ様式、弥生後期、庄内式併行期と色々な物証として確認でき、かなり相模湾の特異性と言いますか、関東の関門と言いますか、入り口のような、関東の先進地域と呼ばせて頂いた方がいいのでしょうかね。そう言いますと、関東の東辺、千葉県の辺りの方と少し関東で落差を付けることになるので、表現を考えなければいけないと思いますが。私はけっして近畿勢力東進説ではありませんので…。相模の西川修一さんが一番嫌う、威圧感がある武装体制を以て西から東へ大きな集団が押し寄せて、関東を席巻していくというイメージは全くありません。非常に自由交易的に後期の段階、庄内の段階は経済的な動きの方を重視して、極力政治的な動きを排除する方であります。そういう所に気になるものがあります。

もう一つは、（図9）をご覧ください。日本列島の地図が二つありますけれども、豊島直博さんが示されたこの資料で重要なことは糸巻底辺型と呼ばれております槍先の部分であります。もう一つは下にあります、直線型B類であります。これは専門的な分類でありますから、皆さん方は物に当たって正確に確かめる必要がありますけれども、私が気にしているのは、この二つについては、生産地の拡散状況と集約度が違うということであります。

例えば糸巻底辺型ですと、瀬戸内海のほぼ全域、近畿地方、山陰側にかけて広く分布しながら、何例か房総半島に集中いたします。房総半島の重要な遺跡の中には神門4号、高部32号に入っておりますので、この動きが、一見近畿地方との動きの間で根深いものが感じられますが、この動向は、鏡で言いますと、上方作銘獣帯鏡、浮彫式獣帯鏡等の動きと一つはリンクする動きになります。

下の直線型B類は、明らかに二つの地域で分布の中心、核がありまして、重要な点は関東地方の房総半島が空白域になって東京湾の西岸部、北関東にかけての方に中心が移ります。そして、本来の中心は、近畿の方では椿井大塚山、紫金山、メスリ山、雪野山辺りにありまして、この段階になりますと、より求心力がお互いに強まると同時に、東京湾西岸部と北岸部で、こういう鉄器のパーツと言いますか、槍が重要な動きをして中央生産といいますか、中枢的な生産が関東に

糸巻底辺型
1．川部1号　2．高橋仏師1号　3．弘住3号　4．長迫2号　5．井の端7号　6．養久山1号　7．伯耆国分寺
8．妙楽寺4A2号　9．有明8号　10．内場山　11．今林8号　12．園部垣内　13．中山大塚・14．黒塚　15．ホケノ山
16．メスリ山　17．新豊院山D2　18．高部32号　19．椿3号　20．神門4号　21．会津大塚山

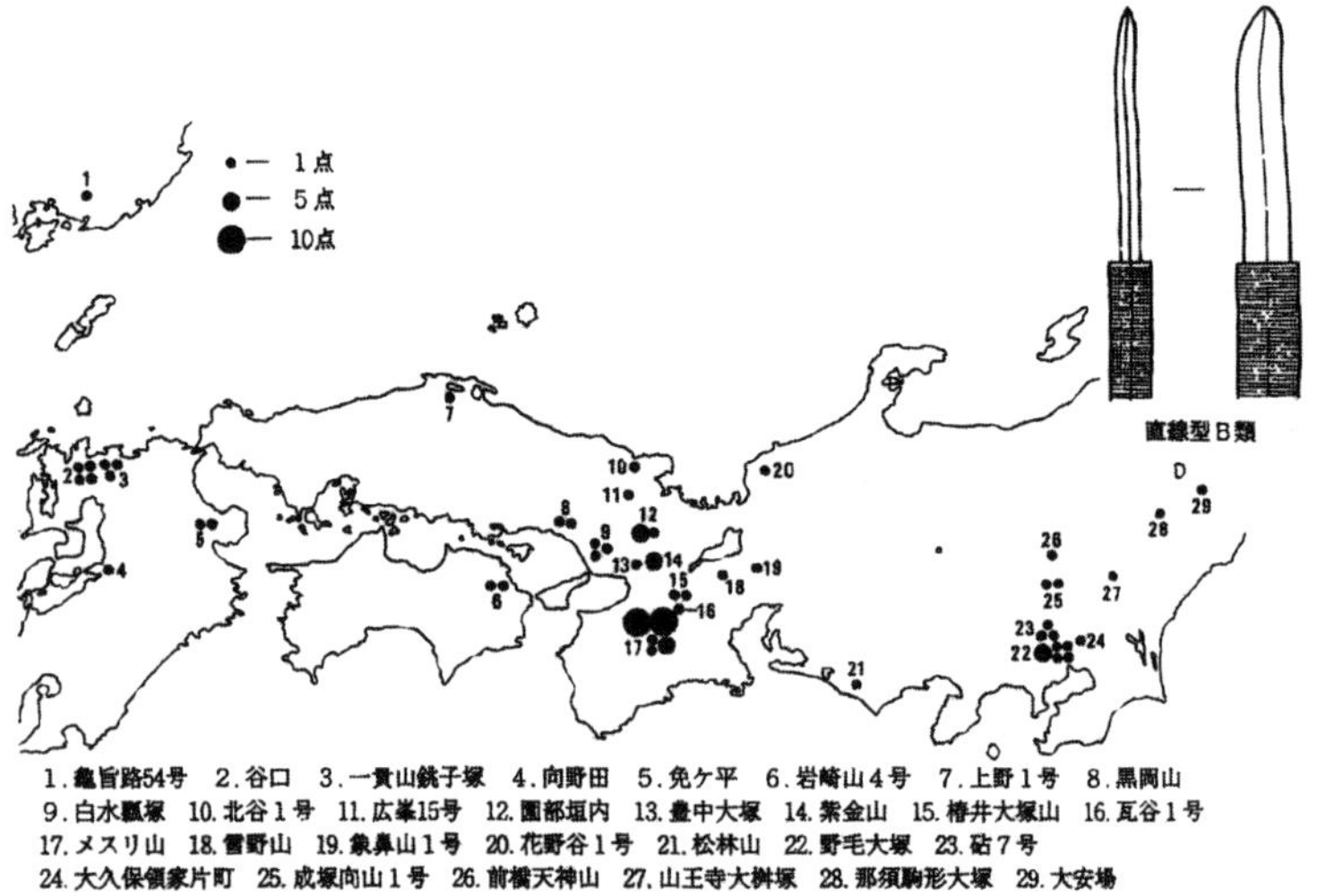
1点
5点
10点
直線型B類
1．亀旨路54号　2．谷口　3．一貫山銚子塚　4．向野田　5．免ケ平　6．岩崎山4号　7．上野1号　8．黒岡山
9．白水瓢塚　10．北谷1号　11．広峯15号　12．園部垣内　13．豊中大塚　14．紫金山　15．椿井大塚山　16．瓦谷1号
17．メスリ山　18．雪野山　19．象鼻山1号　20．花野谷1号　21．松林山　22．野毛大塚　23．砧7号
24．大久保領家片町　25．成塚向山1号　26．前橋天神山　27．山王寺大桝塚　28．那須駒形大塚　29．大安場

図9　糸巻底辺型の分布（上）と直線型B類の分布（下）
（豊島　２０１０改変）

もかなり影響力を持っていると考えられるわけであります。この時に、大きな画期がありまして、それが関東地方と西日本との関係で、関係性が変わってくる大きな断層がその部分に一つ引けるのではないかなと考えております。

一一　まとめにかえて

雑駁な形で色々な話をあちこち飛びながら致しましたが、私が言わんとすることは、日本列島の中で関東地方とか、南部九州地方とか或いは東北地方と邪馬台国の時代の問題が関連付けられるややグローバルな視点が入り込んでいると思いますが、それぞれの地域は、地域性というよりも考古文化というようなもので捉え直したいと思います。外国の方々は弥生文化を一つの考古文化として見ることができない。ドイツ人やフランス人の考古学者は、弥生文化の平均値をどこに持ってきますか、日本人は何を以て弥生文化と言われますか、とよく問われます。私は仕方がないので、近畿は弥生文化のいろんなものを出しました、打製短剣がありますとか、弥生土器の簾状文を見せて、これが平均でしょうかなどと言います。北部九州の弥生文化をヨーロッパで弥生文化と呼ばれても困ります。関東地方も弥生文化の代表選手として出すのは,やはり難しいです。縄文とのミックスされたコンプレックスが十分認められる地域ですので、関東地方ほど弥生後期の土器を細かく研究しているところはありませんよ、近畿地方に居ても関東地方の細かな研究にはついて行けない、ヨーロッパの人は端からやめておいたほうが良い、絶対に出来ないと思います、と言ったことがあります。それくらい細かい差があります。

そういうことで、邪馬台国の時代という、そう呼んでしまえる時代の設定は各地域にありますから、テーマは今後もまだまだ取り上げられていきますので、北海道と近畿地方の関係はどうか、ということもできるかもしれませんけれども、現実問題，邪馬台国論争の決め手になることは考古学資料の実証性と整合性しかありませんので、たった一つの遺物で何かを言うことはできません。

したがって、沢山ある遺跡情報、累積している出土遺物の積み重ねに、どのように年代を与え、どのように地域関係を整合させるのか、そういうふうに考えると、私は最近、尾張、大和という所は求心力がある地域ながら、すこし横に置いて、その周辺部、例えば卑弥呼の出生地は近江ではないかなと考えたりもしております。近江があるからこそ受口の土器の動きというのは根強くあって、最終的には近江の土器は4世紀にも残って、須恵器出現の直前くらいまで受口の土器というのは系譜が十分辿れます。それは讃岐や阿波にもそういう地域傾向があります。布留式土器を受け付けない地域では、どうもそういう傾向がありますので、近江邪馬台国説には与みしませんけれども、卑弥呼の誕生地や幼少期が大和とか河内ではなくて、近江南部地方であったというのは想像の世界ではありうるのではないかと思います。近江の潜在的影響力について、この発表を通じて再度関東を舞台に考え直したい、そういう気に駆られます。本日は、どうもご清聴ありがとうございました。

〈引用・参考文献〉

安藤広道　2002「地域を越えた様相　関東」『弥生時代のヒトの移動～相模湾から考える～』西相模考古学研究会編　六一書房
石川日出志　2011「関東地域」『講座日本の考古学』5　弥生時代〈上〉青木書店
石野博信・関川尚功　1976『纒向』桜井市教育委員会
石野博信編　2005『大和・纒向遺跡』学生社
今尾文昭　2005「オオヤマト古墳群における古墳出現期の様相」『東日本における古墳の出現』考古学リーダー4　六一書房
岡本孝之　2002「地域を越えた様相　東日本」『弥生時代のヒトの移動』前掲
小沢　洋　2008「房総の出現器古墳」『房総古墳文化の研究』六一書房

北島大輔　2013「原東海道における初期前方後方墳の成立背景（一）」『西相模考古』第22号　西相模考古学研究会
考古学フォーラム　2013『変貌する弥生社会―安城市鹿乗川流域の弥生時代から古墳時代―』
白井久美子　2012「大型前方後方墳出現の新知見」『千葉大学文学部考古学研究室30周年記念考古学論攷1』千葉大学文学部考古学研究室
高橋一夫　1998『手焙形土器の研究』六一書房
寺沢　薫　2012「高尾山古墳の評価をめぐる二・三の問題―ヤマト王権からみたその考古学的位置―」『高尾山古墳発掘調査報告書』沼津市教育委員会
寺前直人　2013「高尾山古墳出土鏡の課題」『西相模考古』第22号　西相模考古学研究会
東北・関東前方後円墳研究会　2005『東日本における古墳の出現』考古学リーダー　六一書房
豊島直博　2010『鉄製武器の流通と初期国家形成』塙書房
中居和志　2011「古墳出現期の受口状口縁土器の特色と地域性」『琵琶湖と地域文化』林博通先生退任記念論集刊行会
橋本輝彦　1995「纒向型に類似した前方後方墳」『纒向型前方後円墳とそのひろがり』桜井市立埋蔵文化財センター
比田井克仁　2001『関東における古墳出現期の変革』雄山閣
福永伸哉　2010「銅鏡の政治利用と古墳出現」『日本考古学協会2010年度兵庫大会研究発表資料集』日本考古学協会兵庫大会実行委員会
松宮昌樹　2012「大和・河内出土の東海系土器」『邪馬台国時代の東海と近畿』学生社

村上恭通　2007『古代国家成立過程と鉄器生産』青木書店
茂木雅博　2004「前方後方型周溝墓について」『かにかくに　八賀晋先生古稀記念論文集』刊行会
森岡秀人　1998「土器移動の諸類型とその意味」『転機』4
森岡秀人　2010「弥生系小形青銅器からみた古墳出現過程」『日本考古学協会2010年度兵庫大会研究発表資料集』日本考古学協会兵庫大会実行委員会
森岡秀人・西村歩編　2006『古式土師器の年代学』(財)大阪府文化財センター
米田文孝　1983「搬入された古式土師器─摂津・垂水南遺跡を中心として─」『関西大学考古学研究室開設三拾周年記念考古学論叢』関西大学
和氣清章　2012「三世紀東海地方の土器交流」『邪馬台国時代の東海と近畿』前掲

7　2・3世紀の関東・東海・近畿

石野　博信

一　はじめに

二上山博物館の邪馬台国シンポジウムも13回目になりました。私自身は2年前に、無事、二上山博物館の館長を引退させて頂きまして、新しく松田真一館長で進んでおります。幸い、邪馬台国シンポは続けていくことになったようです。私は、名誉館長ということになっておりますけれども、博物館には全く行っておりません。しかし、松田館長からは〃邪馬台国シンポだけはやって〃ということで、楽しみながら続けていけたらいいなと思っております。ということでようやく関東まで辿り着きました。

二　2・3世紀の近畿と東海と関東

私はこれから2世紀、3世紀段階の近畿と東海、関東の関係を考えてみたいと思います。人によって暦年を土器にあてはめていく時に、なんとか式土器が西暦の何年になるかということは、意見の違いが結構あります。今日も昼休み頃に改めて、発表者の人に土器の歴年代の数字を書き込んでくださいとお願いしています。私自身は2世紀は、弥生時代の後期で、3世紀は纒向式土器（庄内式土器）の時代だと、おおまかには考えています。

大阪府豊中市にある庄内遺跡で見つかった土器を奈文研の田中琢さんが、弥生V様式と古墳前期の布留式土器との間に入る土器様式として位置づけられました。しかしその後、庄内遺跡も含め大阪平野の中で、いわゆる纒向式土器は、主体としては存在しないことが判って参りました。そして、纒向式土器が中心として分布している地域は2ケ所ありまして、一つが奈良盆地の東南部、天理市から桜井市にかけての地域、もう一つが大阪平野の東大阪市から八尾市にかけての地域で近畿地方の中でも、この二つの地域を中心に分布しております。その上、この二つの地域でさえ、纒向型甕は、その遺跡の甕の中の50％を占めるだけで、他は弥生後期系の伝統的厚甕です。例えば奈良県纒向遺跡でも庄内式の甕が甕型土器の中で、絶対多数ではなくておよそ50％程度、他の50％は弥生時代の伝統的なV様式系統の甕が使われ続けています。

最も中心と考えられる地域でさえそういう状況であるのに、標識になっている大阪平野の豊中市域も含めましてその他の地域では、もっともっと少ないという状況であります。そういう所の土器を、土器様式設定の歴史としては庄内式ですけれども、その後判ってきた実態からすると、中心の一つである纒向遺跡の名前を取って、私は数年前から纒向型甕とし、纒向式土器と言い変えております。

纒向式土器が何時から出てくるかという点については、私は、西暦210年頃に出現し、終わるのが280年から290年くらいで、その頃から布留式土器が出現するのではないのかと考えております。およそ3世紀の初めから終りの段階が、従来言われております庄内式の段階、現在考えております纒向式土器が使われている段階と思っております。

邪馬台国が日本列島の何処かにあり、卑弥呼が女王になった時は、西暦188年頃で、その時は纒向式土器の段階ではなくて弥生V様式の最終段階に、日本列島の何処かに女王・卑弥呼が登場する。もし、奈良盆地の纒向辺りに登場したとしましたら、伝統的な弥生V様式の土器を卑弥呼は使っていた、そして亡くなったのは247〜8年ですから、その頃には纒向式土器の中頃の土器を持って無くなったとイメージしております。その後に女王台与が登場しますけれども、纒向式土器の後半、西暦の266年に台与が中国に使いを出しておりますから、その頃は纒向式土器の後半段階の土器を使って台与さんは生活をしていたと想像しております。現段階では、纒向

１類土器は弥生後期末＝Ｖ様式末で、纒向２〜４類が従来の庄内式期と考えています（石野・豊岡卓之１９９９『纒向第５版、補遺編』奈良県立橿原考古学研究所付属博物館）。

　という時期の関東、東海、近畿について考えていきたいと思います。最初に（図１）をご覧ください。これは、滋賀県野洲町の銅鐸博物館で２００２年に行なわれた特別展「銅鐸祭祀の終焉」の図録の表紙です。近江から遠江にかけての地域で近畿地方の銅鐸、弥生時代のカミを祭る用具である銅鐸が最後を迎える時期の特別展がありました。弥生時代のカミを祀る用具を止めてしまうということは、何事かが起こっているわけであります。天候異変などが続いてコメも取れない状況が何年も続き、ついに新しいカミを迎え、新しい世の中を作っていかなければやっていけないという時期になった。それを象徴するのが数百年続いた弥生のカミを祀る用具である銅鐸の破壊ではなかったか。同時に、九州では銅剣・銅矛というカミ祭りをする道具を捨ててしまう。そして（図

図１　銅鐸博物館
（２００２、滋賀県野洲町）

2）示した古墳時代になります。福岡市辻畑の川の中から銅矛が壊されてカケラになった状態で出てきておりますし、近畿地方では銅鐸を叩き潰して捨ててしまう。

　そうは言うものの、銅鐸は本当に叩きつぶせるのであろうか、一度やってみようかということになりました。東大阪の鋳物工場で銅鐸を同じ成分で作ってもらい、兵庫県立考古博物館前の大中遺跡公園で叩いてみたが割れませんでした。焚火で８００度以上に銅鐸を熱して水をかけたら割れやすいということを聞きましたので、熱した直後に水をかけて大きなカケヤで叩いたのですが、凹むだけは凹みますが割れません。なぜだろうと思いながら熱したままで叩いたら簡単に割れてしまいました。後で、鋳造に詳しい人に聞きましたら、そんなことは当たり前だと言われてしまいました。当たり前の事を考古の人間も、私も知りませんでした。

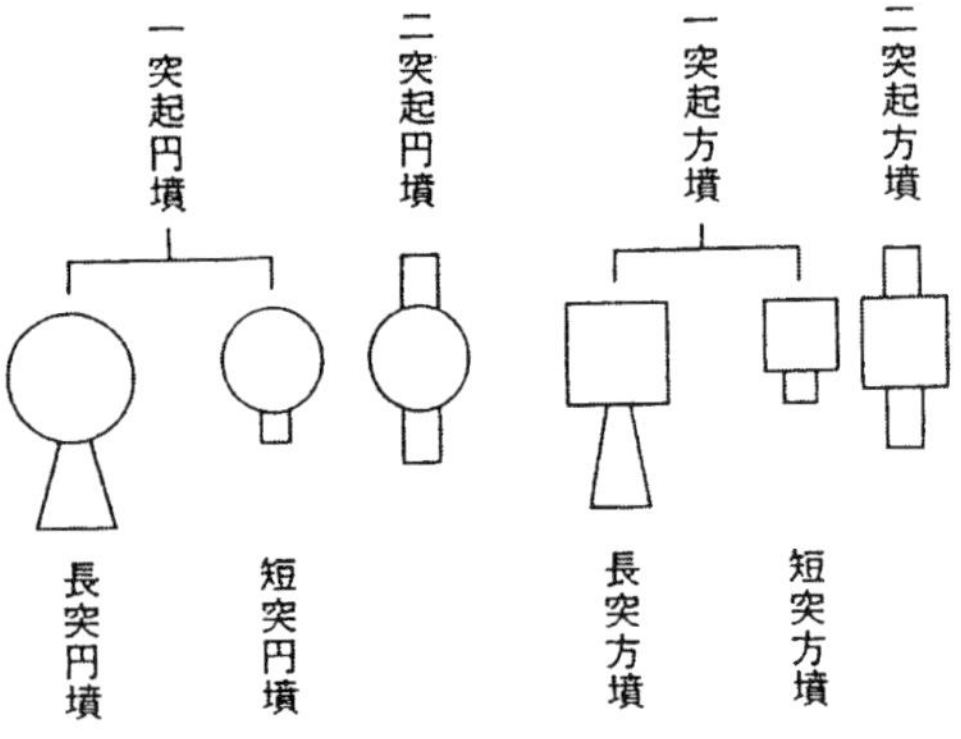

図２　墳丘の形と名称
石野博信『邪馬台国と古墳』（学生社、２００２）

　実際に奈良県の三輪山麓、纒向遺跡を含む地域では、ここ数年で3ケ所から銅鐸のカケラが出てきました。纒向遺跡でも、一直線に並ぶ3世紀の建物群の一隅から銅鐸のカケラが二つ出ております。三輪山の南山麓の脇本遺跡からも、三輪山麓の西1キロの大福遺跡からもカケラが出てきました。脇本と大福からは同時に鞴の羽口も一緒に出てきておりまして、銅鐸を叩き潰すだけではなくて別なものに転用している。ついこの間までカミの用具として使ってきたものを叩き壊すだけではなくてそれを新しいものに造り変えるという、弥生人の立場で考えましたらとんでもない事をしているのが、纒向地域の人間です。纒向の人々は、唐古・鍵遺跡から連続して奈良盆地の中で生活を続けていた人のマチであろうか。こんな姿を見ると、私は、以前には唐古・鍵からカミの山である三輪山の麓に人々が移り住んできて纒向に新しいマチを作った、と考えておりましたが、こういう新しい材料が出てきますと考え直さなければなりません。纒向は他所からやってきた人達の新しい町であって、とんでもない連中が来たのではないかということもありうるのではないかと思うようになったきっかけでした。そのようなとんでもないことが起こって新しい時代に入っていったのか。まるで明治初期の廃仏棄釈のような、寺院や仏像を叩き潰すのと同じようなことが三輪山の麓、奈良盆地の中で起こったのではないかと思っております。

　これからの話の中で妙な言葉を使いますが、（図2）をご覧ください。以前から、前方後円墳の出現は、日本古代史を考える上で大きな出来事と考えられております。しかし、前方後円墳という用語は、墳丘の方形部が前で、円形部が後ろである、と実証できていない墳墓築造者の意図を含んでおり、学術用語としては不適切です。むしろ、3世紀末の奈良県天理市中山大塚古墳や5世紀の広陵町ナガレ山古墳など墳丘のくびれ部から円丘部に昇る墓道を設けている古墳があり、墳丘の側面観を重要視している古墳がある。同様の墓道は宮崎県の西都原古墳群の中にもあります。つまり、古墳の側面観が正面であって、そこから必要な時には埋葬施設に上がって行くのが古墳時代の人の常識だったのではないか。それなら前も後ろも判らないのに前が四角で後ろが丸などという用語は使わない方が良い、と考え、（図2）に書いておりますような略号を考えました。長い突起の付いた円墳だから長突円墳で、短い突起だったら短突円墳だと考えました。

静岡県の天竜川は弥生時代のカミを祀る用具である大型銅鐸の東の端になります。天竜川の東にも1・2個の大型銅鐸はありますが、基本的には、天竜川で近畿地方から濃尾平野、そして遠江の西半分くらいの地域までが大型銅鐸の分布範囲です。天竜川が弥生後期の大型銅鐸の東限で文化の境界線になります。銅鐸を使ったカミまつりが2世紀末に消えてゆきますとその直後に、今度は鏡がカミを祀る用具として登場します。しかし、その直前までは近畿は近畿式銅鐸を、東海西部は三遠式銅鐸という大型銅鐸を使い続けている点では共通する祭具を使ってカミを祀っていたのです。その反対に吉備、出雲の地域は弥生後期初頭の突線鈕1式銅鐸の段階で銅鐸を使ったお祭を止めてしまっております。それに対して、近畿と東海西部は銅鐸の最終段階まで銅鐸祭祀を続けています。

銅鐸祭祀としての共通性を重く考えますと、その直後に登場する邪馬台国時代、邪馬台国がヤマトにあったとしますとヤマトとオワリ・イセが、魏志倭人伝にある「もとより和せず」という仲が悪かった地域なのだろうか。もしかするとこの二つの地域は、同じカミを祀る用具を使うという点ではもともと仲が良かったのではないのか。それならヤマトに邪馬台国があったとしても狗奴国は天竜川より東に在ったのではないか、と狗奴国位置論にかかわってきます。静岡新聞社の学苑で、赤塚次郎さん（愛知県埋蔵文化財センター）と二人で仲よく喧嘩をしました。邪馬台国がどこであるか、狗奴国がどこであるかということを別にしても、弥生時代以来のカミを祀る用具を最後まで使っていたという共通性は近畿と、東海西部の地域にはあることを、最初に指摘して次に移ります。

三　3世紀、駿河の角派と丸派

次は、駿河の中の角派と丸派についてです。角派と丸派とは中心埋葬施設を設ける主要部の平面形が丸か四角かを重く見るべきである、という点です。墓造りの思想から考えても、上から見て丸いか、四角いかをきっちりと区別して造っているものであろうと思います。この背景にある思想は全く別の物なのであろうと思っております。

そんなことは当たり前であるとお考えの方があるかも判りませんが、実はここ20年位でしょうか、墳墓の平面形が丸か四角かは、大きな違いではない、という考え方を持つ人が増えているように思います。

恐らくそのきっかけは、私の想像ですけれども、京都府椿井大塚山古墳の30面余の銅鏡群よりも古い三角縁神獣鏡を持つ古墳が、兵庫県神戸市西求女塚古墳とたつの市権現山51号墳の銅鏡群の発掘以後です。それをきっかけにして小林行雄さん（京都大学）の同范鏡論を支持する研究者は従来の考え方を微妙に修正してきたのではないのかと私は想像しております。と言いますのは、西求女塚古墳も権現山51号墳もどちらも長突方墳で、一緒に出てきます土器や特殊器台などから考えると椿井大塚山古墳よりも年代が古い。なおかつ古式の三角縁神獣鏡を持っている。しかも両古墳とも長突円墳ではなく長突方墳、つまり円丘主体の墓ではなくて方丘主体の墓であるということから、いわゆる前方後円墳と前方後方墳の墳丘形態の違いを大きく考えると説明がつかないということから、三角縁神獣鏡を中心に考えていく立場の人からすると墳丘の丸も四角も大きな差は無いという方向になっていったのではないのか、と思っております。

しかし、実態はそうではなくて、やはり墳丘が円形か方形かは土木技術の上でも違いがあります。少なくとも全長１００メートル以上の墳墓を造る場合、設計図が当然あり、図上で大きく違います。墳墓の形の背景には、思想があるわけですから、その違いは依然として重く見るべきです。従って、古墳形態の角・丸戦争という、妙な言い方をするようになりました。

それを各地域の中にあてはめていきますと、駿河の中の角派と丸派ということで、（図3）をご覧下さい。（図3）は駿河の高尾山古墳の報告書から取りました。この図の大きい丸の下にある、Eが高尾山古墳で、Dが神明山古墳です。ほぼ同じ地域に丸派と角派があり両者とも3世紀末か4世紀初頭です。次に（図4）を見ていただきますと段階1、段階2という編年図があります。ここでも沼津地域で発達しました大廓式という土器が高尾山古墳で継続的に使

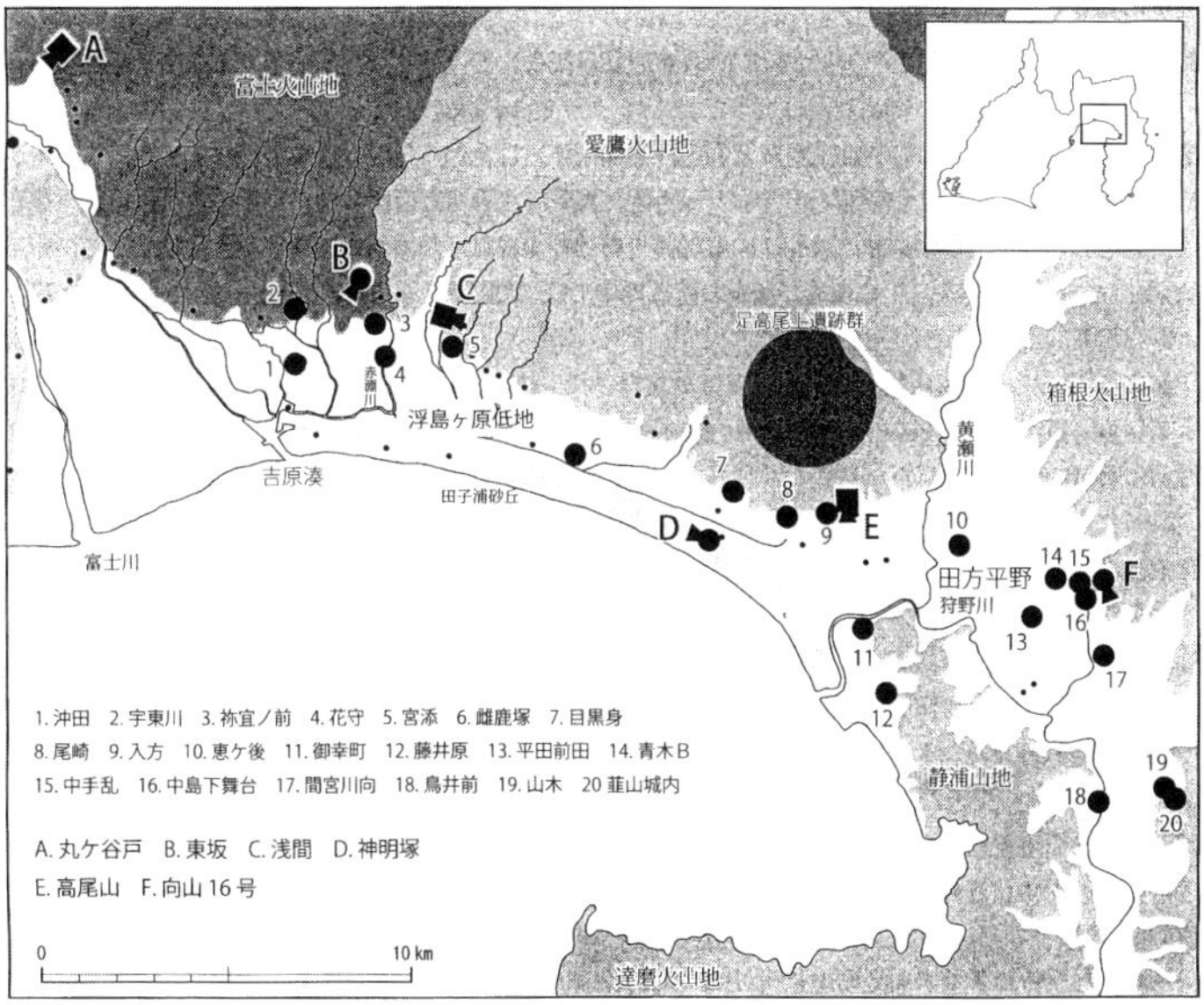

図3　高尾山古墳周辺における集落と古墳分布
（高尾好之ほか『高尾山古墳発掘調査報告書』、2012　沼津市教委）

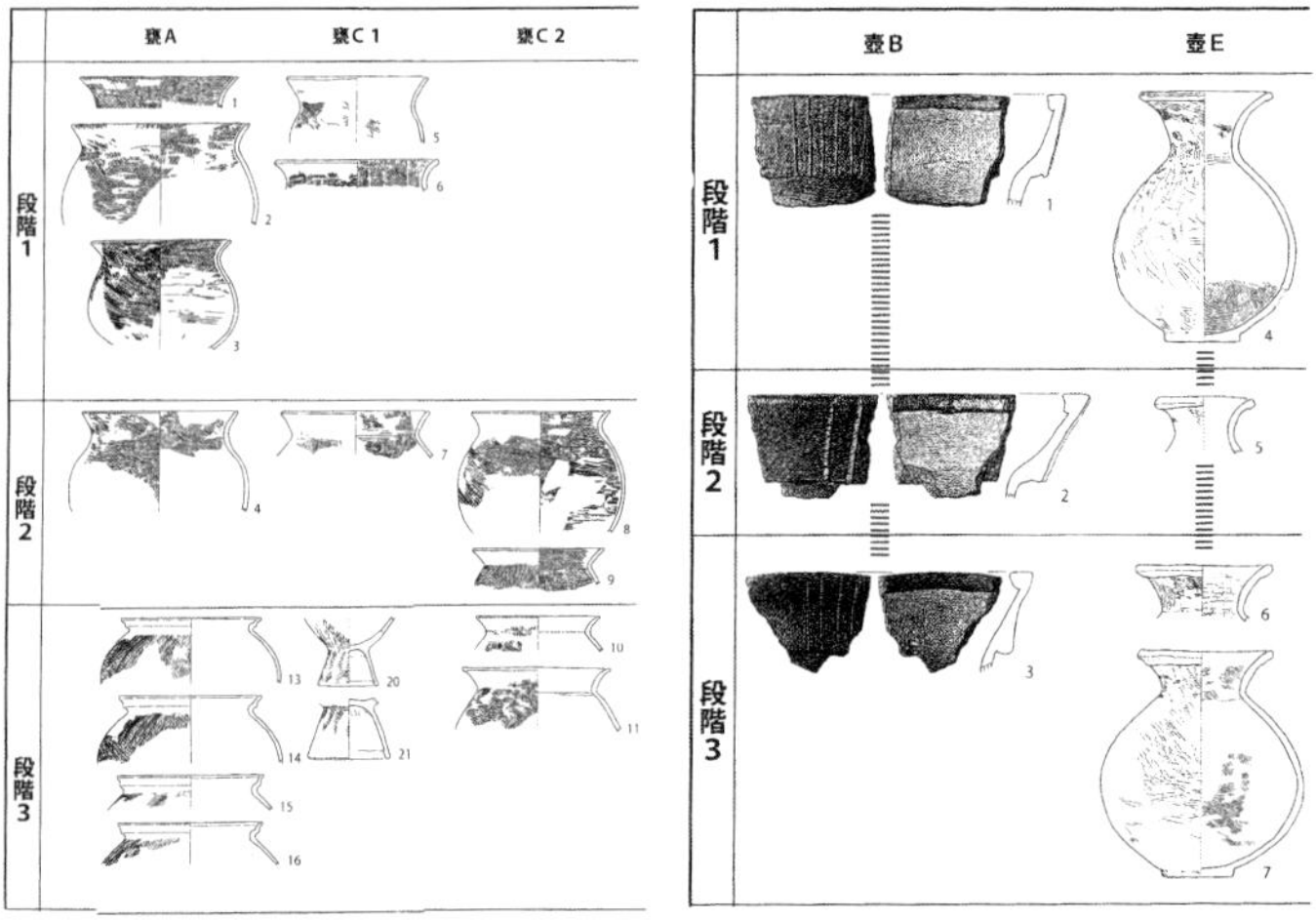

図4　駿河の2・3世紀土器編年（一部、渡井莫誉）

われております。一方では（図5）に神明山古墳がありまして、これはまだ、埋葬施設の調査はされておりませんけれども、静岡大学によって墳丘の調査が何回かされておりまして、報告書も出ております。それによりますといわゆるバチ型に開く長突円墳であるということが確認されました。埋葬施設を設ける主丘部を四角く造るか、丸く造るかということが、同じ地域でほぼ同じ時期に両方のタイプが造られている。しかも高尾山古墳は大きさが60《メートル》ほどもありまして、関東平野を含めて3世紀後半（赤塚さんはもっと古く考えているようですけれども、）から3世紀末であるとしても関東平野を含めて最大規模を持った墓であるということは事実であります。そういう墓がありながら、一方ではほぼ同時に、長突円墳が造られているということが実態であって、まさに駿河でも角・丸

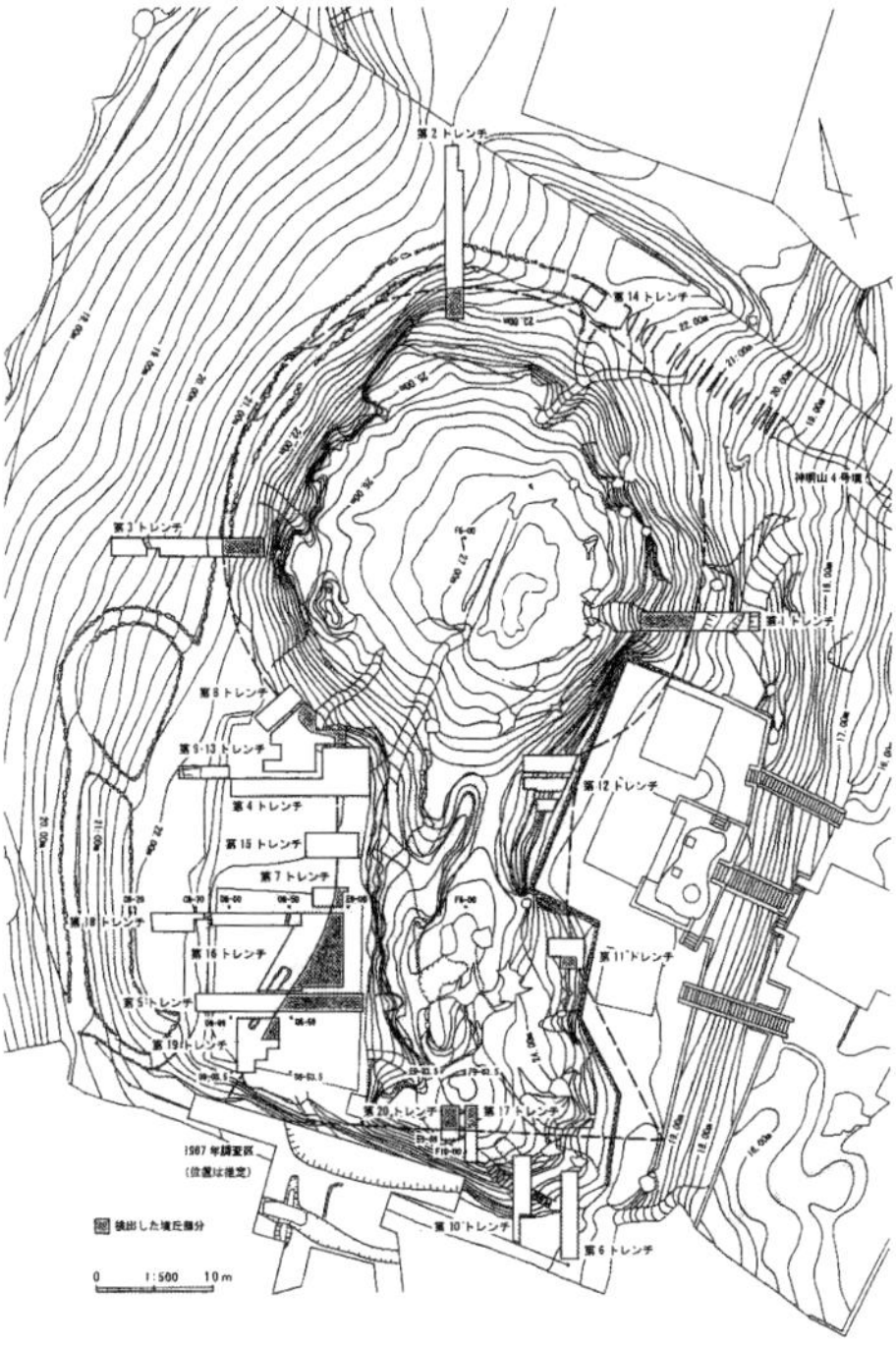

図5　神明山1号墳全体図（S＝1／500）
（滝沢誠　2012『神明山1号墳発掘調査報告書』静岡大学考古学研究室）

戦争が起こっているということだと思います。

総の地域、房総半島の上総、下総の地域でも、随分前から指摘されている事ですけれども、市原市の神門古墳群と君津の高部山古墳群の丸と四角が同時に作られ、そして高部では2世代に亘って、神門の方は3世代に亘って、継続的にそれぞれ丸は丸、四角は四角に造られ続けております。

毛野の地域、群馬県と栃木県の地域では、若干ややこしそうです。初期古墳の年代は少し新しい感じはありますけれども4世紀に一部懸る元島名将軍塚や下野の茂原愛宕塚や茂原大日塚古墳などが造られてきます。毛野では、最終的には丸派が大きな墓を造っていくという全体の動きの中に乗って来るのですけれども、前段では、単純ではなさそうです。

四　3世紀、纒向王宮の中の「伊勢」と「出雲」

つぎに、近畿の状況を若干紹介しておきます。纒向を初め、近畿地方の資料を加えておきました。折角遠方から来られた方もいらっしゃると思いますので、纒向の事はいろんな機会に聞いておられると思いますが、午後の討議にも話題として登場する可能性がありますので、若干紹介しておきたいと思います。

（図6）は纒向の大型建物群の平面図、（図7）は復元図です。検出されたときはA・B・C・Dの4棟の建物が東西一直線に並んでいると考えました。しかし、2013年の調査で西端の建物Aがなくなりました。建物Aの部分は小さなトレンチ調査を行っていて、そこに柱が一直線上に並ぶ場所にあったものですから桜井市埋文センターでは建物Aを推定し、それを確認するために調査しましたら、並んでくる筈の柱穴が見つからなくて、無いということが確認できました。4棟が東西一直線に並ぶと推定されたのですけれども、今の段階では、一番西の建物は存在せずに、水が湧きでる大穴が二つ固まってありまして、そこには無数の小さな柱穴がありました。も

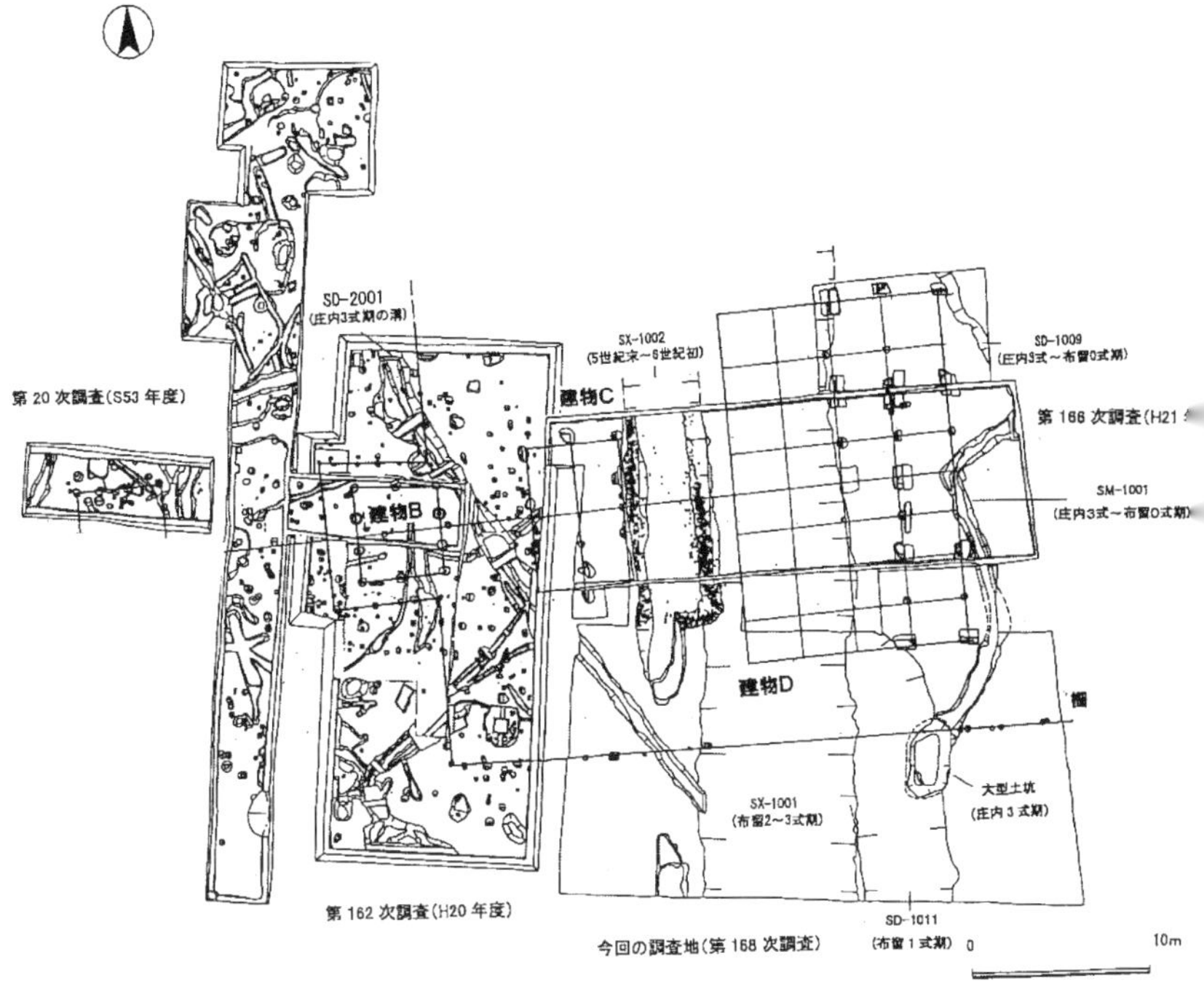

図６　纒向遺跡大型建物遺構配置図（桜井市教育委員会）

図７　大型建物全体復元図
（桜井市教育委員会提供）

しかすると清らかな水を汲む覆い屋を持った井戸の施設があった可能性はあるかと思います。

　他方B、C、Dという建物は確実に存在しておりまして、しかも建物Dは12・4×19・2メートルで、今のところ3世紀段階では、日本列島最大の規模をもつ建物であることは変わりありません。さらに建物CとDは、建築史の神戸大学の黒田龍二さんが、（図7）の復元図を作られ、建物Cは伊勢神宮系で、建物Dは出雲大社系の建物であると言われております。

　このことは、3世紀のヤマトに、伊勢神宮系と出雲大社系の建物が同時存在しているということです。これは、神道史上も、考古学上も、建築史からみても、そんなことがあるのかということで、大いに議論になるのではないかと思います。私が学生時代から聞いていた話では、伊勢神宮系の建物と出雲大社系の建物は全く系譜が違う。伊勢神宮系の建物は稲穂を蓄える高床倉庫を神が宿る建物として観念され、それが伊勢神宮として継続して祀られていると聞かされておりましたし、出雲大社は二軒四方の四角い建物で、住宅建築のルーツになる建物に神様が宿ることになった。一方は高床倉庫をルーツにし、一方は住宅建築をルーツにしているという点で、出雲大社と伊勢神宮は全く建物の系譜としては違う、思想的にも違うと言われているものが、3世紀のヤマトの長方形区画内に、同時に存在する、とはとんでもないことです。なお、新聞報道では3世紀前半とされておりますが、私は、3世紀後半の建物ではないかと考えております。3世紀に出雲大社系の建物と伊勢神宮系の建物が共存する、そういうことが本当にあるのだろうかと思っております。本当にあったら両方の系譜を考え直す必要が起こりますけれども、本当にそうなのだろうか、特に棟持柱があるから伊勢神宮系と言うのは、(多分黒田さんはそんな単純な判断をされてはいないと思いますが、)本当に伊勢神宮系なのかということに、私は、疑問をもっております。出雲大社系はそうなのだろうと思いますが。先日出雲大社で遷宮が行われた時にはそれもあって、慌てて行ってきましたけれども、今年は10月に伊勢神宮の遷宮があり、参拝して、纒向はどうですかと聞いてきたいと思います。

飛鳥とか奈良時代の宮殿は南北に一直線に並ぶ配列を取ります。古墳時代を通じて大型建物が長方形区画の中に東西であろうが南北であろうが一直線に並ぶかどうかはまだ判っておりません。判っておりませんから何とも言えませんが、纒向で、3世紀後半段階で東西に一直線に並ぶということは一体何事なのだろうか。それにしても古墳時代を通じてこの後、王宮クラスの建物群が東西志向なのか、東西というとすぐ太陽信仰と結びつきそうですが本当にそうなのだろうか。私は、一昨年ぐらいから改めて、纒向王宮の主軸線上にテープを張ってもらって、桜井市埋文センターの森さんと一緒に、冬至の日、午前6時頃に現地で太陽が昇って来るのを眺めました。何回か行きましたけれども、まだ、建物列の主軸延長上から上がって来るのを見ることは出来ておりません。一年中のある時期には一直線上に登って来る所があるはずであろうと思っております。そこには柿本人麻呂の万葉歌もありますので、万葉歌人と三輪山地域の太陽の動向も探ってみたいと思っています。まさか人麻呂さんがここに古代の建物があったことは知らなかったと思いますが、三輪山に上がる太陽とこの建物群に何か関係があるのか、無いのかということも考古学的な資料とは別に楽しみながら、一つの事実を確かめたいと思っております。

(図8)をご覧ください。ここには、纒向で見つかった近畿的な弥生後期以来の叩き甕が、北陸を含め東方に動いており、これに対して、纒向甕と呼びました薄甕は九州を含めた西方に動いております。例えば博多湾岸の西新町遺跡、西新式土器と呼ばれている2世紀の終りから3世紀の土器があります

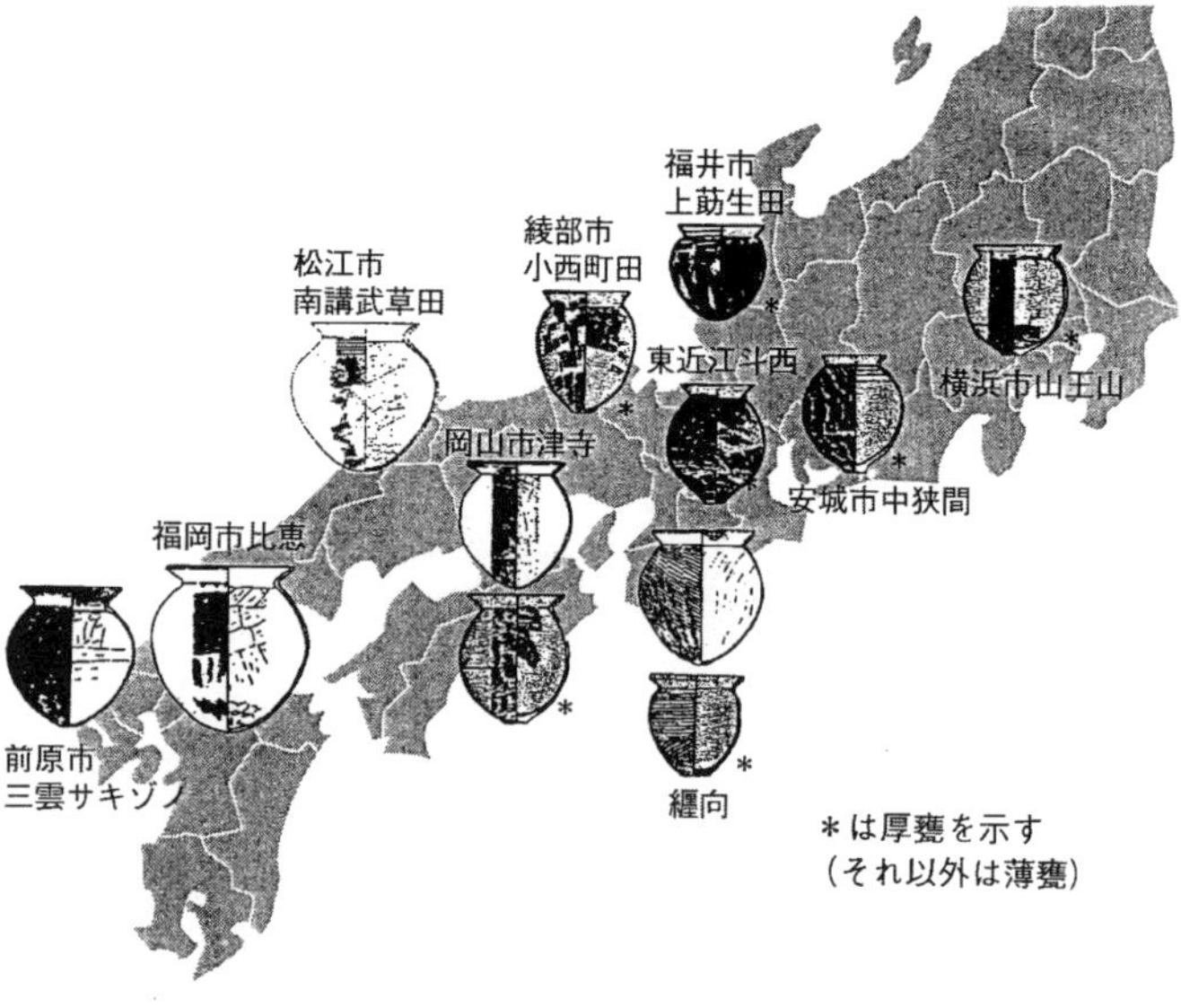

図８　３世紀の近畿系土器の移動
(石野博信　２０１０『弥生興亡　女王・卑弥呼の登場』文英社)

が、博多湾の西新町遺跡では近畿系の纒向型の土器を持った住居群と地元の西新式の土器を持った住居群と、韓国の朝鮮半島系の土器を持った住居群が、ほぼ同数ずつ一つの集落の中から出て来ています。随分前の調査でありますが、指摘されております。まさに、博多湾岸の貿易港的な3世紀の町の中に近畿人も韓国人も九州の人もほぼ同数ずつ拠点を構えている集落遺跡が見つかっております。このような貿易拠点が日本海沿岸側など各地に、それぞれ貿易都市として存在していたのではないか。そこには外来系土器が高い比率で存在しているでしょう。

どうも有難うございました。

〔シンポジウム〕
邪馬台国時代の関東と近畿

司会　石野　博信

パネリスト　深澤　敦仁
大村　直
西川　修一
比田井克仁
赤塚　次郎
森岡　秀人

石野　それでは、シンポジウムを始めていきたいと思います。今から三時半まで、テーマとしましては、１「土器からみた流通」、２「集落構成と集落内の金属製品」、３「初期古墳――墳形と副葬品」、４「関東から見た東海と近畿」というように、進めていきたいと思います。

一　土器からみた流通

最初のテーマは「土器から見た流通」です。土器の話はどうしても細かくなりますが、各地の○○式土器が西暦の何時頃と考えているのかは、発表者によっても違います。例えば、神奈川の○○式土器が千葉では何時頃の時期かを付け加えてもらいますと会場の方も判り易いと思いますので、ぜひよろしくお願いします。土器の動きとは、その背景に人々の動き、一時的な移動や移住を現わしているかもしれません。それぞれの地域の特産品の交易に行く場合や一時の移動、長年の移住という違いが考えられます。その辺りが土器の流れの中でどういうふうに考えられるのかという点、或いは同じ移住でも一家族ではなくて、一集落全部という集団移住も考えられますので、様々な関東の移住について検討してください。それから、関東の地域相互の移住もあると思います。その辺も含めてお願いします。また、関東以外の東海代表、私は赤塚さんの所を狗奴国ではないと言いましたけれども、とりあえず、狗奴国代表の赤塚さん、そして邪馬台国代表の森岡さんとかは、関東の様々な現象について自由に発言していただけたらと思います。まず、関東の四人の方の中で、関東の移住について、まず話していただきたいと思います。比田井さん、はいどうぞ。

比田井　移住のタイプなのですが、弥生時代と古墳時代の始まりとでは、随分様子が違うということがあります。弥生時代の場合は主に南関東のみに人の移住が認められ、古墳時代に入りますと北関東の方にも認められるということがございまして、南関東の方は西川さんの発表にもありましたように、明らかに団体さんがやってきます。しかし、その土地の中に団体さんがやって来た後、中に埋没していってしまう。本来の出身地の土器とは違った様子になってくる、変容してくるというような動向が認められますので、大規模に人がやってきて、最終的には融合していく、最後は相模なら相模に、武蔵野台地なら武蔵野台地に埋没をしてゆくということが弥生後期の段階に見受けられるということで、大規模融合埋没型というような言い方が出来るかなと思います。

古墳時代になりますと、今日の話題には出てきませんでしたけれども北海道から東北に土器が来ているような現象がありますが、これも一過性のもので消えていってしまいます、つまり、一次波及をする形のもの、一時波及型と言うのがいいのかもしれませんが、そういったあり方と、小規模に人が来て一時期集落を形成しますが、比較的短期間に消えてしまうというのもございます。近江系の集落、川崎市東耕地遺跡、藤沢市若尾山遺跡といいまして、相模と南武蔵の方に二つほど遺跡が認められますが、それが現段階ではそれしかないというもので、小集団が来て集落を形成しますが、すぐに消えてしまうというような小規模な埋没型の形ものです。

それに対して、北関東の方には、後にいわゆる石田川式土器圏を形成するような大規模な集団が来ている。しかし、融合しない。樽式の人達と仲良くならないということがあります。大規模な非融合定着型、おおよそそのような具合に分けられるのかなと思っております。

石野　他の方どうでしょうか。集団で移住するという時に、群馬の石田川式の話が出ましたけれども、赤塚さん、あそこの場合、石田川式土器そのものは濃尾平野と全く同じなのですか。違うのですか。

赤塚　カタチや作り方を含めてかなり異なる土器だと思います。群馬の方々に聞いた方が早いかなと思いますが。

石野　深澤さんどうぞ。

深澤　違うと思います。

石野　土は地元の土ですか。

深澤　大半が地元の土であると考えています。私が示した編年（深澤図2）でいうところの古墳前期中段階は、上毛野地域で高塚が成立する段階と考えていますが、この段階以降のいわゆる

「東海系土器」は在地化が著しく進行し、東海の方々と袂を分け、独自の変遷を経ていきます。

石野　東海系の土器が関東に動くのは、後ほど赤塚さんにもお聞きしたいと思うのですけれども、関東地方の中で比田井さんの資料で（比田井図1）、2世紀の関東の土器の地域性が書かれております。Aから幾つかの地域に分かれて地図上に示されておりますが、それぞれのグループ相互間でも土器の動きとは、それぞれのグループに結構来ているとか、いないとかということは如何ですか。例えば相模ですと関東平野の中での土器が相模に来ているとか、或いは相模の土器が別のところに行っているとかということは、西川さん如何ですか。

西川　相模湾岸へのヒトの移動は弥生後期です。また東京湾内に人が集中してくるのも弥生後期です。いわゆる次段階、古墳出現期にヒトの移動が顕著なのは、これら南関東沿岸部ではありません。当該期に土器の移動＝ヒトの移動が、関東地方で広範、かつ一斉に起こっていたと「誤解」されがちですので、このへんの事実関係についてまず確認しておきます。またサガミの土器はどこか他地域に行っているか？…というのは今のところ明瞭ではありません。

相模湾岸に、集団的にヒトが入り込んでくるのは、弥生時代後期中葉に始まる「顕著な事象」です。その後もモノの移動はますます盛んになりますが、特定地域の文物が押し寄せてくるという状況から、もっと広範な交流が認められるというように変化すると思います。弥生中期末の宮ノ台式にも確かに「地域色」はありますが、総じて宮ノ台式の文化様相については弥生時代後期に比べれば、斉一性が強いと理解しています。この宮ノ台式土器をもった集団自体も、前代の駿河湾方面からの集団移住と深く関わりを持っていると思います。宮ノ台式文化が広範に南関東地方に拡散し、環壕集落に象徴されるような本格的な農耕集落を築いたと理解されます。

その末期、何かクライシスな事件…、どのような事態が起きたのかは判然としませんが、後期に移行する段階で激しい変動があったようです。そうした変動の結果、形成されたのが「後期の新たな枠組み」と思われます。宮ノ台式土器、それを継いだのは東京湾の沿岸部の久ヶ原式土器しか想定できません。この段階に東京湾沿岸部にヒトが集まって来た様相がうかがわれます。その段階に相模湾岸エリアは、考古資料から見ると「空き地」のような状態になっています。宮ノ台式土器文化圏はある意味では「領域を狭め」ますから、「衰退した」という評価をすることも可能かもしれません。かたや慶応大学の安藤広道さんのように、東京湾岸に「戦略的に集住した」と考える方もいます（安藤２０１３）。それは今までの構造では社会を維持できなくなったので、人々が東京湾内に集まって住むようになった。その「結果として」…サガミに「人口希薄地」ができた。そこに遠江や三河の人たちが入ってきた…という整理ができるかも知れません。

会場からの質問に「東海から移住してきたという根拠は何なのか？」というものがありましたが、それは土器型式の変化をたどっていくと、前段階の宮ノ台式から全く繋がらない、他地方の土器がそのまま入ってきているということです。土器以外の他の文化事象では、竪穴建物のカタチの変化も非継続的であり、その蓋然性が高いと思っています。「渡来人ではないのか？」という質問もありますが、当該する半島系文物の出土もありませんので…。

弥生後期前半から中葉に、東海地方のスポットから、相模湾岸のスポットへという集団的移動があったと思っています。この時期の集団的移動とは相模湾岸に限定的な事象のようです。この移動について、その解釈は措くとして、東京湾岸へのヒトの集住という動静と密接に関わっていたと予測しています。東京湾岸にもこの時期には金属器など外来の文物が数多く招来されていますが、他地域からのヒトの移動は顕在化していません。外来系土器の介在は皆無に等しいと理解しています。私や伊勢原市教育委員会の立花実さんが「交流がある」のに、「土器文化圏は閉塞的」である（立花１０１２ほか）という「所以」です。私はこのような文化的な事象を「臼久保・山田橋段階」と規定しています。

ちなみに群馬県の石田川式の段階にヒトが移動する現象とは、かなり時間差があることを再確認しておきたいと思います。S字甕に象徴される石田川式の段階には、東京湾内にはそんなにヒトが入ってきている様相は認められません。既にヒトの集住はリミットを越えていたと考えれば、既に集団でヒトが入り込んでくる余地はなかったと思います。ぜひとも切り分けて考えたいと…。

石野　みなさんの手元に土器の編年表、「邪馬台国シンポ編年」（シンポ図1）と書いたものがあるかと思いますが、宮ノ台式は、その表の中にはありませんで、それより古い弥生中期の終り

土器型式対応表　　　　2013.7.13

新潟シンポ編年	東北	関東北部	関東南部 東京湾 西川氏 西岸		東岸		東海 赤塚氏（1990）		南関東 比田井氏	千葉 大村氏	北関東・西部 深澤氏	近畿 森岡氏（現在）	畿内
1				1			山中式後期		弥後Ⅱ			第Ⅴ様式 3 4	
2			Ⅰ	2	Ⅰ	b	廻間Ⅰ	0 1	弥後Ⅲ	山田橋		5 6	
3								2			樽Ⅲ新	庄内Ⅰ	庄内（古）
4		Ⅰ期						3 4		中台1	（弥生後期後半）	庄内Ⅱ	
5	Ⅰ－1	Ⅱ期（古）	Ⅱ	3	Ⅱ		廻間Ⅱ	1 2	古前Ⅰ	中台2	古墳前期 古段階	庄内Ⅲ 庄内Ⅳ	庄内（新）
6	Ⅰ－2	Ⅱ期（新）		4				3 4		草刈1		布留Ⅰ	
7	Ⅱ－1 Ⅱ－2	Ⅲ期（古）				a	廻間Ⅲ	1 2	古前Ⅱ		古墳前期 中段階	（古） （新）	布留（古）
8	Ⅲ－1	Ⅲ期（新）	Ⅲ	5	Ⅲ			3		草刈2		布留Ⅱ	
9	Ⅲ－2	Ⅳ期				b		4			古墳前期 新段階		布留（中）
10	Ⅲ－3			6			松河戸式前期		Ⅲ	草刈3		布留Ⅲ	

図１　邪馬台国シンポ編年

頃の土器の形式です。これからもパネラーの皆さんの発言の中で「なんとか式土器」という名前が出てくると思います。それは何時頃の時期なのだろうというのは、この編年表を見ながら聞いて頂けたらと思います。ということで今の話は、弥生中期の終り頃の話をして頂いたと思いますが、弥生後期以降に絞って移住の話を語って頂けたらと思いますが。はい、どうぞ深澤さん。

深澤　今の西川さんの話で一つ気になる点があるのですが…。「空き地があったから入ってきた」ということなのですか？

西川　そのような「解釈もある」ということです。私もその可能性が高いと思いますが、昨日の発表の時に触れたように、考古資料から説明することは限界があると思います。

深澤　弥生後期段階の関東北部は、土器の様式構造的にみると強い閉鎖性が看取されますが、その一方で、外来系土器の移入があったことも近年の発掘調査事例から次第に明らかになっています。こうした外来系土器の移入は、当然のこととして、人の移動に伴うものです。これらを携えた人々は、きっと何かを狙って関東北部にやってきたと思うのですが、その時期、弥生後期段階の樽式土器地域圏は人口密度が高かったと思われるため、外来系要素は在地の様式構造を壊すことなく、地域の中に埋もれていったのだろうと想像されます。つまり、空き地に外来の人々が入ってくるという状況とは違った状況が、関東北部の弥生後期段階では起こっていることを申し上げておきます。

比田井　すみません深澤さん。最初の石野先生の質問に戻ってもよろしいですか。（比田井図1）の分布図の括りの接点といいますか、このA～J迄の中での動きというものにつきましては基本的にはみんな上手に住み分けをしているというようなことが言えます。ただ、単品でちょこっと樽式が23区の北部に一遺跡に1片、破片が出ているとか、吉ケ谷式が相模の方にポツンと出るとかという現象がございますけれども、基本的な括りというのは大きく守っているという状況が見受けられます。ですから大きな集団がドドッと、例えばJの地域からCの地域に、そこの竪穴住居がそればっかりというようなイメージの移動というのは関東地方の内部同士にはありません。（比田井図1）の状態が定着しているという認識が一つあります。

それよりもかけ離れた地域の人達がやってくるというのが（比田井図1）のAとCの南部で、西川さんが述べる集団がドッと来るというのは隣の地域よりももっと遠い遠江・三河といった地域から来るということであり、関東地域にはそういう特色があるということです。この範囲図の外側、例えば東北南部とか信濃とか駿河とかいう所の集団との関係は非常に薄い。駿河より西方面の集団がドンと来るという現象がありますので、深澤さんがおしゃる閉鎖性というのは古墳時代の初頭に入った時に初めて集団との関係でクローズアップされてくるということであります。

それから相模の場合はそれよりも１００年ぐらい前の段階で外来集団との関係が問題になって来るというようなことに整理できるのではないかと思います

石野　はいどうぞ、大村さん。

大村　多少話がかみ合っていないところがありますので、私なりに整理させていただきますと、中期末から後期初頭というのは、海水準の変化をともなうような長期的な気候変動なのか、あるいは短期的突発的なものかわかりませんが、何らかの「事件」があって、列島規模でみても大きな断絶がある。それに関係して南関東では後期前半は東京湾沿岸地域に人が集まり、相模あたりは空白地域になってしまいます。これは、先ほどの西川さんの発言の通りです。（大村図1）は後期の環濠集落分布ですが、この空白地に神崎遺跡のように愛知やあるいは静岡から集団として入ってきて、それに誘発されるように環濠集落が多数つくられます。これが後期の状況なのですけれども、東日本で「土器の移動」を考える上では、こうした底流にある後期に始まる開拓移住をまず押さえておく必要があります。

開拓移住は、さらに終末期から古墳時代になると、今度は房総東京湾沿岸地域を基盤として北へ向かって動き出します。それによって、豪族居館と誤認されているものもあるのですが、方形区画の環濠集落がつくられます。深澤さんのお話にも関連しますが、下総台地から利根川以北の地は、弥生時代においては、明らかに遺跡密度が低いわけです。終末期以降そこに人が多数入っていく。こうした、開拓の波が底流にあります。それとは別に、終末期、庄内式段階に新たな波がくる。これは、北陸であったり東海西部とかいくつかの核となる地域はありますが、方向的には多様で、国分寺台では北関東からもやってくる。これも、私は基本的に移住だと思っていますが、この時期は既存のムラに少人数で入ってきたりしています。

ですから東日本の場合、底流にある東へ北へという動きは弥生時代後期から古墳時代にかけて継続的にある。それは集団的な移住です。それとは別に、あるいは一部重なるかもしれませんが、弥生時代終末期、古墳時代早期といわれる時期に、別の契機をもって人が動き出しているわけです。

石野　色々な時期を細かく区別しておかないと正しく理解できなくなるという話ですが、先ほど比田井さんが言われたように、弥生後期の段階で（比田井図1）にあるそれぞれの地域同士での交流は、さほど顕著ではない。ある範囲の中でのそれぞれ他所の地域の土器があったとしてもほんの数点である、ということですが皆さん同感でしょうか。関東平野の中では…。そうだとすると、その次の古墳早期、或いは古墳出現期、まさに邪馬台国の時代になった段階には、関東平野での土器の動きはどうなるのでしょうか。3世紀段階での、関東平野での土器の動きについていかがですか。

西川　比田井さんの（比田井図2）「関東地方の2世紀の地域性」という図に関して、D朝光寺原式も宮ノ台式から生成されてきた土器型式ではありません。これも人が移動してきた形成されたと考えれば、広義の外来系土器と言うことができると思います。

この集団がFの樽式系譜なのか、この図には示されていませんが甲府盆地の金《かね》の尾《お》式の影響下なのか意見の分かれるところです。いずれにしても、関東山地を取り巻くような集団がいて、それも外来的な集団だと思っております。中期末から後期初頭の段階、山沿いに降りてくる中部高地系のこの集団は、少数ですけれども後期前半段階で相模湾岸に波及してきている様相が最近になり明らかになってきています。（西川図14）の大磯町馬場台遺跡などがそうです。中部高地系の「人影が見え隠れする」状態が確認できます。これら中部高地系の人たちは、漠然と拡散しているのではなく、中部高地から連なる関東山地を取り巻くエリアをめぐるスポットを繋ぐように広がっています。また東京湾岸や相模湾岸においては、その生活域は丘陵地形に限定されており、台地や沖積地に降りてくることはありません。そこには「意志が感じられる」というか、戦略的なものを感じます。

しかし状況は単純化できないところもあります。東京都と埼玉県境の和光市午王山《ごぼうやま》遺跡は、集落形成時には櫛描文系集団のムラですが、後続する段階には東遠江・菊川式系集団が同じ台地に環壕集落を営んでいます。その中部高地系の人達（岩鼻式土器）はいなくなってしまったのか、放逐されたのか分かりませんが…。ムラの風習が急に菊川式土器を使う暮らしに変わったとは思えません。このように状況は大変複雑な様相を呈しています。

石野　すみません。なんとか式がいきなり出てくると会場の人達は判りかねますので、なんとか圏を中心とする、何世紀の、或いは弥生後期のとか、中期のとか、でお願いします。

西川　すみません。埼玉県の南半部・荒川水系には、弥生後期前半の段階に中部高地系の岩鼻式という土器分布圏が形成されます。その南端部に櫛描文土器集団が移動してきて一時住みつくのだが、その後、居なくなる状況がうかがえます。中部高地系の櫛描文系土器集団は、場所ごとで名称が違いますが、明確なネットワーク網をもっており、意志をもって移動しているということを強調したいと思います。

石野　今の話は、弥生後期の話ということですね。

比田井　すこし、西川さんの話に補足させていただきますが、今、西川さんがお話ししましたのは(比田井図1)の前の時代のことであります。弥生時代中期の宮ノ台式が消えて、その後に(比田井図1）の時代になる。宮ノ台式から非常に複雑な時代があって、岩鼻式とか中部高地系の物が入ってきて朝光寺原式になるというその直前段階が非常に複雑なのです。

それで私のこの図は、山中式がやってきた頃の地元というものになっております。この邪馬台国シンポ編年表（シンポ図1）でいいますと西川さんがお話をしていたところは、山中式後期のずっと上の枠線の辺りの話になります。そして後に山中式がやってくる頃に（図1）の様な状態におさまった状態になります。今回のシンポジウムはそれよりも後からスタートするということになります。

大村　話が深いところに入ってしまって、おそらく、ここまでの話が分かっているのは、ここにいる関東の人間だけではないかと思います（笑い）。というのは、この比田井さんの図（比田井図1）いけないのですよ。これはある時期を切り取った図なので、皆さんには、どんどん動いているという印象はもてないのではないかと思います。この（比田井図1）の、例えば、H、I、J、Gとそれより南の地域では、同じように描いてあっても遺跡数や規模が全く違います。そういう所に向かって土器が動いたり、土器型式が書き換えられたりということを繰り返しています。後期の状況は、この辺で切り上げるのが良いと思うのですが…。

石野　そうですね。3世紀の邪馬台国の時代に早く入りたいので、その前段として、ということで始めたのですが、弥生後期の後、古墳のような大きな墓があちこちで出てくる。その段階での関東平野の土器の動きについてはどうでしょうか。後期に比べて外来系の土器というものがかなり増えるのでしょうか。はい、西川さん。

西川　私が担当した範囲は、（比田井図1）のAのエリアですが、弥生時代後期に比して、古墳時代になるとまとまった、コアな集団が移住して来たような形跡は確認できません。この時期、相模湾岸の低地に面したほとんどの台地縁辺部で遺跡が認められるようになってきます。その大半は弥生時代の後期後半以降の集落遺跡です。ただし特定エリアの外来系土器ばかりが大量に出る遺跡はありません。もちろん一つの遺跡を掘れば、S字甕のオリジナルに近いモノだとか、叩き甕がまとまって出たりしますが…。それは個別のヒトの交流や、または移住により他地域の土器が招来されるのではなく、ヒトの交流により物資が移動した結果、つまり土器の中身が移動した結果ではないか…、と考えられます。

石野　人間よりも、土器の中身を持った交流ということなのでしょうか。人の移動を示すものではないということなのですかね。房総半島、千葉県の地域はいかがですか。

大村　昨日お話しした国分寺台というのは、ある意味特殊と言われれば特殊なのかもしれませんが、福井とか愛知辺りの人が確実に来ていると考えています。土器とその地域の竪穴までこちらに来るというのは、やはり人が動いているということになります。それも、一時的ではない。土器も大半はこちらに来てつくっている。しかし、こうした外来系土器が外来系の竪穴から出土するような事例は、国分寺台以外でも各地でポツポツあり、千葉県印西市泉北側第二遺跡では北陸北東部系、新潟辺りの土器と竪穴が、神奈川県湘南藤沢キャンパス内遺跡では茨城県南部の上稲吉式が確認されています。

また、外来系土器の出自となる地域も遺跡ごと地点ごとに違っていて、例えば、千葉県の茂原市国府関遺跡では、国分寺台地区ではどちらかといえばはっきりしない北陸北東部の土器が全器種まとまって出ています。一方で、市原市域で国分寺台遺跡群を凌ぐような巨大遺跡である草刈遺跡では外来系が乏しく、あっても二次的に模倣されたような土器しかありません。この時期の土器の移動には交易としての継続性、普遍性がないのではと思っています。もう一つ、この時期は、基本的に少数で動いていますが、遺跡の密度の低い下総台地の柏市の戸張一番割遺跡とか、外房の国府関遺跡は、ムラがまるまる動いてきているような集団的移住の可能性があります。

土器の移動は、庄内併行期のこの時期を含め交易というよりは人が動いているということが中心だと思っています。後期を見ても、南関東の場合、交易品は管玉や鉄器にしても中部高地や北関東を経由すると思われますが、この動きは土器には反映されていません。各時期、多様な交易は当然あるわけですが、土器は基本反映していないように見えます。ここまで割り切って良いのかどうか分かりませんけれども、そのように考えております。

石野　その中部高地系の特殊なものがあるということは、それは物の移動であって、人の動き、土器の動きとは直接関係しないということですか。

大村　例えば弥生中期は、佐渡産の鉄、石英の管玉とか、あるいは千葉県は石なし県なので、磨製石斧は長野県産の物が入ってきます。後期になってからも、銅釧とか鉄釧、西日本の釧とは少し違って帯状円環系の釧ですが、これも長野県が分布の中心になります。ガラス玉は、本州だと北近畿あたりにピークがあって、それが管玉などとともに北陸、中部高地を経由して入ってくるのではないかと思っています。あと鉄剣とか。そう考えると、南関東に入ってくる物流の多くは中部高地とか北関東を経由しています。ただ、土器の動きとしてはそれが見えてこないのです。

そうなると、一つの考え方として、こうした交易が直接の交渉ではなく、ムラからムラへといった段階的なものであった可能性があります。もう一つは、交易と土器の移動はそもそも繋がらない。弥生後期の土器の動きというのはやはり東海がメインなのです。人に関わる墓制も、方形周溝墓の平面形態の変遷は東海と合致しており、一方で北の礫床墓は波及してきていません。ですから、土器の動きは基本的には人の動きであって、交易とは別と割り切ってしまうこともできるのではないかと思っています。

石野　そうしますと、土器の動きに象徴される人の動きから言うと、東海の人が3世紀になると関東平野にたくさん来ている。赤塚さん、伊勢を含めた濃尾平野の人達は関東方面に何しに行ったのですか。

赤塚　難しい問題ですが、まず一番大きな理由としては、例えば、比田井さんの2世紀を中心とした個性的な土器様式（比田井図2）、朝光寺原とか吉ケ谷とか樽とか十王台とか菊川とか雄鹿塚式と言っている土器様式ですが、そういう各地の個性的な土器様式のまとまりというか、動きというか、なんとなくまとまりが見えなくなる、はっきりしなくなる時期が庄内併行期ではないかという印象を持っています。そしてその段階に東海地域の土器が、あちこちに出没してくる。しかしながら東海地域の文化が大きな顔をしてその地域に根付いていくというようなとらえ方ではなくて、あくまで地域の再生は弥生時代以来の個性的な土器様式を培った地域社会をベースに考えた方がいいのではないかと思います。古墳時代という扉を開け、地域再生に東海文化が上手に利用されたというか、必要として求められたと考えております。

石野　九州の福岡とか佐賀とか、吉野ヶ里遺跡の近くまで東海系の土器があると言いますが、北部九州にある東海系土器のあり方と関東平野における東海系土器のあり方は同じなのでしょうか、違うのでしょうか。

赤塚　そうですね、西日本の、例えば岡山、吉備地域とか、北部九州、特に博多西新町遺跡などを見ていくと、びっくりするほど類似するS字甕が出土しております。ただあくまで、地域的には面ではなく点としてです。また土器様式的にも選択的で器形を選んでおりまして、それに比べて関東、北陸、中部高地では土器様式というセットで、というか文化が受け入れられていると思っております。そしてその中で地域社会が欲したモノを、そこから選択し、独自に解釈して地域に根付かせていく。そうした動きではないかと考えております。

石野　関東地方にある東海系土器は、壺とか、高坏とか、お椀とか必要な器の種類がセットで動いているけれども九州の場合は単品で動いている。だから関東にある東海系の土器のあり方と九州とは全然違うのだ、ということかと思います。近畿の土器が関東にあるということも、昨日の比田井さんの発表でも、以前から知られている千葉の神門古墳群の中での叩きの付いた土器のあり方とかということも発表の中にありましたが、森岡さんの目で見て、関東にある近畿系と言われる叩きの土器、何人かの方は、あれは近畿のものではなくて三河近辺のものではないかという話もありました。その辺、森岡さんはどういうふうに見ますか。

森岡　その印象は、20数年以上前に神門古墳群調査中に土器整理プレハブの中で見た認識とあまり変わっていないのですが、近畿の中心部である河内、大和の土器は基本的には動いていない。特に後期、V様式併行の土器はほとんど動いていない。この編年表（シンポ図1）で言いますと、ここに書かれていない時期の土器の動きは鈍くて、私の編年表のV様式3、4、5の辺りの動きも近畿から直接の物は結構動きが鈍い。むしろ庄内Iと書いている頃以降に、近畿の伊賀盆地、京都盆地南部から北伊賀に入るようなルートとか、伊勢の雲出川水系にも叩きも出ておりますけれども、そういう所と三河とは海路的には直結しておりますので、尾張を抜きにした叩きを施した土器、甕の動きにはこの時期ぐらいからありそうだなというふうに考えております。

房総の神門辺りとか相模にも直接的に大和や河内の土器、本物の庄内式甕として動いているのは、恐らく3点とか4点とかのレベルであるかもしれません。エリアとか遺跡全体にあるというような印象は全然ありません。

従来言っているように、叩きの土器がありますと、近畿の中心部との交流のイメージがありますが、そういう動きは非常に鈍いのではないでしょうか。三河の場合でも矢作川がありますす三河西部地域でも上流域よりも下流域、最近ですと、鹿取川流域というのですが、あの辺の土器の様相を注意深く見ておりますと、石野さんが仰ったような叩き目の土器だけでは難しい、むしろ近江もS字も含めて動き始めている地域はそういうものを出発点からセット的に持っている地域が動いているという印象があります。だから今までのように東海系、畿内系と分けている見方、やり方はまずいのではないか、むしろどこのセットに近い物が動いているかという複眼的な目が必要ではないかと思います。結論になりませんけれど、大和の土器などは南関東へはほとんど動いていないと考えます。そう考えないと、大きな誤解を生む。

石野　畿内系とか近江系という言い方がまずいと言われたら、どう言ったらいいのですか。

森岡　叩き系、受口系という言い方の方がいいと思います。これらは二者が敵対しているのではなく、とくに受口の土器が叩き土器圏へ速やかに定着していく地域も多いのです。

石野　叩き調整甕とか、受け口口縁甕とかですか。

森岡　S字になりそうな甕とか、S字になった甕とかの方が判りやすいですね。近江とか、大和とか河内、尾張とかを付けますと、どうしてもその地域が発祥地的な中心部の動く出発点という誤解を受けやすいので、最近私はそういった認識を極力排除しております。畿外や畿内といった言い方も限られますから、畿内も外しております。叩き甕でいいのではないかと思います。

石野　今の話は、極めて専門的な話ではあるのですが、比田井さんの資料（比田井図6）図の一番上に畿内系と書いた土器が並んでいます。図面にするとこういうものでありますが、大きさが高さ15～6センチぐらいの土器です。土器を作る時に木目が出ている板で表面を叩いて土器の表面に2ミリとか3ミリの溝が付いている叩き調整の甕なので叩き甕と呼んでおりますが、そういう土器を中心的に作っているのが近畿地方なのです。例えば、関東でそれを古い段階から作っているということはないのです。だから関東で出てくるとこれは近畿地方にルーツがある土器ではないのかと以前から考えてきたし、言ってきたけれども、そういう言い方をすると近畿から行ったと思ってしまうからそういうふうには言わない方がいい、という意見です。

それなら何処から行ったのか。空から降ってきたわけでもない。叩き甕といった場合でも3世紀、或いは4世紀の段階に関東にあるいわゆる近畿系の叩き甕が関東にあることは確かである。関東にその前の段階から自然に生まれてきていないことも確かであります。ということは何処から来たのでしょうか。そのルーツ、誤解を生むから近畿系と言わない方がいいと言いますと、非常に客観的なようであるけれどもルーツが判りません。森岡さんは近畿ではないと思っているのですか。

森岡　地理的には、近畿圏の辺境部には入りますが、近畿の中央部ではない、という言い方です。もう一つ大事なのは、この表より少し前の時には、叩き甕というのは近畿地方でも七つ位の類型、土器の顔つきの違いがあります。淡路型は口唇部に叩きを施すものです。刻みを入れているわけではなく、叩き板を使っています。紀淡、紀伊にも紀北、紀中、紀南にもこの種の甕が広がっていますが、ニュアンスの違いがあります。播磨、とくに西部のＶ様式の甕は底部の突出部が非常に弱いから誰が見ても判り易いです。

といったような叩きの地域性が細かく分かれ、Ｖ様式の中ごろ以前にあった共通色も薄れる。そうした軌跡が動いて判るという状況が後半以降にはなくなる。特に庄内期にはすでに近畿の中心とか縁辺部から離れて行く甕を見ている訳ですから、叩きという系譜的な言い方は正しいですけれども，近畿中枢部の人間が直接関与したというよりも中継地を経ている甕と呼んだ方が良いという人もいます。石野先生が仰る近畿式系というのは、確かに一般には判り易いと思うのですが…。近畿という見方であれば、それを完全否定しようとは思いませんが…。広い用語、地域圏なので…。

石野　私自身は、ルーツは近畿だと思うのです。ただ、事実として直接行ったのは三河かもしれません。かといって三河にそれが自生したかと言えば、三河で自生しているとは思えないのです。そうすると三河でなくて伊勢かというと、伊勢にも近畿系の叩き甕が行っている。ですから近畿の物が伊勢に行き、伊勢か、三河に行き、三河から何処かに行って、そして千葉に行っているということはありうると思っています。それを全部断ち切って、ルーツが近畿であるということまで消してしまって、歴史を語る時に返って不便なのではないかと思いますが…。赤塚さんどうぞ。

赤塚　たとえば、（比田井図6）比田井さんが提示されている関東の外来系土器なのですけれども、時期幅があるので問題があるかも知れませんが、これ全部が伊勢湾地域にあります。例えば、特に雲出川下流域にはこの大半は十分に対応できます。したがって雲出川下流域の地域社会が主体となり動きだしたと言えばそうかもしれない。三河南部の矢作川下流域にも同様な動きが見えてきてますが、私は矢作川下流域はむしろ中勢の影響下にあると思っておりますので違うと思います。

いずれにしても何処から人が動いたのかということは知りたいわけですね。そうした場合、もっと細かい特徴などで手掛かりは見つかります。例えば（比田井図6）右下に伊勢・三河系の受口甕と書いてあります。この種の台付甕に有段口縁を持つものは、いってみれば汎伊勢湾型の甕なのです。伊勢湾のどこでも見られるものです。ただし、口縁は形態の特徴からおそらく豊川下流域の可能性があります。西三河というよりももっと東、東三河の感じがします。21の甕は三河ではありません。尾張でもありません。伊勢の中央部からもう少し北部のような感じがします。このように、詳細に見ていくとある程度想定が可能かと思っています。比較的土器研究が進んでいる汎伊勢湾型の台付甕などを中心として観察していくと、あるいはルーツがある程度読めてきそうであります。

石野　考古学では建物や古墳や土器等、様々な分野の研究をしている人がおりますが、特に土器の話になると、事細かになりまして周りの人が何を言っているのかさっぱり分からないということはよくあります。この辺で土器の話は打ち切って置きたいと思います。後で出てくれば又、ということにします。ただし土器の話は年代を考えるにしても、交流を考えるにしても非常に材料が多いですから、基本的な資料であることは確かであります。今、赤塚さんが言われたように、或いは森岡さんがこだわるように、細かく見ていくと判らないようになり、また小さい所が見えてくるようになるということがあります。

二　集落構成と集落内の金属製品

石野　集落構成は、今迄の邪馬台国シンポでは住居のタイプから見て、移住・移動の問題をやってきましたが、今回は住居そのものについては中心課題としては取り上げていません。けれども、村そのものの移動を考える上でも住居の形は大事な点になります。家の中でどのような暮らしをしていたのかは、現代の住まいでも間取りなどが、地域によって違うことが言われますが、そういう生活習慣に根ざしたのが建物、家だと思います。そういう点で家の中の構造、そして家の纏まりである村の構造について考古資料として考えていきたいと思います。

大村さんの方からキンドレットという聞きなれない民俗学の用語が登場しました。それは特定個人による移動、移住、大村さんの話の中で千葉県のある遺跡で、一番大きな建物が他所から来た人の家で、なおかつ同じ遺跡の一番大きな墓がその人の墓であるようだという話がありましたが、その辺大村さん、もう少し説明して頂けませんか。

大村　弥生後期の相模辺りは、ムラごと移住してきて環濠集落をつくるわけですが、環濠集落も継続的なものではなくて、地域の中に比較的早く同化していきます。相模でも常に環濠集落をつくっているわけではなくて、房総のような開放的なムラもあります。終末期については、今回、南中台遺跡の北陸南西部系、長平台遺跡の東海西部系の移住を取り上げましたが、こうした移住が各地で行われていたとすると、簡単に他地域、他集団に入っていける社会をベースに考えなければならないわけです。そうなると、厳格なメンバーシップで守られているような排他的な社会では考え難いということです。弥生時代中期の社会は、房総半島でも環濠をつくったりしていて、集落景観や墓域構成を見ても規則的で、長期的な規律の中でムラが維持されていると思うのですが、後期初頭に大きな断絶があって、後期や終末期の遺跡には、遺構間に継続的な規則性がない、まとまりが認められなくなるわけです。

こうした社会は、出自とか血縁というものが根幹にある社会ではなくて、あるリーダーがいてその周りに人が集まってくる、そのリーダーが交代すると次のリーダーのもとにまた新たなまとまりがつくられるといった社会ではないかと思っております。そして、国分寺台では、遠隔地からの移住にインパクトがあって、移住者がリーダーに共立されたのかなと思っています。その人のリーダーシップがどんなものであったかは分かりませんが、リーダー、首長のような地位が、そもそもその人の「生まれ」によって決まるような社会では、こういったことはありえないわけです。赤塚さんが、英雄という言葉を使っておりましたが、ある意味そういう社会なのかなと、卑弥呼が鬼道をもちいて人を惑わすような社会、個人が能力で人を束ねるような社会であったからこそ、当初の契機はともかく、こうした人の大きなうねりが生じ、各地で移住民が発生し、融合していくことがあり得たのではと思っております。今回、特定個人を中心とした社会について、キンドレッドという用語を使いました。

石野　ある地域に突然英雄的な人物が現れて、それまであった村に入ってリーダーになっていくという話ですが、昨日大村さんの話を聞きながら資料集にメモしたのは、まるで飛騨の国に伝わる両面宿儺という顔が二つあるような人物の伝説、これは日本書紀の仁徳紀に出てくる人物です。或いは岡山に伝わる桃太郎伝説に絡むような鬼の城という7世紀の城がありますが、そこに鬼のような英雄がいて、そこで大和から派遣された将軍と戦う物語があるのですが、そういう特殊能力を持った人が3世紀段階でも、ある所に突然現れ、やがてその村に受け入れられてリーダーになっていくことは、関東平野でもその他の地域でもあるでしょうか。2世紀、3世紀、4世紀くらいの間で、どうなのでしょうか。千葉県の特殊現象ですか。

大村　私は全国のことを語ることはできませんが、全国的に見ても後期社会は「停滞」と言われる場合があります。中期では、北九州の甕棺墓群であったり、畿内の環濠集落群であったり、長期的な企画性があり、そこには、永続的な集団秩序があったのだと思っています。一部では、こうした中期社会から直接古墳時代を描こうとする人もいますが、それはどうでしょうか。後期は、中期に見られた企画性が遺跡から失われてしまいますが、これは停滞ではなく、社会の仕組みが変化したのではないか、出自のような永続的な繋がりが緩んでしまった社会ではないかと考えています。そこに個人が出てくるのだと思います。英雄と言ってしまうとかなり特殊に思えるかもしれませんが、個人の能力、それが年長者の豊富な経験のような場合もあるでしょうし、多量の玉をもっていただけかもしれませんし、具体的には語れませんが、ある有力者がいて、そこに人が集まってくる。リーダーが交代すると、また別の集団ができる。そういった、血縁とか出自とかがあまり意識されない社会というふうに考えています。それは、近畿にあってもそうではないかと思っておりますし、前提となる弥生後期の社会に対する評価がないと、誤った古墳時代像ができてしまうのではないかと思っています。

石野　各それぞれの地域で、特に材料は思いつかないがありうることであるということでしょうか。その代表は卑弥呼だそうです。3世紀の房総でのあり方は何処でもありうるのかどうかということですが。はい、西川さん。

西川　昨日の話のなかで時間がなくなってしまい触れることができませんでしたが、弥生後期から古墳時代の列島東部の社会構造は、地域社会が「成層的な社会」ではなく、簡単に離脱したり入り込めたりする社会であったのでは、と考えています（西川図30）。その点で大村さんの考えにはシンパシーを感じます。ただし千葉県市原台の大型住居は、特殊な職能を帯びた「工人のイエ」のような気もします。ましてその主が外来のリーダーだったかは、不肖ながら判断つきません。

大村さんがおっしゃるように、古墳時代前期になると、東京湾岸エリアから北総エリアにおけて、東北地方南部に向けて人が拡散してゆきます。私は早くからこのことを指摘してきましたが、近年になって大多数の方が認める「事実」となってきたようで、嬉しく思っています。

しかしこのような現象は、もし地域の地縁的紐帯が強く、構成員としてひき留めておくような社会構造だったなら、あり得ない状況ではないでしょうか。その社会のエリート層からは「人口流失」＝構成員の亡失となってしまいますので、ゆゆしき問題だと思います。古墳時代前期にかけて、どんどん東北に人が拡散してゆく、その供給源は房総半島であった可能性が高いと思います。その点では、大村さんと同じような評価をしています。後代のような「土地にヒトを縛りつけておくような常識観」では考えられなかったような人的結合が存在した時代だったのではないかと思います。古墳時代前期にかけて、東京湾岸から東北南部への拡散は、北陸東北部の集団と絡まっており、まさにスクランブルな状況を呈している点で、弥生後期の相模湾岸で起こっていた集団移動の受容との類似性を感じます。わたしは弥生開始期の北部九州～大阪湾岸・伊勢湾岸～相模・東京湾岸～東北南部～東北北部のエミシ～北海道の擦文文化へ…と、周縁とフロンティアに関する「列島史の壮大な出来事」が連綿と続いて起こっていると密かに考えています。

ところで古墳前期段階、サガミはどうだったのかというと、その頃の相模湾岸の土器様相がどこかに広がっている様相は指摘できません。われわれの考古資料の観察能力からは分からないだけかもしれませんが、サガミ的文化要素の他地域への拡散・移動を指摘できません。しかし、この頃には前段階の過密状態から、一転して再び「ヒトが減少したのでは？」という状況が現出します。といっても宮ノ台式期の断絶というほど「鮮明」ではありませんが、遺構数の減少は確実に認められます。

これに対する解釈として、居住域の低地への展開という見方もありますが、沖積地の調査が進んでも、なるほどという成果は出てきていません。火山噴火・地震・津波…という類の甚大な災害に起因する人口減少という解釈もありますが、考古学的には解明できていません。わたしは低地部の考古学的調査がまだまだ不十分と考えており、現代の開発行為に先立つ試掘調査のよりいっそうの徹底が必要と考えています。

このように、まだまだ「未解明の領域」が残されていると思っています。

石野　森岡さん、どうぞ。

森岡　今までの話の展開と関連して、一番単純なところまで遡って考えますと、古い縄文時代からの社会のありようでビックマンの登場という考え方があります。今言っているような有力者ではなく、あくまで一過性で継承者がいないという社会の復元と少し絡む。次元の違う一過性の人達、リーダーの動きというものについて興味深くお聞きしましたが、近畿地方の弥生時代後期ですと、多くの集落自体が成層化しない状態です。だから中心周辺関係というのが、纒向遺跡の時代には改めて出てきますが、弥生の後期は中心周辺関係という結び付きは極めて乏しい。近畿地方はその点が弱いので、西川さんが仰っている関東での姿は、集落レベルを超えたところでも、どこにどういう差配関係が出来ているかということは、社会の仕組みとしてなかなか説明できないところがあります。これは近畿の実情ですけれども…。庄内式併行期以降になりますと、それがある程度できてくるように思われます。

今日、気になったのは，例の方形区画がある千葉の市原の例があります。その辺の時期が厳密には、近畿地方の南河内の尺度遺跡で見られるようなある程度安定する時期の統率者、リーダーというものが房総半島では殆ど異例中の異例かもしれませんが、東京湾岸から沢山出てこないと仰っておりましたので、この段階になりますと、それらが一旦解消されて世襲的な者、継承的な統率者が出てくることまで考えられているかどうかということをお聞きしたいのが一つです。もう一つは、近畿地方では弥生時代の後期の終り頃から世襲的な要素が窺える方形周溝墓が出てきます。例えば、80センチ位の長さの木棺墓が方形周溝墓の中央の中心埋葬施設から出てくることがあります。そういうものを含めると、近畿地方は弥生の終りの頃から世襲的な動きが始まるのですけれども、大村さん達のお考えはどうなのでしょうか。ああいう方形区画、居館、掘立柱構造の近接棟持ち柱があると仰っておりましたから、ああいうものの性格が先ほどの時期から時間が経ちますと、ああいう所に収斂していくのでしょうか。その社会構造の変化、画期をおうかがいしたいなと思います。

石野　大村さん、お願いします。

大村　関東の場合、中台遺跡のような方形区画があって神殿風の掘立柱建物をともなうケースというのは、群馬の中溝・深町遺跡はそうでしたか…、ほとんど例がなくて、方形区画があっても、栃木県の堀越遺跡では中央建物が竪穴であったりします。祭祀的な空間と居住空間の分離というのは、もしかして関東のこの時期にはできていないのかもしれないと思っておりました。ただ、5世紀末の群馬県三ツ寺Ⅰ遺跡のような遺跡をとってみても、居館の設置を契機として周辺に集落群が集まり水田開発が行われますが、居館自体は代々その場所を繋いでいくようなことがありません。古墳時代の首長居館といわれているものの多くは、世代ごとに建て替えられております。発表で触れた稲荷山古墳鉄剣銘の系譜も、古墳時代中後期にあってはまだまだ理念的なものでしかなかったと思っております。

ですから、弥生終末期に方形区画ができたとしても、地位が安定的に継承されるような社会だったかというとそうではありません。であるからこそ、国分寺台も神門がつくられてしばらく経つと、集落ごと姉崎に移ってしまうといったことがあり得るわけです。ただ、近畿の場合は、関東と違ってこの時期、遺跡密度も高くてもっと拮抗した社会かなと思っています。そういった中で、支配者層それぞれの独自化、組織化が関東よりは早く進んでいった可能性はあります。しかし、地位や権力の世襲継承というのは、古墳時代の中でようやく生まれていくもので、古墳時代に先立ち準備されていたものではないと思っております。

石野　では、森岡さん。

森岡　そこでヒントになるのかどうか判りませんが、昨日話題に出ていた小銅鐸というものに着目したいと思います。近畿の銅鐸と比べますと、先ず埋納しないという原則があります。銅鐸や小銅鐸では絶対にない、墓から出土するという傾向がありります。更に埋められたとしても特定の埋められ方をしない。むしろ廃棄に近い状態が多い。ということから、ああいう取り扱いというのは、一過性のリーダーとか、或いは首長なのか、司祭者なのかというところの決め手にもなるようなものが、弥生の後期の終末から庄内、布留にかけても廃絶しておりますから、時間的に長いのですが、ああいう取り扱われ方のものを温存している状況というものが近畿ではなかなか想像しにくい。同じ小銅鐸が出ても関東のように説明が出来ないということがあります。何かそういうものにリーダー格の性格が出ていないかどうかお聞きしたいと思います。これは比田井さんにお願いしてもよいのですが…。何か西日本と違うリーダーというか司祭者というか、性格の違いがあると思われますか。東の弥生社会の特性、その残影的なものがあるようです。

石野　確かに小銅鐸は銅鐸という文字は使っているけれど、銅鐸とは扱いが全く違う。特に東の方では大きい銅鐸は無くて小銅鐸と称する小さなものしかない。この扱いが全然違う、それは何故でしょうかということですが、比田井さんお願いします。

比田井　（比田井図7）に小銅鐸の資料を上げております。いま、森岡さんの質問にありますように、廃絶された時期というのが、新しいところでは4世紀代の竪穴住居址、或いは方形周溝墓内の周溝の中にある土坑墓の副葬品、それから単品の土坑墓の副葬品全てが古墳時代になってからの廃絶ということが考えられるのですが、これを持っていた人物が何時頃からこれを持っていたかという話になります。それを考えますと、例えば4世紀中頃の土坑墓の人が60歳で死んだとして、手に入れた年代は数10年遡るという理屈になりますと、どうしてもこの小銅鐸はもっと前からあったという可能性を考えるのが、蓋然性が高いというふうになります。実際、相模等でも山中式土器が入って来る分布圏内に認められ、当初の入り込みはもっと古い段階、弥生時代後期の中であると考えますと、その存続期間は恐らく１００年以上になる。そうしますとそれを使用する人達は当然1代では無いということになります。

ただ、何世代かの人がそれを使用していたとしても司祭的な意味合いを持った人物が、南関東の集落の中に存在していたことは証明できますが、首長としてのリーダーであったかどうかということは少し疑問符がつきます。例えば方形周溝墓の中の周溝の中に埋葬している、方台部の真ん中にいない人物はやはりBランクCランクのイメージで見ることになります。このお祭自体が石野先生のお話にもありましたように、弥生の神様が滅びた後に関東に来るので、弥生の神様の心意気を持った人たちが関東に来て、それを細々と村の中で伝えていくという行為自体が首長とかリーダー格の人のイメージとはちょっと外れるかなと思います。集落を纏める意味での心の問題というのは祭祀の点では重要なのですが、それが村全体の政治的な社会的なリーダーとは別に存在している可能性の方がいいのかなと思います。そうなりますと卑弥呼と男弟みたいな話になって、ますます接近してあまり良くないのかも知れませんが、集落の中には銅鐸の神様の3代、4代前にそういう神様がいて、それがこの小さい鈴に託されているということを中心とした村が古墳時代を通じて4世紀代に入って終焉を迎える。そして4世紀代のころには、三角縁神獣鏡を持つような前方後円墳が登場してくる時代と出会い、交代するような形で村々のアイデンティティーが消えていくというような形になる。司祭者の存在、司祭的なことを司る村の民族フォークロア的状況というものはあるのではないかと思いますが、それがいわゆる村のリーダーと一致するかどうかは再考の余地ありかなと思っております。

石野　小銅鐸の分布（比田井図7）にありますが、静岡東部から関東にかけて集中的に分布しております。この中で今の話にもありましたように、4世紀まで使われているということですが古いのは何時くらいなのですか。

比田井　残念ながら、推測の域を出ませんが、廃絶されている状態から見ると古墳時代ころに海老名市本郷遺跡で、関東地方で初めて発見された小銅鐸も住居址が方形でありまして、明らかに古墳時代の形でありますが土器が出ていないのではっきり言えませんが、廃絶の時期は古墳時代に入ってしまいます。可能性が高い物としては新宿区高田馬場三丁目遺跡で、これも共伴遺物が乏しくてはっきりしません。その他、八王子の例がありまして、これは住居の形態からして、もう少し遡る可能性がありますが、私の編年の弥生時代後期のⅢ段階、庄内の古より少し前（3世紀中頃か）辺りで廃絶されている。そこの同じ遺構ではありませんが、同じ集落には伊場の系譜を踏む東海西部系土器が出ております。

というようなことから推測するとこういった銅鐸が入って来る動機といいのは、三河、遠江系の人達が関東に姿を見せたことと無関係ではないと考えられます。その人たちが関東にやって来る時に銅鐸の神祭りの分祀というようなものを持ってきたということが想定されます。ですから100年以上は関東内の一部の地域だと思いますが、そういうことをしている地域が関東内にポツポツと散っていった、その最初の要因は三遠系の人々、伊場とか山中式の人達と一緒に思想が入ってきたと考えております。

石野　山中式を出す遺跡に伴うことが多いのですか。

比田井　厳密に言いますと、西遠山中式、一応浜松周辺に近い土器群を出す遺跡のズバリではないのですが、その遺跡の近くとか、その遺跡の範囲内というふうに相模の場合絞り込めます。それから、菊川系がありまして、これは高田馬場三丁目遺跡で、近くに下戸塚遺跡がありまして菊川式が認められます。それから房総半島の方は遺物、土器が古墳時代に入っておりますのではっきりしません。元々房総半島の方は山中系の人達の流入があまり多くない地域で、その辺ははっきりとは言えません。相模を中心とした武蔵野台地の方はそういった東海系の人達と重なり合う分布に入っているということは間違いないと思います。

石野　考古学用語として、小銅鐸という名前が付いておりますが、銅鐸とは呼ばない方がいいのでしょうかね。袋井でしたか、愛野向山遺跡で小銅鐸が墓地の中から出ていたと思いますが、赤塚さんどうでしたかね。時期は何時でしたか。現場にはいったのですが、うろ覚えで…。

赤塚　森岡さんがご指摘になった弥生系の小型金属製品については、東日本にも結構種類が多く出土しています。鏡、巴形銅器、筒状銅製品等種類が多い。ただし、面白いのはそれぞれの地域社会がそうした金属器の全部持っているのではなくて、その中の幾つかのデザインを好んで所有している。これが一つの特色です。注意してもらいたいのは、比田井さんの（比田井図8）の帯状鉄釧、これは善光寺平の箱清水式土器をもつ人達が持っているもので、ブレスレットです。そして東日本の中では鏡も結構古い段階から、2世紀、3世紀から関東地域周辺でも結構見つかっています。邪馬台国時代というか、それ以前より金属製品などは、想像以上に北陸から関東地域に多く分布するようです。繰り返しますが、東日本の社会はそれらをそれぞれ全部持つというよりも、それぞれの地域社会が欲したデザインだけを所有する、作っているということになろうかと思います。

もう一つ、鏡とか小銅鐸とか巴形銅器も不思議なくらい全て一過性で何の変哲もない竪穴建物等に捨てられた状態で見つかっております。余り大切に扱った状態ではないようです。東海もそうでありまして、あるいはこういうものは光輝く光物として何度も磨いてお守りのように扱っていくモノではないかと考えており、その霊力が無くなれば簡単に捨てさるモノである。ちょうど賞味期限があるお守りのような感覚を想定してます。

石野　群馬県有馬遺跡には鉄剣が副葬されていますので、3世紀の関東平野から出ている集落や墳墓の金属製品と近畿の金属製品を比べてみると、関東の方が多いのではないでしょうか。近畿は貧乏で、関東は金持なのですか。はい、西川さん。

西川　関東地方の鉄剣については、列島東部の人々の「嗜好にかなった品」として、東日本向けに「出荷されている」というイメージを持っています。列島東部に向け、Y字型鹿角製グリップが着く鉄剣を「特製」していると考えます。その制作はどこで行われたかは不明ですが、どこかに中心があり、そこから威信を帯びた器物として配布したものではないと思います。

相模湾岸から房総半島西岸に小型銅鐸が偏在かつ、濃密に分布するのも、何か東日本の嗜好や流行に関する需要としての「意味」があると思っています。関東北部の栃木県域での小銅鐸の出土例は、先ほど述べました房総半島から列島東北部に拡散する文物やヒトの動きと一連のものであると思います。房総と相模湾岸で多く出土する小銅鐸は、静岡県西部の伊場遺跡や鳥居松遺跡など浜名湖周辺から供給されたものと考えており、そこでまとまって出土する生産に係る遺跡が発見されるのを期待しています。私は、相模湾岸の低地遺跡にはまだまだ小銅鐸が埋まっているといつもホラを吹いています。ひょっとすると相模湾岸で集積している遺跡が見つかっても不思議ではないとも思っています。相模湾岸で制作しているとまでは言いませんが…。

小銅鐸も鹿角装鉄剣も、列島東部の人々が欲していたから東に向けて特製されていたのではないかと思っています。しかし、このような器物を単純に威信財と呼ぶことは抵抗があります。

最近、このような東日本に独特の青銅器に関して研究者仲間でこんな話をしましたので、ちょっと紹介します。弥生時代後期の青銅製品として「指輪形」といわれるものが、東海地方から相模湾岸にかけてたくさん出土します。なかには「小孔」をあけたものもありますので、一部は首から下げたペンダントヘッドではないかという理解もあります。しかし竪穴の覆土とか、包含層からの出土例ばかりが目立ちます。果たして装身具だったのか?…と。管見では人体に着装された位置で出土したものは皆無だと思います。そうすると「指輪」という名称も怪しいものです。マジカルな器物であるとしても、装身具としての使途を根本的に再考する必要があると思います。奇抜な意見ですが、護符として家の中にぶら下げていたのかもしれない。それほど、何時もいつも竪穴建物の埋土に混ざって出てきます。

このように、鉄製品や青銅製器物の所有に対して威信を認めるという思考法は再考を要すると思います。列島東部において、稀少性の高い金属器などの器物に対し威信財としての意義を想定することは単純すぎる思想です。むしろ稀少器物の所有が社会関係として、特定個人としての威信を反映していない可能性に目を向けるべきと考えます。

また古くて新しい問題ですが、近畿地方の「見えない鉄器」に比して、南関東ではたくさんの鉄製品が出てくる。この事実はますます鮮明化しています。いまだに列島東部は「技術・知識的に〝未開〟であり再利用できなかった…」と発言する方がいますが、大した根拠もなくアプリオリな解釈だと思います。これらの諸点に関してもしっかりとした議論をすべき段階にきていると思います。

石野　はい、どうぞ深澤さん。

深澤　小銅鐸に関する関東北部の情報としては、比田井さんの提示された資料（比田井図7の41番）の存在が特徴的だと思うのです。これは、太田市の中溝Ⅱ遺跡の資料でして、竪穴住居からの出土品です。この遺跡が存在する地域はどのような地域かと言いますと、私が示した編年（深澤図2）での古墳前期古段階以降に、それまでは人口密度が極めて希薄だった状況の中、外来の人々が入ってきた地域なのです。おそらく、これらの移入の人々は、水位の比較的高いこの土地を水抜きの技術等を駆使して居住空間形成していったものと想像されますが、中溝Ⅱ遺跡もこうした動態の中に位置づけられる遺跡であります。そして、小銅鐸が廃棄されていた竪穴住居は、布留Ⅲ式併行の段階の聖水祭祀を伴う新たな祭祀体系が入ってくる、その直前段階に位置づけられる竪穴住居と考えられます。よって、こうした状況からすると、小銅鐸は、一時期のマジカルな意味が失われ、廃棄されたのではないかと推察しています。

石野　布留Ⅲ式は4世紀の終りから5世紀の初めだと思いますけど、そういう時期の群馬の状況ということであります。集落内の金属製品が今のテーマですけれども、近畿に比べますと関東の鉄器の種類が多いですね。腕輪や指輪、鉄鏃等も結構あります。近畿3世紀の集落遺跡を掘って10点とか20点の鉄製品、金属製品が出たら、邪馬台国が決まったと大騒ぎするくらいになるかと思いますけれども、関東ではそれくらい鉄器は結構出ているイメージがあるのですね。そうすると近畿の場合は、その時期の古墳を掘っていないからだと言い、近畿の土は鉄製品を腐らせてしまうのだと言います。そう言わざるを得ないほど少ないのです。奈良県ホケノ山古墳は3世紀の中頃から後半にかけての時期ですが、80メートルクラスの大きい古墳ですが、かなりの量の金属製品、銅製品、鉄製品が出ています。だから他の古墳を掘れば金属製品は幾らでもあるという言い方もあるのですが、その辺はどう思われますか。関東と近畿を3世紀で比べた時に集落から出てくる金属製品に随分違いがある。森岡さんいかがですか。

森岡　すごく違いがありますが、少数で、帯状銅製品ですと、滋賀県の湖南、湖東辺りですが、十里遺跡や下勾遺跡という滋賀県守山市の隣の栗東辺りに、帯状銅製品の西の端の資料が出ております。それに中国鏡である後漢の内行花文鏡片も出ております。東西を分かつラインでここまでは来ているということになります。

　ごく最近、奈良県桜井市の大福遺跡でも筒状銅製品が出土しました。我々が見ますと筒型銅器のミニチュアに近い、古墳時代前期末の筒型銅器のモデルになるくらいよく似たものが出ております。そういうものが出始めてもう少し近畿でも出てくるのではないかという予測はしております。それから枚方あたりに出てくる台地の墳丘墓で後期の後半から終末、庄内にかけての実例がありますが、やはり極めて近畿地方中央部では発掘例が少ないのです。方形周溝墓の数が減って、さらに埋葬は単葬棺が増えます。副葬量というか供献されているものも少ないです。この時期はものが無い時期なのですが、前期古墳になりますと、一気に何十倍と出て参ります。

丹後半島などの日本海ルートで山陰、島根、鳥取、兵庫の北部、京都府北部このあたりは、鉄は結構押えておりまして弥生後期の中ごろから後半、終末にかけての鉄器の量はすごいものがあります。鉄器工房も明らかなものが島根、鳥取、丹後まではあります。最近は京都の盆地内でも弥生後期前半の鉄器工房が出ております。何か、ルートの変動と関係するのではないかと思います。墳墓ですとバイキング活動に近いようなことが日本海沿岸部の各入江、ラグーンでは起こっていて、単発的に大陸と直接、朝鮮半島から鉄器の素材、大形鉄器なども流入している。それが大和に来ていないだけというようなイメージがあります。大和、河内というのは極めて緊張状態というのはそういうところから来ているのではないかと思います。大和に入ってこないというので、琵琶湖沿岸部ルートといいますか、大和に入る北からのルートを探っておりますし、瀬戸内海のルートの開放状態も早く求めている。

大阪大学の福永さんはシーソーゲームのような表現で、日本海ルートが壊れると瀬戸内海が開明的なルートになる。また、北岸と南岸で時期が違ってⅢからⅣにかけて変化があるということで、日本列島の東日本も含めて潤沢にあるというのは、赤塚さん流で言うと部族の象徴的な器物に近くて、決して数の多い状況を歓迎すべきではないと思います。むしろ中部地方独特と言いますか、利根川までの間で天竜川から東の方の地域は鉄釧・銅釧・小銅鐸などの文化が示すように、近畿地方の銅鐸が終わってからに対応するくらいの小形器物もあって、弥生コンプレックス、小考古文化の大地域集合の表情の現れ、土器の様式圏を越えてはいるが結び付きが強いので、比田井さんの言っている細かい土器の様式を越える部分でのタイプの強さを感じます。その時の群馬や北信とか南の房総半島、相模がネックになって来ると思います。そういう評価の方が私にとっては判り易いと思います。

石野　近畿で鉄の話になると、30年位前の橿原考古学研究所で行なった「3世紀の九州と近畿」という講演会、シンポジウムを思い出します。その段階でも圧倒的に3世紀段階での畿内の鉄製品は、奈良、大阪を中心とした地域は少ないのです。それで近畿の発表者は、近畿の土は鉄を腐敗させる成分があるとかいう未証明の話をせざるを得ず、九州の発表者は無い物は出るわけがない、ということで終わってしまいました。

その状況が現在でも特に変わっておりません。ところで丹後の例を森岡さんが出しましたけれども、近畿というと丹後地方も入るのですけれども、丹後は日本海文化に入る地域であり、土器の顔つきも2世紀、3世紀段階では、奈良、大阪とは全然違います。隣接地域の応援を借りなければ奈良、大阪は3世紀段階の鉄に関してはどうしようもないというのが今現在の実態でありまず。それでも邪馬台国大和説が多く、大和説でいこうとするとまだ掘っていない3世紀の古墳がいっぱいあるからだということを言います。でも本当にそうなのだろうか、というのがこれからの楽しみなのだろうと思います。

三　初期古墳—墳形と副葬品

石野　つぎに3世紀段階の墳丘墓或いは古墳、邪馬台国時代の墳墓について考えていきたいと思います。特に関東の3世紀段階の古墳で随分前から注目されているのは、房総半島の神門とか高部の古墳だと思います。その中で、神門古墳群は円丘であり、高部古墳群は方丘です。私は丸と四角を区別しておりますけれども、円墳と方墳に歴史的な性格の違いは無いという考えもかなり大きな意見として出てきております。その辺も含めて関東地方の3世紀段階の前方後円墳、前方後方墳についてみなさんどのようにお考えですか。3世紀段階の関東方面のお墓のあり方、話の初めに具体的な調査例がある千葉県の房総に就いて、大村さんどうでしょうか。

大村　この時期、方形と円形がどこまで特定権力によってコントロールされていたか、東海と畿内ということになるのでしょうか。これについては疑問を感じるところはあるのですけれども、東日本は前方後方系が先行すると一般的には言われております。しかし、千葉の場合、前方後方が主役かと言われればそうではない。よく見ると定着の仕方はS字甕の波及と定着に似ているところがあります。発表でも取り上げましたが、おそらく高部とか全長50メートル級の滝ノ口向台8号墓などは終末期の前半期にあって、その後、東海地方との関係が三河を経由するようになってから、神門のような円丘系が主役となる。三河と円丘系の関係はわかりませんが、結果、南関東ではS

字甕は定着しない。古墳時代前期においても前方後円墳が主流になります。前方後方系は一歩引いた形で、方形周溝墓に取り込まれたりして継続するような印象をもっています。

石野　その他の方でいかがですか。私は丸と四角は違いに意味があるという言い方をしましたけれども、そうは言っても横から見るとあまり変わりません。上から見て四角だろうが丸だろうが、横から見ると、一方は高く、一方は低いというふうに見える、側面観はさほど変わらないと思います。四角だったら稜が一本見えますが、角の部分が見えますが、当時の人は空から見るわけではありませんので、そういう意味では大した変わりは無いという意見もありうると思いますが、どなたでもどうでしょうか。関東地方での3世紀段階の墓について、丸と四角の違いに歴史的な意味があるのか、ないのか。或いは副葬品を含めて、また地域の土器のあり方も含めてどなたでも如何でしょうか。はい、どうぞ、深澤さん。

深澤　3世紀の関東北西部では、丸と四角と、両方あります。しかし、確実に3世紀だとする高塚は確認されておらず、ゆえに3世紀の墳墓と言いますといわゆる「周溝墓」に限られます。つまり、地域内では円形周溝墓と方形周溝墓が存在するわけです。この両者は3世紀から4世紀に移る頃になっても存在しますが、円形周溝墓は極めて客体的な存在となり、やがて姿を消していきます。

その一方で、方形周溝墓は古墳前期を通じて一定の存在を保持していきます。そうした状況の中で、公田東遺跡1号周溝墓のような、ブリッジが取り付く方形周溝墓（深澤図15、深澤図14の④）が出現したり、熊野堂遺跡1号墓のような、明確な前方後方形を呈する周溝墓（深澤図14の①）が成立したりしてきます。

なお、先ほど3世紀の高塚は確認されていないと言いましたが、関東北西部、上毛野地域で最初に築造された可能性が極めて高い高塚というのは前方後方墳である元島名将軍塚古墳と考えられています。

石野　前方後方形周溝墓と言われるような形のものが見られますが、出ている突出部は短いですけれども、長いのもあるのです。こういうものは、近畿地方の弥生の方形周溝墓で墳丘が高く残っているもので墳丘の高さが2メートルくらいのものはあります。従って濠の底から見れば2・5メートルくらいにはなるのですが、外から見れば2メートルくらいで、そのくらいの墳丘はもっているだろうと思います。他の地域、関東、東海を含めてお墓の関係はどうでしょうか。はい、どうぞ西川さん。

西川　相模の出現期から古墳時代前期の代表的な高塚系墳墓を（西川図15〜図17）に挙げています。平塚市真田・北金目遺跡群内に所在する塚越古墳は、古い時代に行われた最初の調査では前方後円墳とされていましたが、前方後方形であることが昨年刊行された報告書により確定しました。塚越古墳は土器編年上、前期後半に該当すると思いますが、隣接する弥生後期から続く墳墓群内では12Ｂ区ＳＤＨ１００７号のような古墳出現期に遡る前方後方形の墓も確認されていま

図2　古墳出現期の相模湾岸の地域ブロック

す。弥生時代から継続的に墓域として継続しており、ある段階で前方後方形を採用していたということは刮目すべき新事実です。

相模においては、海老名市秋葉山3号墳（西川図16）ばかりが短い突出部を持ち、不整形円丘の高塚墳として注目されがちですが、その出現は列島西部との関係性とともに相模社会のなかで理解する必要があります。ほぼ同時期に北金目台地付近では、方丘系低墳丘墓が造営されていたことは確実です。

いっぽう秋葉山古墳群は独立した丘陵のピークに造営されており、集落遺跡との隔絶性と同時にランドマーク性を強く感じますが、塚越古墳を中心とした真田・北金目遺跡群の方形墳群は集落域に隣接して造営されています。ほぼ同時期、相模湾岸の東・西の至近距離で、このような違いがあり注目されます。これは前代の弥生後期の地域色に起因するのか、列島西部との関係性を反映しているのか？　興味深い事実です（シンポ図2）。

ところで（シンポ図3・図4）に神門と高部古墳群が載っています。この図だと、神門と高部は同じような大きさであると、ついつい思ってしまいますが、実は「縮尺不同」の図版です。高部古墳群は鏡を持っていますが、大きさは神門3墳に比して小規模であるということを見逃しがちです。図面のマジックというか、並べると「円形と方形」のモノと単純に比較したくなります。しかし実際の大きさはずいぶん違いますので、注意が必要だと思います。また高さという点では、高部古墳群もかなり高いマウンドを持っていますが、実は単純に「方形」ではなく、限りなく「円形に近い気」がします。感覚的なものかも知れませんが、単純に「円と方」とか、「近畿と東海」という単純化した比較論には違和感を持っています。それは両古墳群の土器様相でも同じです。

相模の場合も、秋葉山3号墳の高い墳丘と60メートル規模の大きな墳丘規模は、突出部を持つ低平な墳墓とは築造理念が違うのは明白です。平塚市真田・北金目遺跡群の前方後方形墓もかなり規模が小さいといえます。このような初期の高塚墳墓の多様性を重視したいと思います。

石野　神門と高部の大きさは幾らでしたか。（シンポ図5）があります。神門古墳群の5号、4号、3号で全長が49メートル、55メートル、63メートル、高部古墳群が31、33メートルで随分差があるということですね。高部の方丘墓の方が小さいと言うことですね。ほか、どなたでも。はい、どうぞ森岡さん。

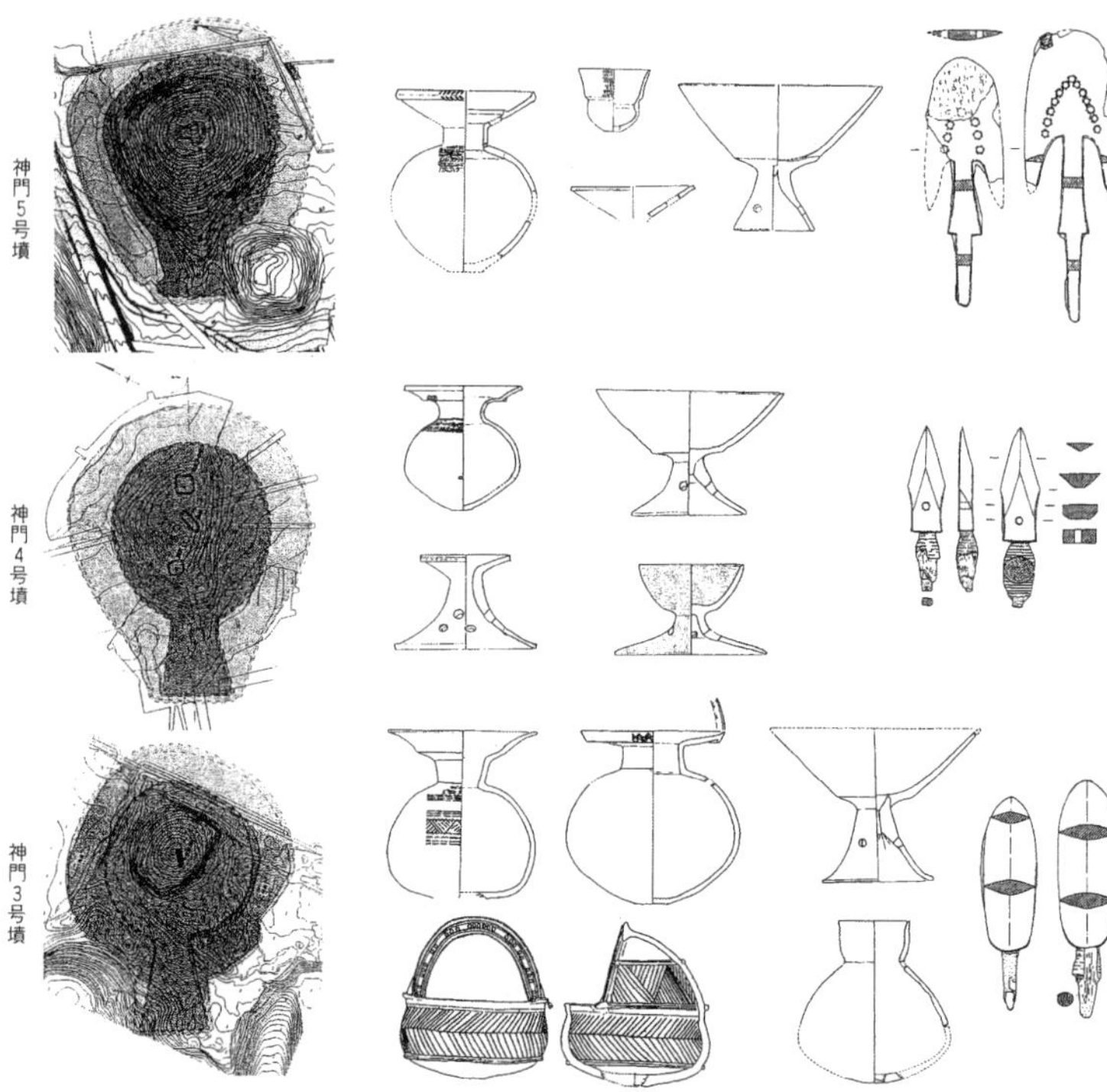

図３　神門古墳群の墳丘と出土遺物（縮尺不同）
小沢　洋　２００８『房総古墳文化の研究』六一書房

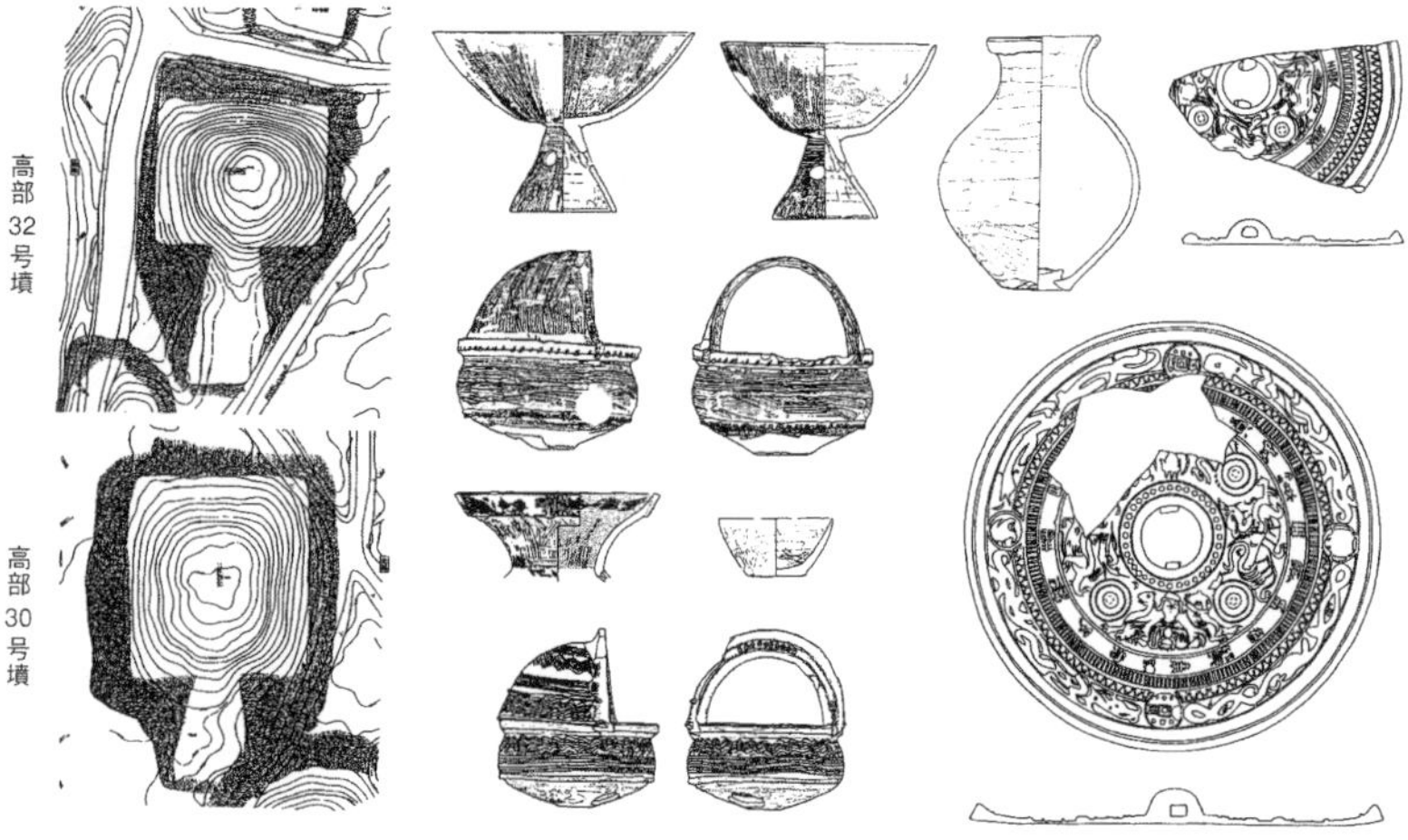

図４　高部古墳群の墳丘と出土遺物（縮尺不同）
（小沢　洋　２００８）

古墳	形態	墳丘規模	埋葬施設	副葬品	出土土器
神門5号墳	前方後円形	墳丘長　36.5m（復原値 42.5m） 周溝全長　復原値　49.5m 後円部長　31.5m　幅　32.0m 前方部長　11.0m　幅　12.0m 復原前端幅 13.0m　墳丘高 5.9m	主丘部中央 墳頂下 170cm 墳丘主軸に平行 墓壙 3＜×1.2m 箱形木棺か	鉄剣 1・鉄鏃 2・ガラス小玉 6	墳頂部：装飾壺 8・高坏 3 甕 1 以上 （北陸系小形壺含む）
神門4号墳	前方後円形	墳丘全長　49.0m（復原値 46.0m） 周溝全長　復原値 55.2m 後円部長　33.0m　幅　30.0m 前方部長　13.0m　幅　13.0m 括れ幅　8.5m　墳丘高　4.3m	後円部中央 墳頂下 170cm 墳丘主軸に平行 墓壙 4.32×1.4m 箱形木棺	（棺内）鉄剣 1・鉄鏃 41・菅玉 31 ガラス小玉 394 （棺外）鉄槍 1 （墓壙上）鉇 1・粉砕玉類（硬玉勾玉 3 ・菅玉約 42・ガラス小玉数＋）	壙頂部：壺 5（装飾壺含む） 高坏 5・器台 7 旧表土面：手焙形土器・装飾壺・ 叩き甕・台付甕・甕・高坏・鉢
神門3号墳	前方後円形	墳丘長　47.5m＜（復原値 53.5m） 周溝全長　復原値 63.5m 後円部長　33.5m　幅　33.0m 前方部長　20.0m　幅　15.0m 括れ幅　7.0m　墳丘高　5.2m	後円部中央 墳頂下 72cm 墳丘主軸に平行 墓壙 4.13×1.3m 箱形木棺	（棺内）鉄剣 1・鉄槍 1・鉄鏃 2・鉇 1 菅玉 10・ガラス小玉 103 （棺外）菅玉 2	墳頂部：装飾壺・二重口縁壺 瓢形壺・高坏・鉢・手焙形土器 周溝内：叩き整形甕・甑・高坏 器台・壺
高部32号墳	前方後円形	墳丘長　31.2m 周溝全長　約 37m 後円部長　15.8m　幅　19.5m 前方部長　15.3m　幅　10.6m 括れ幅　5.9m　墳丘高　4.7m	後方部中央 墳頂下 110cm 墳丘主軸に直交 2.04×0.92m 箱形木棺	半肉彫四獣鏡（破鏡）1・鉄槍 2 （墳丘内）鉄鏃 1 （周溝内土壙）鉇 1・釣針 1	墳頂部：高坏 6 周溝内：手焙形土器 1 底部孔壺 3・鉢・高坏 叩き甕片
高部30号墳	前方後円形	墳丘長　33.7m 周溝全長　38.6m 後方部長　21.8m　幅　20.7m 前方部長　11.9m　幅　約 8m 括れ幅　4.9m　墳丘高　3.7m	後方部中央 墳頂下 135cm 墳丘主軸に平行 2.70×0.63m 箱形木棺	二神二獣鏡（破砕鏡）1・鉄剣 1・鉄槍 1	墳頂部：手焙形土器 1 周溝内：小形甕・高坏・装飾壺 浅鉢

＊神門古墳群の墳丘長で（　）内の復原値は、田中新史「神門三・四・五号墳と古墳の出現」(1991) の中で提示された前方部前面溝復原案に基づく計測値であり、前方部長・前方部幅もこの復原案に基づく数値である。
＊墳丘高は後円部または後方部の周溝底（最深部）から墳頂部までの高さを基準とする。
＊埋葬施設の墳頂部からの深さは棺底面までを基準とする。

図5　神門・高部古墳群比較一覧表（小沢　洋　2008）

森岡　前方後方型周溝墓から前方後方墳への変化ですね。近畿地方で重要なのは、時代が下って来ると、大和盆地ですと新山古墳ですか、近畿地方ですと新しいものは長法寺南原古墳とかが築造年代として最下限になってきます。その間に近畿地方の中では、かなり古い時期にフサギ塚とか下池山（森岡図7）とか波多子塚のような大和盆地東南部の一角に群単位で前方後方墳が順序良く、或いは併存してグルーピングできる状態で出てくる。確か私の記憶では東殿塚古墳が、誰かの復元で、下部が前方後方墳で上が前方後円墳になっていますね。時期的には、大和より河内の方が古いのではないかと思っております。これは赤塚さんとは違うかもしれません。赤塚さんは一番古いのは伊勢湾沿岸で考えておられると思いますけれども…。結構、河内にも前方後方型の周溝墓がありますし、大和のメクリ（森岡図6）等はきっと尾張よりは下がりますので起源にはならないのですけれども、大和、河内にも上限付近で考えられる例があるということは事実であります。

私は近江を土器の上では評価しておりましたから、近江の南部地域の守山、栗東、近江八幡から彦根方面の地域、このあたりの前方後方型周溝墓が、現在赤塚さんが、私が古いと言っても許しませんよと仰るのか、築造時期は一緒くらいでいいのかをお聞きしたいところであります。

系譜の長さから、中期、後期の中で言いますと、前期の基本的に前方後方墳というのは、乙訓の長法寺南原古墳とか、新山古墳とかが下限になって来るので、何か一定の意味あいがあったら捨てられるものが近畿ではあるのかなと思います。捨てられると言ったら語弊がありますが、前方後方墳はもういらないよと言われる時期があるのか、と思いますがいかがでしょうか。

石野　赤塚さん、いかがですか。

赤塚　ひとつ、押さえておかなければいけないのは、邪馬台国時代及びそれ以前の丸形と方形の墳丘墓の話と、狗奴国と邪馬台国が戦って倭王権が出現する、いわゆる箸墓古墳が登場する250年以降の巨大な前方後円墳と前方後方墳の話を一緒にしてしまうと話がややこしくなります。後者、倭王権が誕生した後の話としては個々個別に考えて評価する姿勢がよいかと思います。特に出自の問題が大きいのかと考えます。

それ以前に関してですが、邪馬台国時代、或いはそれ以前の2世紀、或いはそれよりもっと古い時代。例えば東海地域では、その祖形は弥生時代中期まで遡れますので、そういうものとはまるで違う原理でありますので、そこのところを明確に区分して考えておく必要がある。そして円と方が混在する墳丘墓群の存在です。例えば関東北部とか東北南部、会津地域などで確認されている、方と円が混在する配置。この状況は意外と古く遡り、お話ししたように東海地域でもすでに2世紀段階でみられますので、判で押したように近畿周辺部にその震源地をストレートにもってくる事は難しくなるように思います。

大雑把に見れば、伊勢湾沿岸部での各地域の族長さん達のお墓の形は、方形が主体である点は動かないですので、その影響を強く受けたであろう東日本各地の前方後方型の墳丘墓は，東海主導であるという見通しはたちます。その他はこれからの研究動向しだいのようです。

石野　箸中山古墳（箸墓）は全長２８０メートルの奈良県桜井市にある巨大な古墳です。それ以前とそれ以後はまるっきり違うのだということで、とりあえず、箸墓以前を考えます。関東から近畿にかけて弥生時代を通じて方形墓が主流です。その中で時々円形墓を作っている地域がある。近畿より西の瀬戸内中部などで、香川県、徳島県辺りですと円形墓がある。弥生前期から方形墓が20~30基ある中で円形墓が一つか二つある。というあり方が弥生の前期、中期にあります。そして3世紀、纒向式段階になると円形墓だけの集団墓が播磨や摂津・河内の大阪湾岸に出てきます。大きさは10メートル前後と小さいですけれども、円形墓の集団墓があります。しかし、それ以前は数百年間方形墓が続いている。それが3世紀になると円形墓の集団墓が出てくるという全体の動きがあるのです。そう考えるとやはり円形墓と方形墓は本質的に違うのではないかと思うのです。

しかしそれが箸墓以降には違ってくることはありうることだろうと思います。その辺含めまして関東地方の円形墓と方形墓のあり方、それが混在する地域、その場合は円形墓と方形墓はどちらが主流なのか、混在する場合は3世紀段階ですとどちらが多いのでしょうか。房総の神門古墳群地域では先ほど円形墓が大きくて方形墓が小さいということでしたけれども、他の地域はどうでしたでしょうか。

大村　ちょっといいでしょうか。神門の頃というのは、国分寺台地区の遺跡群では、方形周溝墓がはっきりしない。神門に象徴的に集約されているのかなと思っています。今のところ、諏訪台古墳群が整理途中ではっきりしませんが、神門の次に発表でも触れた諏訪台10号墳があって、これが、本当に古墳時代前期初頭のものであるとすると、それが中心になってその周りに、前方後方系、方形周溝墓あるいは方墳が群在するような状況を考えています。

石野　これは最初に言っておかなければいけなかったのですが…。たくさん質問を頂いております。それぞれ関連する質問は発表者の皆さまにお渡ししておりますので、関連する中では出来るだけお答えしていきたいと思います。今迄あまりそれに対する発言が無かったように思いますので改めて思い出して色々な話の流れの中でお願いします。残念ながらお答えできないものもありますけれども出来るだけお答えしていきたいと思いますので、皆さん思い出してよろしくお願いいたします。はい、どうぞ大村さん。

大村　今の話の続きで、高部には鏡が副葬されていて、神門は畿内系であるにも関わらず鏡が副葬されていないというのはなぜか、というご質問があるのですけれども、正直なところ、逆でも良いのではないかとも思いますが、事実はそうなので難しい問題です。ただ、この質問には、神門が畿内系であるにも関わらず、というところが前提にあると思います。先ほども言いましたが、方形と円形がどこまで中央によってコントロールされていたか、三角縁以前の鏡群を含めてですが。神門墳丘墓群の墳形は纒向との類似性があり、畿内系といわれれば畿内系であり、タタキ甕も多量に出土しているわけです。しかし、母体となる中台遺跡の出土土器から判断するならば、タタキ甕の直接の出自というのはやはり伊勢湾沿岸の三河西部辺りではないかと思っています。三河西部が円丘系かと言われれば、どうかなとも思いますが。答えになっていないと思いますが、ご質問を頂きましたのでそれについて述べさせていただきました。

四　関東から見た東海と近畿

石野　4番目のテーマに入りたいと思います。折りに触れて質問にお答えいただくとして、関東から見た東海と近畿ということにしたいと思います。関東の方々に、東海、近畿についていろんな意見を言って頂きたいと思います。関東から見てというのは、3世紀段階に東海の人が沢山関東に来ている。先ほどは、何しに行ったのだと荒っぽい言い方をしましたが、来られた方の人達から見て、来てもらって良かったのですか、それとも迷惑だったのですかね。はい、どうぞ西川さん。

西川　最初に深澤さんの質問があったことについて消化不良のままになっていますので申し述べます。相模湾岸では弥生時代後期段階、私の編年（1993）では一段階、これは東海地方の山中式後期、近畿地方のV様式後半期あたりです。この段階に相模湾岸では人口が希薄化し、他地域から集団的な移動でヒトがやってきた…と、現実の考古資料としてはこのようにしか理解できない状況です。何の目的で来たのかとなると、考古資料からはなかなか難しい問題ですが、私は家財道具一式を持って来ているのでは…と想定しています。結果的には「フロンティアへの進出＝開発」ということであったとしても、他のコトには見向きもしなかったのかというと、そうではないと思います。浜名湖周辺から東三河あたりの器物や知識を含めた総合的な新情報、それを関東の人たちも望んでいたのではないかと思います。誤解を恐れずに言いますが、かたや東京湾岸では集住がもの凄いスピードで進行しつつあり、外に対してモノや情報を欲している。このような構造が「期せずして構築されていた」のではないかと思っています。

もうひとつ注目すべきことは、この段階には中部高地からの物流が非常に目立つようになります。森岡さんの資料に載っていますが、野島永さんや豊島直博さん、杉山和徳さんらの研究（野島２００９・豊島２０１０・杉山２００８など）を参照すると、東日本に広がっている弥生時代後期のＹ字形把頭の鉄剣は瀬戸内海・近畿地方経由ではないと思われます。長剣などの鉄素材は、丹後半島あたり日本海側から、中部高地を繋ぐルートで入ってくるようです。このルートは大昔からの伝統的物流ルートであり、峠を越え・川づたいに点々と繋がるルートだと思います。このルートの背後には、櫛描文系土器を持った集団が深く関わっていたと想定されます。

このような弥生時代後期後半段階から、大村さんの編年観で中台式、古墳出現期の段階になると大きな変化が生じます。鉄剣把頭がいわゆる「呑口形」に変わってきます。（森岡図9―A）の糸巻底辺型の槍、そして糸巻き直線型（森岡図9―B）へと変化します。蛇が何かを呑み込んだような形をしているので、呑口型と言いますが、剣身を複数の板ではさみ、糸で巻き、漆等で固めるもので、その後に切って尖らせています。このように、前段階まで鹿角装グリップ段階だったのが、大きく変わります。要するに東日本的な嗜好の物を作らなくなってきます。注目すべきは、その流通が太平洋沿岸側ルートにシフトしているようで、中部高地系ルートが視認できなくなってきます。ここを通じた物流が突然に無くなったわけではないと思いますが、それまでのように考古資料からトレースできません。つまり中部高地経由で多くの文物が入ってきた構造が崩壊し、太平洋沿岸のルートにシフトします。そして、この物資の流通が大きな変化をした段階こそが、神門古墳群や高部古墳群、そして秋葉山古墳群などの高塚墳が出てくる時期に重なります。これは関東南半部で同時多発的に起きた事象です。

ある日突然というわけではないと思いますが、弥生時代後期に形作られていた物流ネットワークが不明瞭になってくる頃、近畿・東海西部から繋がる沿岸ルートの伝達回路が顕在化します。きっとその先には瀬戸内ルートが連なっていたと想定しています。もちろん相模湾岸への伊場式系文物の搬入増大の事実から、弥生時代後期後半の間、徐々に浜名湖周辺とのシナプスは強まっていたと理解しています。列島西部で大きな社会構造の変化が起こり、列島東部の社会構造も大きな「枠組みの変化」を余儀なくされていたのではないかと想定します。

このように古墳出現期の変動とは、列島を巻き込んだ物資の流通や情報のネットワークの変動と深く関わっていたと考えています。このような理解のしかたは、近畿地方に政治勢力が確立し、領土的な野望をもって東に進出してきたという征伐史観的な解釈とは、根本的に立場を異にします。

石野　その他、どなたでもいかがですか。はい、どうぞ深澤さん。

深澤　先ほどの石野先生の「来てもらって良かったのか？」ということに関しては、群馬県としてはとても良かったと思います（笑）。なぜならば、東海の人々をはじめ、多くの人々がこの地を訪れ、低域開発の先鞭をつけていったというきっかけがあったからこそ、その後の上毛野地域の繁栄があったと感じているからです。なお、そうした中で私が強調したいことは、その開発ができたのはやはりS字甕を持った集団の人達なのだろうと考えてはいるものの、そういった人達と在地の人達との間には、大きな対峙関係は無かったであろうということなのです。むしろ、例えて言うならば、「樽の女性と東海の男性が結婚して、この地で子孫を残していった」というような融合の姿があったのだろうと想像しているのです。そして、この融合のきっかけをうかがう上で注目すべきは、この地における前方後方形墳墓の存在、とりわけその初現段階の墳墓の立地です。その立地特徴は、山間部から山麓部に分布を持つ樽式土器の最南端と低地部開発の集団が遡上していく接点付近である可能性が高いということなのです。

石野　樽式という伝統的な土器の分布域とその境界地域に初期の前方後方型の墓が出てくる。その場合、そこから出てくる土器はどちらの系統なのですか。

深澤　出てくる土器の主体は、樽式系の土器ではなく、東海系を主体とする土器である場合が多いです。上毛野地域で最初に築造された可能性が極めて高い高塚、元島名将軍塚出土の土器群（深澤図17）は、東海系の土器群で構成されています。また、この古墳より先行する前方後方形周溝墓である熊野堂遺跡1号墓（深澤図14の①）からは直接、土器の出土は認められていませんが、その近くの集落遺跡である熊野堂Ⅲ遺跡からはS字甕A類とパレス壺の破片とが樽式系の土器と混在している状況が確認されています。

石野　近くの集落遺跡からは地元の伝統的な土器と東海系の土器が混在している村があるということですか。

深澤　はい、そういった所に最初の前方後方形周溝墓が出来るということです。

石野　他にどなたでもどうぞ。はい、どうぞ大村さん。

大村　赤塚さんに質問させていただきますが、70年代とか80年代の考古学のニオイを知っている人は分かると思うのですけれども、その当時、各地域の自律的な発展段階が重視されておりまして、気候変動とか移住もそうですが、そうした外的な契機をことさら問題にすると白い目で見られるような空気があったと思います。ただ、私も現在は、中期末から後期初頭の断絶ということについて、気候変動とか自然災害による可能性を考えているのですけれども、今回赤塚さんは、東海系の第一波についてその辺りを原因として考えられているとのことです。この時期というのは土器が全国的に動き始めるわけで、赤塚さんとしてはそれを列島全体にかかわる要因と考えておられるのかどうかということが一つ。もう一つは石野先生と森岡さんに、それで良いのかということをお聞きしたいなと思います。

石野　赤塚さんどうぞ。

赤塚　そうですね、気象変動だけではないと思うのですが、主要な要因の可能性は十分あります。そして問題の時期は2世紀の前半段階、環境がガラッと変わっている可能性です。ですから地域社会にとっては2世紀前半というのは一番厳しい時代だったのかなとも思います。そしてそこで地域社会がどう対処したのかが、最も重要な命題になると思っています。

会場からのご質問の中にもなんで動いたのかという質問がありました。見て来たような話で申し訳ないのですが、2世紀前半段階の環境の激変を経て、地域社会がどう生き抜くための英知を集めて対応したのか。或いは何処かに移住するということがあったかもしれません。けれども、残った人たちでその地域を再生していく、そうするとそのためにはさらに大きな力が必要になってくる。地域社会の連携というか、地域全体のまとまりが必要不可欠になる。それは『魏志』倭人伝が描くところのクニというものの誕生そのものであったのではないか。その後に地域社会のネットワークを通じて、より広域的な動きになっていく、それがお話しした東海系トレース第一波が動き始めるということではないか、そのような道筋を考えております。ご質問の中には、移動はどの程度の規模なのかがありますが、現状では具体的な内容を示すことは難しいです。ですが、東海地域のどこが主体的に動いたのかは、今私が考えているエリアとしては、濃尾平野低地部そのものには動いた形跡はございませんので、例えば西濃地域とか中勢、特にいろんなものがいっぱい集まってくる雲出川の下流域、そしてその影響を直接受けている西三河南部を、まずは調査する必要があると考えております。

石野　それでは関連して森岡さんどうぞ。

森岡　気候変動論というのは、私も学生時代に環境決定論という言い方で勉強しました。あまりそれを言いますと、何でもかんでも環境が優位で人間が定住できずにそれを要因として制約を受け変わっていくということになるのですが、最近見直しが進んで、弥生時代長期編年化の実年代論と組み合わせると面白いと思っております。

地震なども考えておられるかお聞きしたいのですが、地震研究者は弥生時代の年代変動が気になりまして、年代変動は地震の周期変動に関係があるらしいのだそうで、考古年代が変わりますと地震周期の年代研究に狂いが出てくるので、毎年のように正確なことを教えてくれと言われております。それについては、この頃の地震についての情報があるかどうかお聞きしたいということなのですが…。実は竪穴住居がまっ二つになっているのを何度か見たことがありまして、段差が20センチ位あるもので明らかに断層が通っていたと思われる竪穴住居跡です。そういう自然災害の発生も人間の移動には関係するのかなと思います。私も阪神・淡路の大地震を経験して引っ越しをしばらくしましたので、住居の場合そういうことがありうるのかなと思います。

それから、本日の質問の中に直接庄内式土器の搬入を画像で見たと仰っている方がおられます。本当の搬入品がどれくらいあるかという質問であります。これは関東の方の方が本場の庄内式土器と言えるものがあるのかどうか。私は二、三点しかないと思いますが、もし大量の河内・大和の庄内式土器、庄内式甕などがあるのでしたら教えていただきたいというものです。もう一つは籠で覆っている突帯文の壺、これは類例がもっとありそうですかというものです。これは三好玄さんとか高野陽子さんとか、角南さん等の論考が詳しくて、それほどたくさんはないと思います。その三つくらいでプラス二、三例増えているのではないかと思います。一応お答えしておきます。

地震の問題はどなたがいいですかね。弥生後期とか庄内の地震があるかどうか。関東などの実例が。

赤塚　濃尾平野の調査をしておりますと、時々ですが地震の痕跡と遭遇いたします。その時期を押さえるのはかなり難しいです。しかし象鼻山古墳ではこれが明確に特定することができております。墳丘墓の中で3号墳と4号墳の間に地震が起きているのは間違いありません。明らかに私の編年では2世紀の前半段階の何処かで起きております。その規模はかなり大きかったと思われ、現在の地表にも大きな崖状の断層痕跡が見られます。おそらく養老断層が大きく動いたと考えて良いかと思います。その他で富士火山灰は注目したいですし、先ほど深澤さんのお話では榛名火山灰もそうですね。こうした各種の災害痕跡を基にして集落遺跡との関係を考えておく必要があるのではないかと考えております。

森岡　質問は、私が頂いたものは全てお答えいたしました。本日、人の動くルートの話がたびたび出ましたが、隣接的なルートや中距離的なルートとは違って、日本列島を東西に貫く大地域間を移動する時期が重要だと思いますが、西川さんの話に出ました太平洋シフト型のルートと言いますか、それは瀬戸内型と日本海ルートを考えますと相似た時期ではないかということで、日本海ルートからも直結して太平洋ルートに行くと、わりとよく日本の太平洋岸部につながる。日本海ルートが一旦全体的に弱くなる契機で次の太平洋ルートがある意味活性化すると思います。その時期がこの邪馬台国の時代の複雑な問題を考える上で重要だと思います。それがさらに北へ延びる太平洋岸部の東北地方へのルートがあれば遠距離的なルートが朝鮮半島から繋がるし、そのルートと鉄器のルートが直結しておれば、長距離を短時間で神奈川辺りまで鉄器の素材であるとか大型鉄器が入ってくるということはありうるかなと思います。それだけ付け加えておきます。

石野　それでは赤塚さん。

赤塚　会場からは戦争は本当にあったのではないかというご意見もありますが、朝日遺跡で見つかった逆茂木とか乱杭ですが、お話ししたようにイメージが先行してしまいまして、実は困っているのです。これらの施設は朝日遺跡では、中期末の限られた時期です。今日の課題である邪馬台国時代や倭王権誕生につながる時代のものではない。そもそも朝日遺跡は邪馬台国時代にはすでに消滅しておりまして、あの教科書的なイメージは全くありえないのであります。ですから、その辺りを整理して、もう一度きちっと説明して、お伝えしなければいけないなと強く思いました。

それから滋賀県の所属ですが、近江は東海の一部だと私は勝手に思っております。ある時代から間違いなく。邪馬台国時代の土器様式を概観すると、近江の地域社会は近畿を見ているか、東海を見ているかと言いますと、明らかに東海地域と手を握っております。それは多くの研究者が指摘していることでございます。ですから前方後方墳を含めて、近江と東海ではなく、東海という大きな領域の中に近江地域を含めて考えておいたほうが理解しやすいと思っています。

石野　比田井さんどうぞ。

比田井　先ほど、石野先生が3世紀に他所の人が来て、関東地方の人はうれしかったかどうかという問題でありますが、うれしくない場合とうれしい場合とがあるようでございます。ここで弥生の中期とか後期ということはやめまして、推測も兼ねて申しますが、２世紀の段階に相模の方の人達は外国人との交流は慣れておりました。それをベースにしまして秋葉山古墳群が成立します。秋葉山の土器群は必ずしも東海系の土器群が入っておりません。それに対してS字のみなさんは東京湾に入って参ります。西側が東京側、東側が千葉側で、千葉側の方に三河系の土器を副葬する高部古墳群が出来ます。そしてそのS字の人達はそのまま北上して、全てのセット関係を喜んでくれたのが群馬県のみなさんでした。途中の武蔵野台地の人達は菊川の風を受けて、相模の人達は山中の風を受けてすれていたわけです。そこにS字の人達が来ても知らんふりをされてしまった。まあ、喜ばないと言いますか、誰か来たよという程度、だけどもS字の人達は根性を出して北の方まで行きついて、そこでみんなで万歳三唱した、というこのような模式図が考えられます。

問題なのは、途中に叩き調整の甕をたくさん出す纒向型前方後円墳と言っていいのかどうか判りませんが、神門古墳群が、必ずしも秋葉山と違うというところです。叩きが一杯出る、いろんな系統のものが墳墓そのものにくっついて出て来ている。この謎は未だに解けないのであります。ですから房総の人達は喜ぶというよりも、とても洗練された人達が来て、あれよ、あれよという間にいろんなものを作られてしまいましたというような感じなのだろうと思います。

石野　はい、どうも。非常に判り易くて有難うございました。はい、西川さん。

西川　先ほど森岡さんのご質問もありましたが、かつて東日本の近畿系の土器について、いろいろ論文（西川１９９２ほか）も書いていますので、関連してひとことお話しします。列島東部では庄内式土器そのものの出土は皆無に近いのが実情です。また甕以外の近畿系土器というのも、ほとんど出土していません。甕もV様式系のモノばかりです。当該期の集落遺跡を掘れば、たいてい一片くらいはタタキ甕は出土しますが、はっきりいって「これこそ庄内甕」だというのはほとんど出土していません。

石野　仙台平野の名取市に纒向型甕の完形品が二点出ておりますね。

西川　いま東北地方で出土していると言ったのは、その名取市野田山遺跡の事例です。逗子市池子遺跡では庄内甕の模倣品が出ていますが、その他は皆無に近いというのが実情だと思います。庄内甕は北部九州や岡山県ではたくさん出土しますので、西へと運ばれた土器だと思います。それに対してタタキ甕は東へ運ばれた土器だと思っています。列島東部のタタキ甕は、西三河から伊勢湾岸を経由して、山城南部の木津川水系や名張市付近と関係があるのではと想定しています。長年にわたり新たな事例を気にして、考究を続けていますが、いまだに不詳のままです。

先ほど古墳時代へシフトする頃、太平洋沿岸の物流が盛んになったことを話しましたが、かながわ考古学財団では、２０１３年11月に「海浜型の前方後円墳」をテーマとした海と古墳に関連したシンポジウムが行われます。また東北・関東前方後円研究会でも、２０１４年２月に新潟市で「古墳周縁域と交流」に関するシンポジウムが予定されています。以前から私が主張してきた高塚古墳のランドマーク性や、物流ネットワークと古墳出現に関する検討が飛躍的に進んでいることは喜ばしい限りです。こういった研究の蓄積と議論の展開に大いに期待しています。

石野　では、大村さん。お願いします。

大村　最後に、一言、二言申し上げます。私は、近畿とか西日本でつくられた弥生時代観、古墳時代観の腰を折るのが大好きでありまして、鉄についてちょっと付け加えさせていただきますが、千葉県ですと八千代市沖塚遺跡や旭市岩井安町遺跡において弥生時代終末期、庄内期併行の鍛冶遺構が出ております。ここでは精練工程が行われていたと推定されていますが、これは、この時期全国を探してもなかなかあるものではありません。ヤマト王権が成立する過程で鉄がその基盤として非常に重視されていて、鉄素材や技術は拠点的な集落間、首長間で伝達されるといった考えがあります。千葉県ではどうかというと、沖塚遺跡の鍛冶遺構は完全に孤立的ですし、岩井安町遺跡というのは、この時期遺跡密度の低い太平洋岸にあって、けっして大きいとはいえない集落です。一方、国分寺台地区では確認できていない。ですから何でもかんでも権力中枢がコントロールしているという考え方は、地方から見て実態に即していない、もっとさまざまな交流があっても良いのではと思っています。

この時期は、各地の距離間が急速に縮み、それぞれの地域においても時間をおくことなく古墳が出現します。そして、関東地方の集落調査事例は中央に対して主張できるだけの蓄積があると思いますので、これを評価していただけるよう努力していきたいと思っています。

石野　はい、深澤さん。

深澤　環濠集落の問題に関してひとつ発言させていただきます。群馬県ではかつて「中高瀬観音山遺跡」という遺跡が発掘され、倭国大乱をイメージさせるような報道がなされ、それを以て非常に緊張関係のある状況が関東北部の弥生後期段階にあったというようなことが言われた時期がありました。しかし、現在では、研究の進展に伴う再評価を経て、そうした言及がなされることはほとんどありません。つまり、中高瀬観音山遺跡は、倭国大乱を想定するような遺跡ではないという評価が今日的評価です。このことは昨日の私の発表時に申し上げなくてはいけないことでありましたが、機を逸してしまいましたので、この場をお借りして、申し上げさせてもらいました。

石野　どうも有難うございます。一通りこれで終わったわけですけれども、一つご紹介しておきたいと思います。今日、皆さんにお配りしております「ふたかみ邪馬台国シンポ編年」（シンポ図1）は昨日の晩に無理やり皆さんに書いてもらいました。なかなか、横との併行関係は判り難いところがあるのですけれども無理に書いて頂きました。それから皆さんにお配りしていないのですけれども、もう一つ今日の昼休みに無理やり書いてもらったことを紹介しておきます。関東にある外来系土器でどこのモノが一番多いのかということをお聞きしました。「1点1点カケラの点数で書いてください」と言いましたら、「それは無理だ」ということで、パーセンテージで無理やり書いてもらいました。

例えば北関東ですと、埼玉吉ケ谷系統、遠くの方ですと東海地方西部、伊勢、三河でしょうか、近畿の土器も10％くらいということです。房総半島では、近くの地域では南武蔵、東京湾の土器、神奈川の相模の辺りの土器、遠くの方では、北陸西部或いは東海西部が多い。近畿も20％くらいということです。サガミ地域は、近くのモノはあまりない。遠くの地域は東海地方西部、東部がそれぞれ30％ということです。南関東では近隣の土器はあまりなくて、遠くの地域では東海西部、赤塚説の狗奴国のものが30％くらいです。ということで、これらはそれぞれの地域の他所から来ている沢山の土器を１００％とするとその中のパーセンテージを表していただいております。この辺は、無理やり書いて頂きましたので活字にするかどうかは相談していかなければいけないと思いますが、出来たら活字にしたいなと思います。こういう資料は恐らく何処にもないと思います。

昨日から今日にかけまして、発表者のみなさん、会場のみなさんどうも有難うございます。来年は同じ時期、地域としては甲信越を考えております。中部地方の山梨県、長野県を対象に、新しい資料がどんどん増えてきておりますので検討していきたいと思っております。

あとがき―2・3世紀の関東と東海・近畿

香芝市二上山博物館
名誉館長　石野　博信

古墳出現期の2世紀末・3世紀初、静岡県西部の天竜川をはさんで東西が激しく対峙した。天竜川以西は三遠式と近畿式の銅鐸祭祀圏で、以東は基本的に小銅鐸分布圏である。「魏志倭人伝」によれば、この頃日本列島では邪馬台国連合と狗奴国連合が競合しており、邪馬台国大和説に立てば天竜川をはさんで東海西部から九州の西群と東海東部から関東の東群の東西対決となる。

そのような中で、静岡県東部・駿河の全長62メートルの長突方墳（前方後方墳）である高尾山古墳と全長69メートルの長突円墳（前方後円墳）である神明山古墳の存在は、3世紀後半の方系墳と円系墳の東西対決＝角丸戦争を象徴する。

角丸戦争は、より早く3世紀の房総地域に及んでいた。角派の中枢は木更津市高部古墳群で全長30メートル余の長突方墳を2世代にわたって築造し、破砕鏡をもつ。

それに対し丸派は、房総半島基部の市原市神門古墳群で全長40メートル《メートル》余の短突円墳と長突円墳を3世代にわたって築造する。

「4世紀を通じて、関東では角派と丸派は競合し、在地色の強い角派、拠点支配の丸派の構図がありそうだ」と、私はシンポ当日のレジュメで総括した。

討議では、本書に示すとおり4名の関東代表と各1名の東海・近畿代表が、土器・集落構成・古墳と副葬品を通じて3地域の3世紀の動向を検討した。

2世紀以来、関東に進出した東海派と遅れて進出した近畿派が邪馬台国時代の3世紀に関東でどのように競合したのか、関東各地の在地勢力がそれぞれどのように対応したのか、本書によって2日間の研究発表と討論の成果をお楽しみ下さい。

平成27年10月吉日

〔執筆者略歴〕（五十音順）

赤塚　次郎（あかつか　じろう）
一九五四年生。奈良教育大学教育学部卒。現在、特定非営利活動法人古代邇波の里・文化遺産ネットワーク理事長。元愛知県埋蔵文化財センター副センター長。主な著書に『幻の王国 狗奴国を旅する』（風媒社）、『考古学資料大観2』弥生・古墳時代土器2編（小学館）、『尾張・三河の古墳と古代社会』東海の古代3編（同成社）など。

石野　博信（いしの　ひろのぶ）
一九三三年生。関西学院大学卒業、関西大学大学院修了。現在、香芝市二上山博物館名誉館長。兵庫県立考古博物館名誉館長。主な著書・論文に『邪馬台国の考古学』（吉川弘文館）、『古墳文化出現期の研究』（学生社）、『古墳時代を考える』（雄山閣）、『弥生興亡・女王卑弥呼の登場』（文英堂）、『楽しい考古学』（大和書房）など。

大村　直（おおむら　すなお）
一九五八年生。明治大学卒業。明治大学大学院博士課程前期修了。現在、市原市埋蔵文化財調査センターセンター長。主な論文に、「卑弥呼の古墳」『邪馬台国を知る事典』（東京堂）、「周辺地域における集団秩序と統合過程」『考古学研究』第56巻第4号など。

西川　修一（にしかわ　しゅういち）
一九五八年生。早稲田大学教育学部卒業、現在、神奈川県立旭高等学校教諭。主な著書・論文に『東日本における古墳の出現』編著（六一書房）、「相模の首長墓系列」『相模と武蔵の古墳』季刊考古学 別冊十五（雄山閣）、「土師器の編年　関東」『古墳時代の考古学』一（同成社）など。

比田井　克仁（ひだい　かつひと）
一九五七年生。早稲田大学卒業、法政大学大学院満期退学。博士（文学）。現在、中野区立歴史民俗資料館館長。主な著書・論文に『関東における古墳出現期の変革』（雄山閣）、『古墳出現期の土器交流とその原理』（雄山閣）、『伝説と史実のはざま―郷土史と考古学―』（雄山閣）など。

深澤　敦仁（ふかさわ　あつひと）
一九六八年生。同志社大学卒業。現在、群馬県教育委員会文化財保護課勤務。主な著書・論文に「喪屋の可能性をもつ竪穴」『同志社大学考古学シリーズⅨ』、「石製模造品の生産と流通」『原始・古代日本の祭祀』（同成社）、「前期の上毛野」『季刊考古学・別冊17　古墳時代毛野の実像』（雄山閣）など。

森岡　秀人（もりおか　ひでと）
一九五二年、神戸市生まれ。関西大学文学部史学科卒業。在学中、高松塚古墳などを発掘。芦屋市教育委員会二〇一二年に退職。日本考古学協会前理事・古墳出現期土器研究会会長・古代学研究会代表。共著書に『古式土師器の年代学』（大阪府文化財センター）、『日本史講座』1巻（東京大学）、『稲作伝来』（岩波書店）など多数。

〈写真資料提供〉
公益財団法人愛知県教育・スポーツ振興財団愛知県埋蔵文化財センター、綾瀬市教育委員会、海老名市教育委員会、神奈川県教育委員会、群馬県教育委員会、高崎市教育委員会、千葉県教育委員会、豊橋市教育委員会、横須賀市教育委員会、桜井市教育委員会

本書は2013年7月14・15日に行われたふたかみ邪馬台国シンポジウム13『邪馬台国時代の関東と近畿』の講演及びシンポジウムを編集・加筆したものである。

〔著者〕
石野　博信（香芝市二上山博物館名誉館長・兵庫県立考古博物館名誉館長）
赤塚　次郎（特定非営利活動法人古代邇波の里・文化遺産ネットワーク理事長）
大村　　直（市原市埋蔵文化財センター長）
西川　修一（神奈川県立旭南高等学校教諭）
比田井克仁（中野区立歴史民俗資料館館長）
深澤　敦仁（群馬県教育委員会文化財保護課勤務）
森岡　秀人（日本考古学協会前理事・古墳出現期土器研究会会長・古代学研究会代表）

〔編者〕
香芝市二上山博物館友の会
ふたかみ史遊会

邪馬台国時代の関東
ヤマト・東海からの「東征」と「移住」はあったのか

2015年11月26日　初版印刷
2015年12月10日　初版発行

編　者　香芝市二上山博物館友の会
ふたかみ史遊会

発行者　靏井忠義

発行所　有限会社　青垣出版
〒636-0246 奈良県磯城郡田原本町千代３８７の6
電話 0744-34-3838　Fax 0744-47-4625
e-mail　wanokuni@nifty.com
http: //book.geocities.jp/wanokuni_aogaki/index.html

発売元　株式会社　星雲社
〒112-0012 東京都文京区大塚３－２１－１０
電話 03-3947-1021 Fax 03-3947-1617

印刷所　互恵印刷株式会社

printed in Japan　ISBN978-4-434-21224-6

青垣出版の本

邪馬台国時代のクニグニ　南九州

ISBN978-4-4-434-19063-6

石野博信・中園　聡・北郷泰道・村上恭通・森岡秀人・柳沢一男著
香芝市二上山博物館友の会「ふたかみ史遊会」編

隼人や熊襲の本拠地で、「神武のふるさと」でもある南九州の３世紀の考古学。二上山博物館の人気シンポの単行本化。

四六判２７４ページ　本体１，７５０円

大集結　邪馬台国時代のクニグニ

ISBN978-4-4-434-20365-7

石野博信・髙橋浩二・赤塚次郎・高野陽子・武末純一・寺澤薫・村上恭通・松本武彦・仁藤敦史著
香芝市二上山博物館友の会「ふたかみ史遊会」編

東海・北陸以西の考古学の第一級研究者が一堂に集まり、最新の研究成果を発表。倭国の２・３世紀のクニグニの状況を明らかにする。

四六判３４０ページ　本体２，０００円

奈良の古代文化①

ISBN978-4-434-15034-0

纒向遺跡と桜井茶臼山古墳

奈良の古代文化研究会編

大型建物跡と２００キロの水銀朱。大量の東海系土器。初期ヤマト王権の謎を秘める２遺跡を徹底解説。

A５変形判１６８ページ　本体１，２００円

奈良の古代文化②

ISBN978-4-434-16686-0

斉明女帝と狂心渠《たぶれごころのみぞ》

靍井 忠義著
奈良の古代文化研究会編

「狂乱の斉明朝」は「若さあふれる建設の時代」だった。百済大寺、亀形石造物、牽牛子塚の謎にも迫る。

A５判変形１７８ページ　本体１，２００円

奈良の古代文化③

ISBN987-4-434-17228-1

論考　邪馬台国＆ヤマト王権

奈良の古代文化研究会編

「箸墓は鏡と剣」など、日本国家の起源にまつわる５編を収載。

A５判変形１８４ページ　本体１，２００円

奈良の古代文化④

ISBN978-4-434-20227-8

天文で解ける箸墓古墳の謎

豆板 敏男著
奈良の古代文化研究会編

箸墓古墳の位置、向き、大きさ、形、そして被葬者。すべての謎を解く鍵は星空にあった。日・月・星の天文にあった。

A５判変形２１５ページ　本体１，３００円

奈良の古代文化⑤

ISBN978-4-434-20620-7

記紀万葉歌の大和川

松本 武夫著
奈良の古代文化研究会編

古代大和を育んだ母なる川—大和川（泊瀬川、曽我川、佐保川、富雄川、布留川、倉橋川、飛鳥川、臣勢川…）の歌謡（うた）。

A５判変形１７８ページ　本体１，２００円